U0735755

高校校园文化与
就业创业管理

张文俊　张　茜　高汝男◎著

吉林出版集团股份有限公司

图书在版编目（CIP）数据

高校校园文化与就业创业管理 / 张文俊 , 张茜 , 高
汝男著 . — 长春 : 吉林出版集团股份有限公司 , 2020.4
ISBN 978-7-5581-8322-5

Ⅰ . ①高… Ⅱ . ①张… ②张… ③高… Ⅲ . ①高等学
校－校园文化－研究－中国②高等学校－创造教育－研究
－中国Ⅳ . ① G647 ② G640

中国版本图书馆 CIP 数据核字 (2020) 第 047751 号

高校校园文化与就业创业管理

著　　者　张文俊　张　茜　高汝男

责任编辑　齐　琳　姚利福

封面设计　李宁宁

开　　本　787mm×1092mm　1/16

字　　数　232 千

印　　张　12.5

版　　次　2021 年 3 月第 1 版

印　　次　2021 年 3 月第 1 次印刷

出　　版　吉林出版集团股份有限公司

电　　话　010-63109269

印　　刷　炫彩（天津）印刷有限责任公司

ISBN 978-7-5581-8322-5　　　　　　定价：58.00 元

前　言

　　高校校园文化，通过创造一种特殊的文化环境，实现对大学生潜移默化的教育效果。这是课堂教育无法实现的，创新创业文化作为创新创业实践活动的产物，是高校校园文化建设发展的必要补充，两者兼具文化的本质属性，实现创新创业文化与高校校园文化的对接，是引领大学生成长成才的现实需求，也是不断提高大学生个人能力的必要过程，对当下高校教育工作的优化升级具有重要的意义。创新创业文化和高校校园文化对接，是通过创新创业文化在高校校园文化中的渗透，创造出一种新的校园文化环境，它是提高大学生创新创业意识，创新创业能力和创新创业素质的重要途径，是探索高效社会以及个体三方共赢模式的新尝试。

　　高校校园文化是校园内特有的文化氛围和气息，对高校大学生有着潜移默化的影响，能够从不同程度影响大学生的三观，同时对大学生的道德修养以及人格修养都有提高的作用，而大学生作为新世纪的高素质人才只有具备完善的人格修养和道德修养，才能够促使大学生以更好的姿态投入到社会主义建设当中，积极创业和就业，为国家的现代化建设贡献一份自己的力量，所以，该书详细的针对高校校园文化与大学生就业创业进行了分析探讨。

　　希望本书能抛砖引玉，这个课题的研究成果能为该领域研究添砖加瓦。由于资料的占有、吸纳和学术水平的局限，书中的瑕疵、疏漏在所难免，在此，恳请专家和读者给予批评指正。

编　者

2020 年 3 月

目　录

第一章 高校校园文化概述

第一节 高校校园文化建设重要作用及意义

霍姆林斯基曾说："一所好的学校墙壁也会说话。"学校的校容校貌，表现出一个学校整体精神的价值取向，是具有强大引导功能的教育资源。校园文化作为一种环境教育力量，对学生的健康成长有着巨大的影响。校园文化建设的终极目标就在于创建一种氛围，以陶冶学生的情操，构筑健康的人格，全面提高学生素质。因此，加强校园文化建设，要发挥学校师生在校园文化建设中的主体作用，构筑全员共建的校园文化体系。要树立校园文化全员共建意识，上至学校领导、下至每个师生员工都要重视、参与校园文化建设。校园文化在高校实现培养目标过程中的重要作用决定着它不是单靠学校内部某一部门努力就能收到应有效果，它与学校各方面工作都有关系。校园文化对于贯彻执行党的教育方针，提高办学质量和人才培养质量具有重要的作用。正确认识校园文化的功能及价值是加强校园文化建设的一个十分重要的问题。

一、思想政治教育在高校校园文化建设中建立发展

校园文化作为社会文化的亚文化，在培养社会需要的合格人才，推动社会进步中发挥着重要的作用。结合每一所高校的历史、传统、风格、特色和水准，认真总结，精心培育，积极宣传并身体力行一种高校精神，形成积极、健康、向上的校园文化以激情励志、调整心态、规范行为，将是增强学校的向心力、凝聚力和竞争力，维护高校稳定有序、持续发展的重要的精神动力源。

高校校园文化是思想政治工作的重要载体。校园文化与思想政治工作之间是相互联系、相互交叉、相互依存的。从校园文化的角度看，其核心层次——精神层的内容，包括学校的教育目标、教育思想、校风学风、学术道德，是属于思想政治工作的范畴；其中间层次——制度层的形成和贯彻，也

离不开思想政治工作的保证。

校园文化是一所学校综合实力的反映。校园文化建设包括学校物质文化建设、精神文化建设和制度文化建设，这三个方面建设的全面、协调的发展，将为学校树立起完整的文化形象。校园文化是一所学校综合实力的反映，校园文化的核心竞争力主要表现在文化的凝聚力和创造力上，优秀的校园文化能赋予师生独立的人格、独立的精神，激励师生不断反思、不断超越。

（一）校园文化建设是思想政治教育的重要途径

加强和改进大学生思想政治教育是一项极为紧迫的重要任务，要建设出体现社会主义特点、时代特征和学校特色的校园文化，形成优良的校风、教风和学风。

校园文化对学生的塑造是润物细无声的，独特而富含教育意义的校园文化对一个学生的影响长久而深远。进行思想政治教育视角下高校校园文化建设的研究，不仅是建设社会主义先进文化的需要，还是高校校园文化自身长远发展、完善的需要，是高校思想政治教育工作长期顺利开展、提高实效性的需要，更是培养中国特色社会主义事业合格建设者和可靠接班人的需要。市场经济浪潮下，人们思想活动的独立性、选择性、多变性和差异性日益增强，一些大学生不同程度地存在着政治信仰迷茫、理想信念模糊、价值趋向扭曲、诚信意识淡漠、社会责任缺乏、艰苦奋斗精神淡化、团结协作观念较差、心理素质欠佳等问题。解决这些问题的途径不少，但加强高校校园文化建设，切实发挥校园文化的育人功能无疑是其中必不可少而最有效的途径之一。

因此，探讨校园文化的思想政治教育功能，从思想政治教育角度出发来建设高校校园文化是做好大学生思想政治教育工作的新途径、新方法。只有把思想政治教育根植于校园文化建设之中，利用校园文化创造良好的育人环境，才能更好地培养出一批批优秀的社会主义现代化建设人才。而校园文化建设万变不离其宗，其根本也就是为学校的育人目标服务。因此，从思想政治教育角度探讨高校校园文化建设对高校思想政治教育工作的开展具有深远意义，对于高校校园文化建设思路亦有重大启发。

高校校园文化活动之所以能够蓬勃发展，在于它能够贴近学生身心发展的需要，在潜移默化中促进其成长成才，越来越多地发挥思想政治教育的功能。因此，加强思想政治教育角度下的高校校园文化建设，就要强化校园文化活动的吸引力和育人效果，促进其实效，为大学生的成长提供广阔平台。

第一，通过活动调动学生的求知欲和交往欲望。优秀校园文化活动具有激发功能和互动功能，能够在活动中调动学生的求知欲望和交往欲望。比如，社团是根据学生的兴趣、爱好、特长及个性发展的不同要求组织起来的，丰富多彩的社团活动能够充分调动学生的积极性，强化其兴趣爱好，增强其自我提高的内在动力和求知探索的热情。而参与到社团的活动中就需要与人互动、交流，这就提高了他们的交往欲望，参与多次类似活动，他们的人际交往能力就能得到锻炼和提高，其求知欲和交往欲望就会循环增加，最终达到教育效果。因此，校园文化活动的吸引力和教育效果得以强化的第一步是通过各类校园文化活动的开展，使学生的求知欲望和交往欲望能够得以增强。

第二，以活动为手段对学生的实践能力、动手能力进行强化。校园文化活动基本的要求就是要学生动起来，"动"才能强化其实践动手能力，也只有"动"才能检验这一活动的效果，使其实践动手能力得到提高，校园文化活动的育人目标才算得以实现，因此，强化学生的实践动手能力是衡量校园文化活动是否能够强化吸引力和育人效果的第二步，学校要充分发挥校园文化活动的实践功能，以各种类型的实践活动为手段，加深学生对课堂所学知识的认识，促使其应用到实践中，将理论与实践相结合，从而提高其动手能力，从认知到实践，实现育人效果的强化。

第三，使学生在富有吸引力的活动中，调节心情、改善知识结构和提高自身素质。大学生参加校园文化活动的心理动因是复杂多样的，有些人是为了增进交往、多交朋友而参加；有些人是为了打发时间、调剂生活而参加；有些人是为了增长见识、提高能力而参加等。众多原因中，起主导作用的大致是通过活动舒缓心情和增进见识、提高自身修养、改善知识结构。因此，校园文化育人效果的第三步就是学校要通过富有吸引力的活动，调节学生心情，完善其知识结构并提高其素质。

第四，以活动为载体，把学校育人理念输入学生心中，化为思想观念。校园文化活动是校园文化中最活跃的动态因素，是极为重要的建设形式和载体，校园精神不仅是在校园文化活动中诞生、升华出来的，还要依靠校园文化活动体现自己并发扬光大。因此，校园文化活动育人效果衡量的最高标准是高校能否将学校育人精神、理念蕴涵在校园文化活动中，以活动为载体，将育人理念深入学生心中并化为学生的思想观念。

从校园文化与思想政治工作的关系可以看出，校园文化建设是思想政治工作与管理工作密切结合的一个最佳形式，是高校思想政治工作的有效途径和重要载体。校园文化使高校人文精神形象化并融入学生的实践活动，因为它的育人功能是不可替代的。校园文化把教书育人、管理育人、服务育人、环境育人四方面有效地统一起来，从而构建起大德育的格局，形成功能互补的全员育人环境。广大青年学生在优秀的校园文化氛围中，自觉不自觉地受其熏陶、影响和激励，并通过选择教育、自我教育的过程，逐步升华和完善自己。校园文化有利于促进高校学生社会化的进程。校园文化既注重高校学生人格的塑造，又为其个性的显现和发展提供了机会空间，使广大高校学生在接触社会、体验人生、增长才干的同时，加快了自身社会化的进程。

校园文化活动对思想政治教育的作用主要表现在它能通过健康愉快、生动活泼、丰富多彩的活动，吸引更多人参加，直接影响人的思想和行为，使人们受到生动的形象教育，引导人们正确地认识客观世界，增长文化知识，启迪人的智慧，提高对社会的认识能力。一首歌曲、一出排练、一部电影、一篇小说，都会对学生产生不可低估的潜移默化的作用。校园文化活动的寓教于乐功能，充分体现了无意识教育和形象教育的特点，弥补了传统思想政治教育的空洞性和生硬性的缺陷，增强了其娱乐性、针对性和实践性，思想政治教育对文化活动的引导主要体现在它的指导思想是否沿着为人民服务、为社会服务的方向发展。另外，社会主义、共产主义的道德观念会激励高校学生去努力提高自己的文化艺术修养，增强对艺术的审美能力和对科学的认知能力。

（二）坚持高校校园文化建设的思想政治导向功能

高校校园文化建设必须重视校园人文精神的培养，要着力塑造大学精神。大学精神是师生员工在校园文化实践活动中特有的心理素质以及展示其人格风貌的群体意识，是校园精神文化的核心，一旦形成，就能对学校成员发生不可抗拒的影响力，并且具有持久的继承性。塑造大学精神，不仅要求构建反映时代精神的大学精神，而且要提出具有自己学校特色的校训、校歌，编纂校史，发挥名人效应，形成名校。加强校风建设，努力培养优良的教风、学风；加强领导干部工作作风建设；建立良好的人际关系。积极开展课程文化建设，形成一批高水平、结构合理的课程和学科专业，加强学生社团建设和管理，开展丰富多彩、行之有效的课外文化活动。

坚持高校校园文化建设的思想政治导向，突出校园文化主旋律。

首先，应坚持社会主义文化方向。大学是文化的产物，既是传播先进文化的重要阵地，又是社会先进文化的示范区和辐射源，大学的根本任务是培养德智体美全面发展的社会主义合格建设者和可靠接班人。大学的这种内在特质和特殊使命，决定了作为社会主义精神文明重要组成部分的校园文化，要始终坚持社会主义文化方向，要始终走在先进文化的前列。大学校园文化是否沿着先进文化的前进方向发展，将直接影响高级人才的培养和社会主义现代化建设的进程。在当代中国，发展先进文化，就是发展面向现代化、面向世界、面向未来的民族的大众的社会主义文化，这是大学校园文化建设的根本指导思想。

大学校园文化建设必须坚持马克思主义的主导地位，紧紧围绕解决价值观这一基本问题，使爱国主义、社会主义和集体主义精神成为校园文化建设中的主要精神内涵和价值导向，始终以正面的、积极的、高层次的文化去陶冶学生，帮助学生树立正确的世界观、人生观、价值观，掌握科学的方法论，形成高尚的道德品质。坚持为学生服务、为社会主义服务的方向和百花齐放、百家争鸣的方针，坚持以科学的理论武装人，以正确的舆论引导人，以高尚的精神塑造人，以优秀的作品鼓舞人，把思想道德建设作为中心环节和重要内容，把弘扬和培育民族精神作为极为重要的任务贯彻到校园文化建设的全过程。

其次，校园文化建设要体现时代精神，突出主旋律，强调高品位。在校园文化建设过程中，把弘扬主旋律和提倡多样化结合起来，全面建设体现中国特色社会主义、体现时代特征和学校特色的校园文化，以先进文化占领校园文化主阵地，通过贴近实际、贴近师生，不断丰富师生们的精神生活，增强思想政治教育的针对性和实效性。要加强教育和管理，支持健康有益文化，努力改造落后文化，坚决抵制各种有害文化和腐朽生活方式对大学生的侵蚀和影响，巩固先进文化在大学校园中的主流地位。有针对性地开展积极向上的校园文化活动，注意寓教于乐，引导学生从校园文化活动的趣味性，在感官愉悦中自觉感受艺术熏陶并锻炼理性思维，满足师生追求更高层次的需要，努力提高校园文化活动的品位。从实际出发，考虑学校的历史文化底蕴，师生特点及校园现有布局特色等，不盲目攀比，做到不同层次、不同类别的学校在校园文化建设上有所区别。校园文化建设要有系统性、规范性和整体性，要将校园文化建设纳入学校总体发展战略中进行系统的、整体的设计和规划，以达到持续的整体功效。对校园文化建设的评价和检验，要讲求实效，防止浮在表面，一味追求形式和场面。不能脱离社会和时代孤立地、静态地构建校园文化，应立足于先进文化的高度，努力清理和抵制社会文化中的粗俗成分，保证校园文化的健康发展。

加强校园文化建设，在思想认识上首先应明确一个"为谁"的问题。搞校园文化建设，说到底是为了促进广大青年学生全面素质的培养与提高，使他们成长为全面发展的、高素质的人才。因此，在校园文化建设中，应该尊重学生的主体地位，发挥学生的主体作用，以学生成才成长为中心，不断满足学生的精神文化需求，促进学生的全面发展。要主动适应广大学生全面发展的、高素质的人才培养要求，为学生自由、充分、全面的发展创造良好的软、硬条件，实现文化育人、思想育人、环境育人的目的。

坚持学生的主体地位，加强校园文化建设，尤其要尊重学生依据社会需求、自己身心发展的规律，依据自己的愿望、兴趣和爱好，对校园文化的内容、方式、途径、手段等予以自由选择权，促进学生的德行修养自由、全面的发展，充分体现校园文化对人的终极关怀。为此，要根据大学生的特点和兴趣，有针对性地开展全方位、立体式的丰富多彩的校园文化活动，给学生创造一个展现自我、发展自我的多维大舞台，为学生成才成长提供多元选择的空间和机会。

教师是校园中对学生影响最大的群体，参与指导校园文化建设应该说是教师的天职，广大教师在校园文化建设中肩负着重要的职责和光荣的使命。充分发挥教师在校园文化活动中的指导作用，是提高校园文化质量、加强校园文化建设的重要条件。教师在参与校园文化建设中，可以发挥他们的专业知识、理论素养、社会阅历、特长爱好等，教育、影响青年学生，把他们引导到正确的思想轨道上来，引导到弘扬民族优秀文化的轨道上来，引导到积极进取、奋发有为的昂扬精神上来，引导到健康向上的追求上来，引导到深层次的净化精神境界的文化活动中来。同时，教师也可以通过参与校园文化建设，增进对学生的兴趣爱好、特长优势以及心理和思想的了解，更好地做好教书育人工作。

注意突出学校特色是校园文化建设的需要。一是可以调动师生员工参与校园文化建设的积极性；二是有助于实现学校的教育目标；三是促进大学精神的形成。突出特色，需要从以下几方面入手：一是重视学校的优良传统。传统是历史赋予各学校校园文化建设的特色，任何文化的建设都是从尊重历史开始的，校园文化建设应在学校历史的基础上，继承优良传统，审视利弊，展望未来；二是根据学校人才培养目标，确定校园文化建设的方向。各类高校培养人才的具体目标不同，人才的素质结构不一，因而各校的校园文化建设只有在立足于这种特殊要求的基础上，才能有利于学生成才；三是突出特色，既要以现有校园文化状态为基础，又要根据时代发展的需要规划校园文化发展的前景。

大学精神是大学校园文化的灵魂和核心。科学的大学精神既反映了大学教育的本质、办学规律和时代特征，体现了先进的办学理念，又体现师生员工的奋斗目标和价值追求；既是大学的风格和魅力所在，又是大学的活力和生命力所在。大学精神的基本内涵包括自由精神、独具精神、人文精神、科学精神、批判精神和创新精神等相互联系的几个方面。由于历史积淀、地理、文化环境、办学层次的多样性和学科结构的不同，不同大学又会形成独具个性的大学精神，这是衡量一所大学是否形成了富有个性和特色的大学校园文化的主要标准。大学精神在大学发展中"具有价值导向、精神陶冶、规范约束、群体凝聚、社会辐射等一系列极其重要的作用"。大学校园文化建设要围绕培育大学精神，总结和提炼大学在长期办学实践中逐渐积累形成的、体现在师生员工行动中的精神财富，比如校训、校风等，把大学精神渗透到大学物质文化和制度文化建设中去。

校风就是一个学校的风气，是指一个学校广大师生员工在教学、科研、管理等各种活动中所表现出来的一种稳定的、在大学乃至全社会得到普遍认可的行为倾向，由干部的思想作风、教师的教风和学生的学风所构成，是大学精神的具体表现。校风对形成优良的校园文化乃至学校的建设有着十分重要的导向作用，优良的校风能对学生的健康成长起到潜移默化的作用，可以陶冶学生的思想情操，净化学生的心灵，开启学生的智慧，培养学生的集体荣誉感，规范和约束学生的行为和习惯，对学生的人生观、世界观、治学风格以及优良个性的形成具有深刻影响。加强大学校园文化建设，就要加强大学的校风建设，建立科学机制，贯通于大学教学、科研和管理的各环节，在实践中形成求实、奋进、民主、高效的领导作风；严谨治学、热爱学生、言传身教、为人师表的教风；自强不息、勤奋学习、多思善问、敢于创新的学风，促进学校各项工作的全面发展。

（三）思想政治教育与校园文化建设的融合

从高校育人的功能来看，校园文化环境建设与思想政治教育都是高校学生工作的重要组成部分，它们有着密切的关系，它们相互促进、相互影响、相互渗透。

思想政治教育对校园文化建设方向起导向作用。从当前高校思想政治教育的对象来看，受教育的主体是新一代的青年大学生，他们乐于接受新思想、赶超新潮流、富有大胆创造性、思维活跃。高校人才培养的最根本目标就是把学生培养成高素质人才，实现个体的全面发展。因此，高校校园文化的建设，必须与高校人才培养目标一致。这个方向不能偏离，因此就离不开高校思想政治教育的导向作用。面对新的受教育群体，独生子女占大多数，他们表现出这一代人的鲜明特征，比如：坚持主流价值体系，但受实用主义影响比较明显；对传统道德观念认同度高，有较强的道德意识，但对一些不良现象也存在麻木、漠视的态度，受利己主义思想影响明显；他们重视人际关系，对各种时尚元素充满好奇和热情，但往往导致不切实际地盲目接受等。因此，加强高校校园文化建设，全面提高大学生的综合素质，既是符合高校人才培养目标的客观要求，又符合时代对精神文明建设的要求。因而必须以社会主义思想体系为指导，牢牢把握高校思想政治教育这一阵地，才能使校园文化建设积极体现先进文化的前进方向，体现社会思想体系所确定的基本价值原则和取向，为高校校园文化建设奠定扎实的思想基础。

第一，校园文化建设有利于大学生思想政治教育目标的实现。校园文化建设是高校思想政治教育工作的有效途径和重要载体。优秀的校园文化有助于引导大学生树立正确的世界观、人生观和价值观。广大青年学生在优秀的校园文化氛围中，自觉不自觉地受其熏陶、影响和激励，并通过选择教育、自我教育的过程，逐步升华和完善自己，同时也使得思想政治教育的内容和要求容易被青年学生所接受。第二，有利于学生健全人格的塑造。学生在特定的校园文化氛围中活动，受到特定群体意识的熏陶和影响，就会在此过程中形成与群体一致的文化意识和文化品格。奥地利教育学家布贝尔提出"教育者的最重大任务在帮助塑造人的品格"，"名副其实的教育在本质上就是品格教育"，强调的都是校园文化对学生的思想品德和人格塑造功能。健康、高雅、积极向上的校园文化是学生个性和谐自由发展的广阔天地。在参加校园多层次、多形式的文化活动中，学生可以深刻地认识到自己的价值，发挥个性潜能。作为校园文化建设的重要组成部分的学生社团活动，对满足学生交际、结伴、归属的需要以及发展兴趣和特长、开阔知识领域、完善认知结构等方面都具有不可替代的作用。第三，有利于学生心理健康的调适。校园文化以整洁的优美校园环境、丰富多彩的课外文化生活、充满朝气的育人氛围，通过感染、暗示、培育、激励与心理调适等多种功能，改善学生的心态，改变学生的情绪、情感、行为规范与生活方式，进而陶冶学生的情操。

高校思想政治教育对校园文化建设具有一定指引作用，高校的文化建设同样对高校大学生的心理和健全的人格具有一定的影响。因而，高校校园文化建设需要把握正确的价值方向，发挥校园文化对高校大学生的认知与导向作用，从而使高校校园文化在建设过程中充分地体现出思想政治教育的积极作用。

以先进的校园文化载体内容，提高思想政治教育工作的有效性。各种校园文化活动构成了高校校园文化环境建设的动态载体，也是校园文化建设的重要方面。在开展各种校园文化活动的过程中，需要注意的是必须充分发挥学生的主体性作用，学生不仅是校园文化的主体，也是思想政治教育的主体，校园文化建设要充分尊重学生的主体性地位，不断发挥校园文化与思想政治教育的重要作用，一方面要不断去了解学生的心理、兴趣爱好，以开展学生喜闻乐见的校园文化活动，另一方面，要充分调动学生干部的积极性，在把握原则性方向的前提下，放手让学生干部策划、组织各项校园文化活动，激发他们的创造力，从而有力地促进校园文化活动的开展。先进的校园文化环境会对学生的心灵、情操、世界观、人生观、价值观的养成产生极其深远的影响，高校应该在校园文化环境建设上充分继承和弘扬民族文化精神，在此基础上广泛地吸收和借鉴外来的有用文化，在内容和形式上不断创新。可以在以往开展各种文体活动的基础上，不断创新出建设校园文化环境的新的载体，例如，将网络等载体引入，在积极引导与控制的前提下，充分发挥网络环境对校园文化建设的作用，同时也使网络成为高校推进思想政治教育的重要阵地。此外，可以加强校园的人文环境与自然环境的建设，努力营造良好的学习、生活环境，将高校的校训、校歌、校徽等物化于各种高校的建筑、雕塑、楼宇花草等校园景观之中，有效地引导高校的大学生弘扬高校的优良传统。

校园文化的作用是通过潜移默化的方式实现的。作为隐性的课程，校园文化是高校思想政治理论课教学的延伸和补充，思想政治理论课教学工作的开展离不开各种校园文化的建设。高校应更新观念，为思想政治理论课和校园文化有效结合提供契机，提高高校思想政治教育效果。

二、高校校园文化对社会文化的引领

大学是以传授高等知识、研究高深学问、培养高级人才、开发高新科技为主要内容的教育机构，是知识的集散地、辐射源和创新基地，是人类追求文明进步的精神殿堂。作为保存、传承、传播和创造先进文化的重要场所，大学具有文化传承与创新的历史使命，并在建设有中国特色的社会主义事业中发挥着越来越重要的文化引领作用。主要体现在：一是具有继承传播文化知识的作用，大学凭借高素质人才聚集的优势，理论研究的深度和广度，教育、研究、创新的能力，在文化理论建设、研究和传播中发挥带动作用；二是具有培养高层次人才的作用，大学培养高层次人才的职能，使它担负着培养国家建设、民族复兴所需要的德才兼备的优秀人才，包括文化建设的领军人物的作用；三是具有思想引领的作用，大学是新思想、新理论、新知识的摇篮，是国家发展的人才库、智囊团、思想库，在文化理论研究和文化建设方面，始终引领着社会前进的方向；四是具有文化创新的作用，高校校园文化研究与实践的主动性，使大学成为文化理论研究创新和文化体制机制创新的策源地；五是具有带动社会良好风气的形成的作用，先进的大学人文建设和高尚的价值示范，对社会风气产生积极的影响。

因此，一方面大学要认清自身的职责和使命，加强文化建设，坚持以人为本，重在"化人"，建设开放、多元化的高校校园文化，同时发挥文化桥梁和文化交流中心的作用，并注重创新，以全面提高高校校园文化。另一方面要充分认识大学在文化建设中具有的引领作用，不断增强文化自觉、文化自信、文化自强，引领社会文化发展，促进文化的繁荣和发展，实现建设文化强国的宏伟目标。

随着现代社会的发展，以传播知识为主的大学在社会活动中的作用越来越重要，学校及师生更多地融入社会活动中，以其环境、条件、研究成果等直接参与社会活动，并与社会建立广泛、密切、深入的联系，参与社会不同领域的服务与发展，促进社会的进步。而大学也一直是各种新思想新理论的发源地，是各类思潮和运动的策源地，因为其具有的先进性而对社会产生重要的影响。尤其大学是通过人才培养、科学研究、社会服务和文化传承创新等功能的发挥为文化的发展繁荣做出自己的贡献。因此高校校园文化不仅承担着育人的职责，也承担着引领社会文化的职责，在利用先进文化的辐射和导向作用提升社会文化和所处地方的文化品位方面也具有重要作用。

为了加快文化的发展，大学可以根据当地的需求和自身的特色和优势，采取多种形式做贡献。一是培养文化事业发展所需的人才，大学要贴近区域发展的需要来设置相关专业，通过优化专业结构，拓宽办学渠道，以文化市场为导向，着力培养文化运作与发展所需要的新闻传媒、文化创作、经纪、策划、管理人才，以及文化创意、电子出版、动漫网络等新兴技术人才和销售人才。满足日益发展的文化市场对人才的需求。二是与当地宣传、文化主管部门协调合作，通过委托、定向培养、双向交流等多种方式和途径，派有关人员到高校学习、进修，或通过与高校联合办学、集中短期培训和举办文化产业论坛等方式，培养为社会公众娱乐开展艺术表演或提供文化活动的组织、策划服务，开办文化产业，提供文化产品的生产和销售人才，并承担文化人才的继续教育任务。三是实现高校校园文化与区域文化的共享，通过建立和完善大学与区域的信息交流平台。利用报刊、电视、广播、网络等多种形式，传播大学的形象和信息，开放大学的图书馆、体育馆、博物馆、校史馆等文化设施，以及各类文化讲座、演出等，建立开放式校园，促进文化共享。为公众营造文化享受和熏陶的氛围，发挥高校校园文化的外向辐射作用。

三、高校校园文化对高素质人才培育的作用

高校对人才的吸引力在很大程度上体现在高校的人文环境上，高校人文环境是整个校园文化的一个重要组成部分。一所高校的人文环境优劣，直接

关系到学校对师资凝聚力和吸引力的大小。随着人事管理制度的改革，高校教师的自由度和选择余地越来越大，哪里能提供更适合发展才能的人文环境，他们就会被那里所吸引。如果在制度文化中能坚持做到管理与服务并重，使管理更加充满人性化，在一定程度上就能起到以感情留住人才的效果。现在高等教育的人才竞争趋于白热化，引进人才难，留住人才更难，在客观条件相似的情况下，以情留人，为其最大限度地服务就显得特别珍贵。让学者对学校产生认同感是最好的合作前提。同样，好的校园文化建设也大大影响着学生的择校选择。一所具有优秀校园环境的高校，在物质、人文、制度上都将成为吸引更多优秀学子前来学习的前提条件。高校校园文化应当坚持以教育为本、德育为先的方针，把正确的政治思想放在首要位置，培养更多优秀的高素质人才。

高校校园文化在政治导向作用中，可以弘扬爱国主义、社会主义等主旋律。校园文化作为重要的环境因素，对于一名学生能否成长为一个高素质型人才，起着至关重要的引导、熏陶和教化的作用。优秀的高校校园文化可以对高校学生进行思想引导，情感熏陶，意志磨炼和塑造。并通过各种活动包括社会实践营造出良好的文化氛围，有利于培养高校学生文明举动，塑造其高尚的思想，树立正确的人生观、价值观和世界观，从而真正起到培育素质人才的作用。

第二节 高校校园文化与社会文化的共性与差异

用教育的外部和内部关系规律的理论来分析大学的文化形态，可以看到，高校校园文化的形成既受到社会环境因素的制约，又受到学校内部各种力量的影响。反过来，高校校园文化不仅会对大学的教育模式和教育面貌起决定作用，而且也会对社会文化起到规范和导向的作用。

在社会危机时期，作为社会文化价值的维持、表述和发展的关键所在，大学会通过文化批判揭示引发社会危机的因素，否定旧有文化中阻碍社会进步、导致社会危机的内容，引入解决社会危机、促进社会进步的新的文化因素，促进社会的变革。

由于大学是各种文化汇聚的中心，接受外来文化影响的途径较多，大学自身也不断产生新的知识和新的思想，高校校园文化的新陈代谢要较一般社会文化更快；大学总是在已知的知识和未知的世界之间不断进行探索，其所选择的文化的一部分具有不确定性和流动性的特点，由此带来高校校园文化形成过程中的动态性特征与较快的更新机制。唯其如此，大学才能成为社会的思想先驱。从文化的意义说，大学与社会进行着相互的调适。社会需要与社会主流文化规定着高校校园文化发展的方向，而大学也根据文化自身发展的要求及大学对文化的创造、对社会文化的批判活动去丰富社会文化内涵、定向社会价值系统，进而发展社会。这种双向的调适是当代高校校园文化与社会文化关系的一个重要特点。

一、社会文化的内涵

文化属于历史的范畴，每一个社会都有和自己社会形态相适应的社会文化，并随着社会物质生产的发展变化而不断演变。作为观念形态的社会文化，如哲学、宗教、艺术、政治思想和法律思想、伦理道德等，都是一定社会经济和政治的反映，并又给社会的经济、政治等各方面以巨大的影响作用。在阶级社会里，观念形态的文化有着阶级性。随着民族的产生和发展，文化又具有民族性，形成传统的民族文化。社会物质生产发展的历史延续性决定着社会文化的历史连续性。社会文化就是随着社会的发展通过社会文化自身的不断扬弃来获得发展的。人类在某种社会中生活，久而久之必然会形成某种特定的文化，包括一定的态度和看法、价值观念、道德规范以及世代相传的风俗习惯等，这就是社会文化的表现。

社会文化理论是由苏联心理学家维果茨基提出来的，它强调社会文化因素在人类认知功能的发展中发挥着核心作用。该理论认为，人的心理机能从根本上来说是一个由文化产品、活动和概念充当中介的、并受中介调节的过程（语言是首要的调节手段）。在该理论框架内，人类被理解为利用原有的文化工具创造新的文化工具，并由这些文化工具来调节他们的心理和行为活动。语言的使用、组织和构筑是中介的首要手段。人类认知活动的最重要形式是通过社会和物质环境内的互动而得到发展的。社会文化理论促使我们从一个全新的角度去审视社会环境。

社会文化是与基层广大群众生产和生活实际紧密相连，由基层群众创造，具有地域、民族或群体特征，并对社会群体施加广泛影响的各种文化现象和文化活动的总称。根据创造主体和施加影响的对象，社会文化可以分为群众文化、少数民族文化、少儿文化、老年文化、残疾人文化等；根据发生地域和表现特性，社会文化可以分为校园文化、企业文化、军营文化、村镇文化、庙会文化等。社会文化有利于提高人民群众的生活质量，满足广大人民群众的文化需求。保障基层群众的基本文化权益，促进人的全面发展。巩固文化大发展大繁荣的群众基础，促进政治、经济和文化的协调发展。

当今时代，文化越来越成为民族凝聚力和创造力的重要源泉、越来越成为综合国力竞争的重要因素，丰富精神文化生活越来越成为我国人民的热切愿望。要坚持社会主义先进文化前进方向，兴起社会主义文化建设新高潮，激发全民族文化创造活力，提高国家文化软实力，使人民基本文化权益得到更好保障，使社会文化生活更加丰富多彩，使人民精神风貌更加昂扬向上，这就是社会主义文化本质，是中国特色社会主义本质的规定性和内在要求。

二、高校校园文化与社会文化的相似性

高校校园文化是社会文化中的一部分，是其亚文化的一种。某种意义上说，校园文化是社会文化在学校里的一种体现。尤其是在现代社会中的高等学校，校园文化与社会文化联系日益密切，各种开放的教育形式层出不穷。这使得校内外的交流十分迅速与通畅，学校与社会之间的某些界限趋于模糊。高校校园文化主题思想、主要内容的大变化都离不开社会这个大环境，校园文化的发展是在社会文化发展的影响下实现的，社会文化与校园文化之间有着非常密切的联系。当代高校学生具有强烈的责任感、使命感，他们兴趣广泛，活动面宽广，迫切希望参加社会政治、文化、经济生活。急剧变化的世界政治经济格局、国内的改革以及各种新思潮、新观念很快在高校学生之中引起反响。高校学生关注社会生活本身就注定社会关系对他们的直接而深刻的影响。

文化既是教育之基，更是高校之魂。所谓教书育人、管理育人、服务育人、环境育人，说到底都是文化育人。高校传统、高校精神，实际上是高校的文化传统、文化精神。所谓校训，是一所高校对其文化传统、文化精神的理性抽象和认同。所谓校风，是一所高校对其传统、精神、校训的文化自觉和继承。不同的传统、精神、校风、学风，是高校展示自己的"文化名片"，高校绵延的"文化基因"，构成了学生思想和行为的不同模式。总之，文化是一所高校赖以生存、发展的重要根基和血脉，也是高校间相互区别的重要标志和特征。

学校与社会的关系决定了校园文化与社会文化的关系。因此，我们认为校园文化从属于社会大文化，是社会大文化的一个组成部分，其本质受社会大文化的制约。我们现时的社会大文化，其重要内容之一便是：随着时代发展的需要，在更新传统文化所提倡的崇尚礼让的基础上，要求人人在合法的前提下勇于竞争，亦善于彼此合作，这也是东西文化长期冲撞、融合的必然趋势。和谐共存，如此性质的社会文化已影响了我国教育方针的制定。例如，现时我国的各级各类学校都十分重视素质教育和能力教育，以便学生走出校门之后，不仅要有参与竞争的意识，而且更有参与竞争的能力。显然，在这

种教育观影响下培养出来的学生，当进入社会参加工作时，随着社会角色的改变，他们不再是营造校园文化的主要力量，而是成为营造社会文化的生力军；他们的一切社会性的活动必然要给社会文化增添新的内容，其结果必然要影响社会文化的发展。

高校校园文化是社会文化的重要组成部分，它受社会文化的影响和制约，高校校园文化的载体和主体决定了高校校园文化是科学精神与人文精神的统一，是理想主义与现实主义的统一，是民族文化与世界文化的统一，是历史积淀与时代发展的统一，是书卷气息与大众习俗的统一。高校校园文化的核心是高校精神，高校校园文化的表征是学生的文化素质、教师的文化修养、学校的文化品位。

三、高校校园文化与社会文化的差异及相互作用

校园文化与其他种类的亚文化，如企业文化、社区文化、城市文化、军队文化等并没有什么根本的不同，差异主要表现于它自身的质的规定性。也就是说，作为社会文化的一个组成部分，校园文化的质的规定性并不仅仅在于它所涵盖的内容丰富多彩，而更在于校园文化所赖以存在的时空——学校所占有的时空和校园文化主体——学生、教师及在校园内直接和间接为教学、科研服务的工作人员等这一独特性。正是由于这后者的独特性，使得校园文化有别于其他任何种类的亚文化。例如学生所特有的爱好、情趣，教师的师德，学校的校风等所营造的文化氛围具有与众不同的内涵。

第二章 高校校园文化与大学生职业规划

第一节 目前我国人力资源市场概况

人力资源市场是重要的要素市场，是社会主义市场体系中一个不可或缺的有机组成部分。抓好这一市场的建设，对进一步实施人才强国战略、全面建设小康社会提供人才保证和智力支持具有重要的意义。

一、人力资源市场的配置作用

（一）近年我国人力资源管理发展基本现状

现代人力资源管理是从传统人事管理转化来的，但二者差别很大，人力资源管理是将员工作为一种主动的资源进行管理，是具有战略与决策意义的管理活动。它把开发人的潜能与实现组织目标紧紧地联系在一起，成为企业发展必不可少的一个重要方面，这正是传统的人事管理中所没有的。

1. 人力资源管理的内在需求不强

当前许多企业把人事部改为人力资源部，其实这并不是问题的要害，重构人力资源管理的理念和导入现代人力资源的管理制度才是根本，启动人力资源开发和管理的系统工程从工作分析开始，工作分析是现代人力资源管理的基础设施和平台。沿用传统管理模式（行政管理）的国有企业，追求收入的最大化，加之法人治理结构不完善，委托和代理关系不清楚，激励者和被激励者角色无法界定，形成了畸形的没有老板的体制。由于产权关系的制约，企业无法真正导入人力开发和管理的制度，没有人力资源管理的内在需求。

2. 人力资源管理的技术方法相对落后，学习和引进的广度和纵深不足

进入网络经济时代，人力资源管理的内涵、手段与运作模式又发生了新的变化。国内对人力资源开发和管理的重视已达到一个相当高的水平，但简单地停留在人是最重要的生产要素上是不够的，要懂得如何重视人力资源开发和管理。我国在现代人力资源开发和管理的技术诸如人力资源规划、招聘

管理、培训分析、绩效评估管理、薪酬设计、组织管理水平等方面的技术和方法还相当落后。比如,工作分析和工作评价制度是美国 20 世纪 20 年代开始发展起来的一套规范的人力资源管理制度,20 世纪 50 年代写进了美国的教科书,而我们的各类管理人员迄今对此几乎是上层次、出效益的速度。广义地讲,人力资源开发和管理体制不是一门学科,而是一个领域,是一个由经济学、心理学、管理学不同学科群展开探讨和研究的专业领域。人力资源开发和管理是所有管理者的共同职责,人力资源开发和管理的成功首先决定于直线经理的参与。然而,目前国内企业直线管理者的认识误区是人力资源开发和管理是人事部门的事,与己无关。

人力资源开发和管理水平的提高,关键在于引进和消化发达国家的现代人力资源管理的一整套技术和方法,走国际化的道路,借鉴发达国家的经验和做法,系统开展人力资源开发和管理的理论研究。

3. 人力资源开发和管理的发展趋势

我国目前已经成为人才争夺的核心地带,企业对人力资源的重视程度也快速提高,投入奖金也在加大,但缺少切实可行的操作办法。信息技术在人力资源管理中的应用,将有助于企业定义与优化人力资源管理的业务流程,提高工作效率。

信息技术在人力资源管理中主要是作为工具来应用,这可以用来处理所定量的问题,比如员工考勤、薪资计算等等,人力资源管理人员可以更好地挖掘、开发、管理人力资源,从而提高实施人力资源战略的成功率。人力资源管理工作可变得更为简便快捷,较之手工管理,信息技术的应用将大大降低例行性工作占用人力资源管理人员时间的比例,这无疑极大地提高了人力管理部门的工作效率,将他们从上传下达角色中解脱出来,让他们有更多时间思考战略层次的问题。

网络技术的应用,还可以为人力资源管理部门之外的其他管理人员及员工提供各种形式的自助服务。比如高层经理可以在网上查看企业人力资源的配置、重要员工的状况、人力资源成本的分析、员工绩效等;对于部门经理而言,可以在网上管理自己部门的员工;对于普通员工,可以在网上查看本月薪资明细、累计福利、各种人事政策、个人考勤休假情况、自助服务的提供,使得人力管理从以前的相对封闭变得开放、透明。

从总体上看,我国的人力资源开发水平尚处于发展阶段。首先,我国人才资源的总体状况是人口富有,人才稀缺。人才结构失衡,专业结构不合理,行业、产业人才布局不均,尤其缺乏高素质的人才。加入世贸组织后,国际市场的需求,使国内人力资源市场和人力资源建设面临着更加严峻的挑战。

其次，我国大多数企业人力资源管理中还存在发展不平衡，人才观念滞后，管理机制落后，激励机制不健全，信息化程度不高，招聘手段落后，缺乏人才储备的战略眼光等诸多问题。

（二）人力资源市场的功能

1.信息储存与反馈功能

信息交流是公共人力资源市场最基本的功能。在市场经济条件下，"信息"显得格外重要，在某种程度上谁掌握了信息谁就掌握了主动权。纵观当前就业问题，信息不对称是重要因素之一。作为公共人力资源市场，要尽量完善信息平台，发挥信息交流功能，让供需双方及时有效、公开平等地分享就业信息和人才信息。首先，公共人力资源市场应注重从不同渠道收集各类人才信息，以建立一个容量较大、真实有效的人才信息数据系统，这是公共人力资源市场发挥信息功能的基础。其次，公共人力资源市场要对信息进行分析、整理、贮存。根据人力资源市场不同的需求，将收集到的人才供求信息按性质、区域、专业、层次等分门别类建立人才需求信息库，有针对性地开展就业服务，以提高信息交流的针对性。再次，公共人力资源市场应运用现代化手段和检索方式，使信息功能的可操作性变为现实，从而方便供需双方查询，为人才择业、企业选人创造条件，并使人才信息区域化、网络化，拓宽信息传播渠道，及时统计和发布需求信息，使求职者根据自身需要有针对性地参加招聘活动，减少盲目性。最后，公共人力资源市场要及时做好供求信息的统计和反馈，为用人单位招聘和劳动者就业提供参考，也为政府决策、各类大中专学校制定人才培养方案及课程设计提供依据。简言之，就是要把公共人力资源市场建成人才供求信息的枢纽。

2.人力资源交流与调配功能

公共人力资源市场是劳动者就业的重要主体，也是活跃人力资源的题中之意。首先，公共人力资源市场要进一步加强基础设施建设，按照"专业化、行业性、精细化、人性化"的要求，打造安全、稳定、有序的"有形市场"，定期举办专项、专题招聘会，提高招聘会的针对性和实效性。其次，要构建就业网络平台即"无形市场"，及时发布就业信息，适时举办网络招聘会。网络招聘平台应在纵向上实现国家、省（市、自治区）、县、社区互联，横向上要与同级群团组织的就业服务机构及毕业生就业市场贯通。再次，创新招聘活动举办形式，推进招聘活动进校园、进社区，引导企事业单位直接到高校、社区招聘，为劳动者就近参加招聘活动搭建平台。最后，积极参与区域人才（就业）服务合作、人才甄选和劳务输出、劳务（人才）派遣，促进劳动者跨区域就业和更高层次的"人岗匹配"，实现人力资源在区域间、单位间、行业间合理流动调配。

3. 人力资源储备与聚集功能

劳动者就业是动态的，但单位对劳动者的潜在需求，现实中不可能立即通过信息反映出来，这就必然使一部分劳动者因一时不能对口安置而暂时待业（含自愿性失业）而进入公共人力资源市场的储存系统。为此，公共人力资源市场必须建立专门的人才储备系统，对未就业者或有更换工作意愿者的信息进行专门采集，分门别类地存储，并建立台账，实行动态管理，适时推荐就业或配置。应该说，公共人力资源市场的人才储备功能重点解决是"有人无市"问题。近年来，面对急剧增加的就业需求，就业职位供给却因政府机构、国有企事业单位改革在大幅下降，人力资源市场的竞争日趋激烈。这意味着有更多的待业人员或失业人员要通过公共人力资源市场储备而逐步择业。当然，公共人力资源市场更要发挥"蓄水池"作用，聚集各类优秀的专业技术人才，为当地经济社会发展提供人才支撑。

4. 人力资源培训与评价功能

人力资源配置是动态匹配的过程，是不断变化的。应该说，人与事的相适应，个人资格条件与工作职位要求的一致性，是相对的。因为在现代社会，伴随科技进步，职业及岗位种类、要求、标准、内容等都在不断变化。而人才培养的周期性决定了其培养标准难以跟上人力资源市场的快速变化。同时，通过市场配置人力资源，求职者必须掌握求职择业方面的知识和技能及政策法规。这些都需要公共人力资源市场对求职者进行相应的职业培训和评价，增强知识的迁移和职业适应性。首先，公共人力资源市场既是固定的人才交流场所，也是培养人才的基地。人才培训功能就是公共人力资源市场通过对市场运行的分析和相关调研，判断现今和长远的急需专业，再对一些非对口专业的求职者加以相应的培训，使他们具备相应的职业工作能力，以合乎市场招聘需求，进而实现就业。培训应坚持以市场为导向，以满足社会对人才的需要为目的，做到长期培训与短期培训相结合、集中培训与专题培训相结合，以及联合办学、顶岗实习、定向办班、继续教育等，使求职者完善职业能力结构，掌握择业技巧和工作方法，增强就业竞争能力。其次，优化人力资源配置的一个主要任务，就是要将人力资源配置在最适合、最能发挥其作用的岗位上。公共人力资源市场作为专业的人力资源社会化服务机构，应不断提高测评技术，对劳动者的道德品质、能力学识、心理特征、性格气质、潜能等进行定量与定性相结合的测试，为用人单位做到"人岗匹配"提供科学依据。最后，公共人力资源市场作为政府公共就业服务机构，应及时对有关人才、就业、教育、社会保障等政策法规进行宣讲，增强劳动者、用人单位的诚信意识、发展意识和维权意识，构建和谐劳动关系。

5. 人才招聘服务与纽带功能

一般而言，公共人力资源市场因其拥有全面的政策服务体系和丰富的公共资源，成为用人单位实施人才规划、招聘引进人才、调节人才资源的重要载体。因此，公共人力资源市场应完善软硬件建设，在人才与用人单位之间充分发挥纽带作用，通过举办招聘会、见面会等形式，为用人单位提供优质的人才招聘服务，营造人才充分竞争的环境。同时可针对特定的岗位、紧缺专业实施高端人才引进服务，帮助用人单位解决人才瓶颈。当然，在招聘服务中，组织者要严格审查招聘单位资质和招聘信息的合规性，防止虚假招聘、就业歧视，以及鉴证、核实求职者信息，依法维护招聘单位和劳动者两大市场主体的合法权益。另外，公共人力资源市场是政府连接社会民生（劳动者、用人单位）的重要窗口和纽带，要认真落实政府的民生政策以惠及于民，并将政策落实情况及时反馈给政府相关部门，有效发挥公共服务机构的纽带功能。

二、我国人力资源开发现存问题

改革开放以来，我国经济迅速发展、综合国力迅速增强，人力资源管理也从引进、实践、发展和逐步完善。我国在人力资源开发工作上取得了显著成效，人才队伍建设有了长足发展，人才总量有了很大提高。但是由于我国人才基础比较薄弱，人事制度正处在变革之中，尽管我们具有庞大的人力资源总量，但劳动力素质低，人才资源的数量、质量和素质远远不能适应国际化发展的要求。随着国际市场的形成，在新的竞争条件下，这些问题尤为突出我国最初的人力资源管理极其简单，甚至不能称之为"管理"，也得不到管理高层的重视。这当然与当时贫穷落后的国情有关。后来虽然经过几十年的发展，管理水平大大提高。但与发达国家相比仍然处于落后状态。随着知识经济的到来，使企业间的竞争从产品竞争、资本竞争发展到智力竞争，智力的载体——企业中的人力资源已经成为衡量企业整体竞争优势的重要指标。在经历发达国家先进经验与市场激烈竞争的双重洗脑之后，目前我国理论界和企业界均切实感受到人力资源带给企业和组织的深刻影响，开始逐渐理解人力资源开发和管理的重要性、全局性和战略性。因此，研究我国人力资源管理的现状及存在的主要问题，对企业管理是极其重要的。

我国人力资源管理的现状及存在的主要问题突出地表现在以下几个方面：

1. 从业人员逐年增多但技能偏低缺口仍大。

2. 人力资源管理事关企业战略但仍未得到足够重视。

3. 电子化管理发展迅速但仍待开发。

4. 优秀人才流失严重。

三、我国人力资源市场机制构建的对策研究

（一）形成有利于人力资源开发的人才选拔机制

人才选用的出发点和归宿点都应该是选贤任能，任人唯贤。只有完善健全的机制才能确保它的实现。要扩大选人视野，增加选人层次，拓宽选人范围，疏通选人渠道，规范选人条件，打破选人的身份地域的格局，从而建立科学的人才发现机制，形成各方面人才百舸争流、各显其能的局面。

选贤任能，任人唯贤，唯实不唯上，讲学历而不唯学历、不唯职称、不唯身份、唯本事用人，用客观的科学的标准和方法准确地全面地考评，选用德才兼备、年富力强、能干事、会干事、有创新能力的复合型人才。对于党政管理人才，其落脚点在于公务员的素质和能力；对于企业经营管理人才，应采用"严而慎"的策略；对于专业技术人员，宜采用"宽而专"的策略。

（二）建立科学的人才流动机制

人才资源和其他资源一样，只有得到最有效的配置，才能创造出最大的效益。流动出人才，流动激励人才。正常的人才流动，有利于社会生产力的发展，无序和没有法律规范的盲目流动，却会给社会带来负面效应。因此要进一步建立顺畅的人才流动通道，加强法制建设，充分利用社会人才市场在配置人力资源方面的独特优势，废除阻碍社会人才资源合理流动的制度和观念，进一步对我国坚持几十年的城乡分割的户籍制度进行创新和修订，建立人才流动的信息公开制度，突破地方主义、部门利益对人才流动的干扰，简化人才流动的手续，降低人才流动的成本，最终做到社会人才流动快捷通畅，保障人力资源的合理、高效利用，推动社会经济的发展。

一个组织应从自身实际和人才的流动方向出发，制定出适合自身的流动率，不断吐故纳新，引进新鲜血液，保持活力。适合需要的人才流进来得越多，不合格、跟不上发展的人员出去得越多，对一个组织发展就越有利。员工结构和素质不断提高，组织就会成为吸引人才的磁石，这种人才流动政策就是富有成效的。

（三）加强政府对人才管理的调控

在市场经济条件下，政府的宏观调控对人才市场的建立、发育和发展是必不可少的。我国在经济体制过渡时期更需要加强和改善宏观调控，为此，

必须正确认识政府在人才市场调控中的作用、职能和手段。同时，还需要正确运用宏观调控的方式和手段，采取相应的措施，只有这样，才能为人才市场的正常运行和健康发育创造条件。

政府的主导作用和市场的基础性调节作用得不到充分发挥，政府与市场的关系就无法理顺，缺位、越位和错位现象就会严重存在。建设创新型国家需要政府与市场的良性互动，但政府过多地介入本应交给市场和企业的领域，而市场这一无形的手调控力度不够，没有形成人才市场的良性循环，造成人才的无序流动。

第二节 高校校园文化与大学生就业

我国的高等教育已进入大众化的教育时代，高校毕业生数量急剧增加，而同时社会提供的就业岗位并没有大幅提升，大学生就业难的问题将日益凸现。这就使得就业教育在高校教育体系中所得到的重视程度在不断地提升，就业教育也逐步显示出其在对于高校学生的素质培养方面的作用。就业教育最为本质的工作是培养和塑造学生的正确就业观，而就业观作为世界观和人生观的一部分，也只有借助文化的渗透才能得以实现。校园文化建设中，只有就业教育作为重要内容进行参与，才能使其更为丰富也更接近于高校校园文化建设的目标。同样，只有强调校园文化建设中的就业教育因素，校园文化建设才能同培养实用型人才的办学理念相结合，才能使校园文化建设真正服务于教育教学的要求。我们在积极倡导校园文化建设的同时，要真正地从培养和塑造就业观入手，改变单一的对工作岗位的推荐，从而使就业教育与校园文化建设存同步发展中获得融合和统一，促进学生就业能力和综合素质的提升。

一、当前大学生就业与市场之间的矛盾

中国是世界上人口最多的发展中国家，劳动力资源丰富是中国的基本国情，就业困难在相当长的一个历史时期内是客观现实。近年来随着大学持续规模扩招，大学生就业难问题越发凸现，当前和今后一个时期，就业再就业形势依然严峻，劳动力供大于求，供需结构性矛盾仍然很突出，主要表现在：

1.劳动力供需结构的矛盾

一方面，从新增就业来看，我国城镇近几年每年需要就业的人数仍将保持在2400万人以上，而新增岗位和补充自然减员只有1200万人左右，供大于求的缺口大，就业矛盾十分突出。

2. 二元经济下两个"市场"的矛盾

与一般发展中国家不同，我国的城乡二元结构并非主要取决于经济发展因素，而是明显受到体制和人为因素制约，在二元经济社会结构条件下，由于农业人口向非农领域转移的速度缓慢，使得农村劳动力转移就业任务十分繁重。

3. 劳动力相对过剩与供给不足的矛盾

从总量看目前仍存在劳动力供给过剩状况，而另一方面，又存在着劳动力供给不足现象。随着科技的进步和产业结构的升级优化，一部分在职劳动力由于技能或经验知识即人才资本存量不能适应新的产业及其带来的新就业岗位，造成结构性失业，成为新的失业群体；同时由于人力资本质量水平低下，造成就业风险率增大，工作稳定性减弱。

4. 劳动力市场与人力资源的矛盾

由于劳动力市场并不健全，形成劳动力市场信息不完全，劳动力供需双方信息不对称以及地理障碍的特点。一方面，增加了就业者职业搜寻成本；另一方面，在劳动力市场未充分发育的前提下，劳动力市场机制不能充分发挥优化配置劳动力的职能，造成劳动力市场"失灵"。

二、大学生难就业因素分析

面对严峻的就业形势，"就业难，难就业"的原因主要来自大学生自身、用人单位和社会环境三方面。

（一）大学生自身原因

1. 毕业生就业观念存在误区

一是选地域。在大学生的意识中，大都市总是意味着机会、高薪和前途，这导致最需要大学生的地方少人问津，而都市的大学生求职者则人满为患。二是挑单位。大学毕业生都希望选择一个地域条件好、待遇优厚、社会地位高的职业。三是重薪酬。高薪水、高福利等盲目求富观念在大学生中流行，带来了就业难。

找一份自己喜欢的工作是每个人的愿望，但是面对就业的压力，喜欢的工作不容易找。凤凰网与新生代市场监测机构联合开展的"中国大学生就业状况调查"显示，在回答"您认为找到一份理想的工作困难吗"这一问题时，81.2%的大学生认为找到一份理想的工作非常困难或者比较困难，仅有6.5%的大学生认为比较容易，而专科生和硕士更难找到自己认为理想的工作，专科生受学历水平的限制较大，硕士则容易高不成低不就，而且职业定位趋同，所以硕士的就业难度很突出，相比较而言，博士的优势体现的比较明显一些。在无法实现自己喜欢和理想的状况下，找个栖息之地，先就业积累经验，然后再择业成为当前中国大学生的主导性就业观念。调查显示，选择先就业再择业的比例最高，本科生体现得最明显。当然，越是学历高，就越不甘于现状，越理想主义，硕士、博士选择一步到位的比例最高。而也有不少大学生选择自己创业，其中，博士选择自己创业的比例最高，其次是专科生，而硕士似乎显得更加愿意过稳定的生活，选择自己创业的比例最低。

2. 毕业生综合素质缺憾

一是学业不精。有的学生在学校里只是混，没有静下心来学习。二是社交能力欠缺。说话办事的能力、沟通合作的能力、交际公关的能力欠缺。三是缺乏社会实践经验。有的学生很不重视社会实践，甚至连学校要求的暑期社会实践都不能认真完成，更谈不上学到具体的实践。

（二）用人单位原因

大学生在择业过程中，也遭受过不少企业的歧视。调查显示，户籍限制已经超过性别歧视成为大学生就业最普遍的制约因素，"中国大学生就业状况调查"显示，38%的大学生在求职过程中遇到过户籍歧视，企业往往都会询问大学生的户籍，并以此作为考虑的因素之一，由此看来，企业也需要端正用人观念，正所谓"英雄不问出处"，户籍与大学生才能之间并没有直接的关系。

用人单位选择大学毕业生，最主要是看重学生如何"调整就业心态"，而"提高职业素质""提高技能"反倒其次；而大学生甚至学校看来，"提高技能"及"提高职业素质"是最主要的，"调整就业心态"并不重要。用人单位认为"德才兼备"是用人的恒久标准，单位对毕业生"品德"的重视程度远远比毕业自身的重视程度要高得多。

（三）社会环境原因

高等教育在学生就业问题上一直存在两种不同的人才观。一种是直接面对市场需要，培养社会各种用人部门直接需要的"对口"人才；另一种则与市场需要保持一定的距离，从长远利益出发，着重为学生未来发展奠定基础。前一种人才观通常被企业家和用人部门所接受，而后一种人才观则是教育家所信奉的。这两种人才观对学校的专业和课程设置都具有直接的影响，对于高校来说，如何在建设研究型大学或综合型大学的基础上，根据自身实力和社会需求设置学科，按照社会需求设置对口专业，却是值得思考的问题。近年来的社会因素更是影响大学生就业的主要原因之一。

1. 出口减速

近年来世界经济衰退，在很大程度上影响到中国的出口。有研究证明，在中国经济外向度较高的情况下，中国外贸出口每波动 1 个百分点，将影响中国 18~20 万人的就业。受负面影响较大的主要有纺织服装、制鞋、玩具、摩托车、家具、照明器具、自行车等出口依存度较大的行业，而这些行业多是劳动密集型行业。

2. 企业成本上升

原材料价格及劳动力价格均呈上升趋势，人民币升值、出口退税政策调整、两税合一等政策，也会提高出口型企业的生产成本。《劳动合同法》的实施也在一定程度上提高了企业人工成本。目前来看，受成本上升影响较大的是劳动密集型企业和中小企业，由此对就业产生的消极影响是不容忽视的。

三、新形势下大学生的就业建议

对于环境的骤变，大学生应该有所准备和思考，然后再准确出击。虽然整体就业环境比往年有所恶化，但应届毕业生如果能够在找准定位、应聘部门、应聘地区三个方面深思熟虑，还是可以在竞争激烈、环境欠佳的情况下脱颖而出，为自己的职业生涯画上完美的第一笔。市场导向、政府调控、学校推荐、学生与用人单位双向选择，是目前高校毕业生就业的基本政策。在这种背景下，市场主导的地位实际上已经确立，大学生择业和单位选人的自主性都增强了。所以，大学生调整就业观念，找准定位十分重要。

（一）认识自我是就业决策的提前

大学生在择业前应对自己充分了解，知道自己能干什么，擅长什么，想干什么。注意学以致用，尽量发挥自己专业优势和形象、气质、性格、语言表达能力等非专业优势。大学生应采取适合自身特点的就业选择方法。稀缺性决定了每一个社会与个人必须做出选择，也就是资源配置问题。对于大学生就业而言，要选择自己认为可以接受的单位；而对于用人单位而言，也要选择单位需要的人才。两者是双向的，双方都在寻求最优资源配置。

应届毕业生切忌好高骛远，可根据自身情况适当放低薪酬要求，为自己争取到更多的就业机会。同时，提前做好步入社会的准备，深挖洞、广积粮，多充实、提升竞争力，即便是可以"高成"也不妨先"低就"，抱着学习的心态去适应社会，从基础做起，不要眼光过高。

（二）确立合适的就业目标

在选择职业和确定目标单位之前，应从环境分析、企业分析等方面评估职业和目标单位的各种因素对自己职业生涯发展的影响。顺应社会劳动力的流动分配形势，适时调整自己的就业心态，切忌按照自己的主观意愿挑选就业地域和企业类型。在金融危机席卷全球，国民经济比较吃紧的社会环境里，应当理智的把握"先就业后择业"的观点，灵活的处理面临的机遇。大学生就业时应当优先选择到社会最需要的地方去，虽然从短期利益考虑，其满足程度不高，但随着社会经济的发展，从长远利益考虑，其个人发展的潜力大。它所增加的满足程度会在很长时间内不断增加，能够实现"学以致用、人尽其才"，真正发挥大学生的特长，实现自身的价值。

应届毕业生需要对应聘的部门进行分析，规避掉那些在企业经营压力下容易被裁减的部门。比如在新经济形势下，公关广告、品牌推广等不能直接产生利润的部门，预算是最先被截流的。求职者，尽可能地选择公司核心或者有潜力的部门就职，企业在扩张期和鼎盛期才考虑到的职位可能会被缩减，与其四面碰壁，不如寻找一个大的入职空间。最后是对应聘地区的筛选，从以往的经验看来，这种经济震荡会突出表现在经济发达或者发展迅速的地区，比如深圳、浙江等以出口为主的地区的降温，以及全球金融业动荡对上海的波及等，大学生在进行就业选择的时候都要有所顾忌。因此，建议毕业生从长远的眼光看待就业，可以选择有潜力的二三级城市，避免扎堆，以致竞争激烈丧失就业机会。从长期看，这次金融危机带给中国的不仅仅是挑战，更是巨大的机遇。在全球金融危机的大背景下，我国政府积极应对，努力提高宏观调控的预见性、针对性和灵活性，及时解决经济运行中的突出矛盾和问题，保持了经济平稳较快发展的势头。

大学生就业理念正在逐渐趋于理性，体现在对个人发展机会的看重，对待遇的期待值降低，对于自身综合能力尤其是人际交往能力欠缺的认识等方面，但是大学生对于很多信息不了解，以及就业信息不够通畅也制约了大学生的就业，比如对三线以下城市缺乏兴趣，以及对体制外职业的认知偏见，都成了大学生就业的瓶颈，很多大学生也因此而延误了工作机会。解决大学生全面就业问题，不仅需要转变大学生职业的定位，同时也需要教育部门、学校的综合努力，在如何全面培养大学生综合素质，放开择业视野，明确职业规划与职业定位等方面进行改进，才能更好地解决大学生就业问题。

第三节 大学生自主创业之路

为了鼓励大学生自主创业，缓解大学生就业压力，各级政府先后出台了一系列政策来扶持大学生自主创业。近年来，我国各高校根据自身状况建立了大学生创业培训中心、大学生创业园区、大学生创业街，还有与企业或研究所联办大学生创业科技实体。极大地激励了大学生的创业热情，改善了大学生的创业环境。

一、创业教育的内涵

1947 年，哈佛商学院率先开设了一门创业课程《新创企业管理》（*Management of New Enterprises*）。当时，哈佛商学院教授们对创业教育的学术发展前景持怀疑态度，在随后的 20 年中，创业教育在大学中并没有得到快速的发展，直到 1968 年，美国才只有 4 所大学开设创业方面的课程。近 20 年来，创业教育在美国迅速发展，到 1997 年，全美至少开设一门创业课程的商学院已超过 400 家，其中开设 4 门以上课程的有 50 家以上。截止到 2005 年初，美国已有 1600 多所高等院校开设了创业学课程，并且已经形成一套比较科学、完善的创业教育教学、研究体系。创业教育不仅限于本科教育，许多一流的商学院已把创业学设为工商管理硕士的主修或辅修专业。创业教育是在经济全球化、国际人才竞争加剧的形势下提出来的。创业教育已经成为一个世界性的高等教育新理念。

（一）创业教育的概念界定

创业教育既是一个理论问题，又是一个实践问题。关于创业教育的概念目前还没有定论。但有多种说法，常见的是：（1）创业教育就是激励人们开发自己的最大潜能，增强人们的创业素质，培养开创型人才为目的的教育。（2）创业教育是在创造教育和创新教育的基础上着力培养学生的创业精神、创业技能和创业人格的教育。（3）从广义和狭义的层面上来解释创业教育的含义：广义的创业教育是通过课程体系、教学内容、教学方法的改革，以及第二课堂活动的开展，培养学生的创新能力、实践能力，提高学生的整体素质，增强学生的创业意识；狭义的创业教育是对学生创业技能的培养，通过开设课程、资助资金、提供咨询等方式使学生具备开办企业的能力。目前，认可广义的创业教育学者较多，但各自的表述和核心点又不同。

美国高校创业精神的倡导和创业文化的形成推动了大学生把自己的创新成果商品化，促进了科技发展和经济高速增长，同时，也创造了许多新的就业岗位。对我国来讲，创业教育的实施对科教兴国战略、人才强国战略、国家创新体系的建设和创新型国家的建设都有着重要意义。

（二）创业教育的内容

创业教育的基本内容主要有四个一面：创业意识、创业知识、创业能力和创业心理品质。

1. 创业意识

创业意识培养主要应重视创业需要、创业动机、创业兴趣、创业理想、创业信心和创业世界观的培养。创业需要和动机是创业意识的基本层面。创业兴趣是从事创业活动的积极情绪和态度定向。创业理想是对创业活动未来奋斗目标的持久向往和追求。创业信念是创业活动和实践所形成的认识、看法和见解，并坚信其真实性和有效性的心理倾向。创业世界观则是由一系列创业信念所组成的逻辑系统。

2. 创业知识

创业知识包括专业知识、经营管理知识和综合性知识。专业知识是从事某一专业或职业所必须具备的知识，一般是专业、职业能力结合在一起发挥作用的。经营、管理知识是从事经营管理工作必须具备的知识。综合性知识是发挥社会关系运筹作用的多门知识，其中包括政策、法规、工商、税务、金融、保险、人际交往、公共关系等。在创业知识的构成中，经营管理知识、综合性知识与经营管理能力和综合性能力一样，具有内部资源配置和社会关系运筹的特征，并与经营管理能力和综合能力结合在一起，共同发挥作用。

3. 创业能力

创业能力包括专业能力、经营管理能力和综合性能力。专业能力是人们从事某一特定社会职业所必须具备的本领，是维持生存、谋求发展的基本生活手段。经营管理能力既是现代社会的一种十分重要的社会职业要求，又是一种谋求理想社会职业的工具。

经营管理能力是一种人、财、物、时间、空间的合理组合、科学运筹和优化配置的心理能量的显示，是一种较高层次的创业能力。综合性能力，包括发现机会、把握机会、利用机会、创造机会的能力，收集信息、处理加工信息、综合利用信息的能力，适应变化、利用变化、驾驭变化的能力，非常规性的决策和用人的能力，交往、公关、社会活动的能力等，是一种社会环境和社会关系的综合开发和运筹的能力，是一种最高层次的创业能力。

4. 创业心理品质

创业心理品质包括六种因素：独立性、敢为性、坚韧性、克制性、适应性和合作性。独立性是对能够独立地思考、判断、选择、行动的心理品质的描述；敢为性是敢于行动、敢冒风险、敢于拼搏，并勇于承担行为后果的心理品质的描述；坚韧性是为达到某一目标而坚持不懈、不屈不挠、顽强努力的心理品质的描述；克制性是对内心调节和控制自己的情绪和情感，善于克服盲目冲动和私利欲望的心理品质的描述；适应性是对能及时适应环境和条件变化善于进行自我调查和角色转换的心理品质的描述；合作性是对善于对别人认同，善于向他人学习，善于交往、合作、共事的心理品质的描述。这六种个性心理品质是从特定角度来反映意志和情感要素的。因此，抓住了意志和情感，也就抓住了创业个性心理品质的总体特征。

二、校园文化对大学生创业的作用

良好的校园文化是实现创业教育目标与内容的重要方式与途径，它可以将创业教育的目标和内容外显化、物质化、行为化，落实到具体的、微观的教育教学的运作过程中，体现在教师和学生的行为中。创业教育的方式与途径是实施创业教育目标和内容的物质载体、工具手段和具体措施。它是特定条件和背景下，符合某一特定领域的特定性质，同时又充分体现创业教育本质属性的教育教学因素和措施的有机组合。创业教育的基本目标可以通过良好的校园文化的浸染而实现，是因为校园文化具有如下的重要作用：

（一）树立大学生创业意识

良好的校园文化是打造人才的优良环境。也是创业教育与创业活动适宜的土壤和条件。它通过价值取导向、行为目标导向、规章制度导向，引导师生员工树立正确的价值观、创业观。在人生价值取向与事业价值取向上，良好的校园文化向人们展示的是：人生在世，必须要创一番事业，要运用自己的大脑与双手创造物质财富与精神财富，对国家和社会有所贡献。高校的校园文化导向，更应教育师生员工树立创业的意识、理想和信念，引导学生培养创业的兴趣，产生创业的需要和动机。高校不仅要培养青年学生树立创业的自我意识，更要培养他们的创业社会意识，使青年在形成社会义务感、社会道德感、社会责任感、社会使命感的基础上，树立起为集体、为国家、为社会艰苦奋斗、勇于开拓、不断创新的远人理想和宏伟志向。

（二）培养大学生创业心理品质

校园文化对学校教育和教育管理具有约束与调适功能，通过组织、制度、观念、环境、人际等，实现约束与调适，培养学生的创业心理品质。个性心理倾向和特征有着一个逐步形成并发挥作用的过程，创业能力也不例外。创业能力是在个性的制约下形成并发挥作用的，是与个性心理倾向和个性心理特征紧密结合在一起的。在创业能力形成并发挥作用的过程中，是否具有开创型的个性至关重要。因为个性心理倾向是人的身心组织的动力机制，它在相当程度上决定了一个人是否敢于投身于创业实践活动，而是否敢于投身创业实践活动又直接关系到创业能力是否能够形成和提高。

创业所需的心理品质，主要包括独立性、敢为性、坚韧性、克制性、适应性、合作性、缜密性、外向性等。为适应未来经济与社会发展的需要，针对开展创业的需要与我国青年学生的特点和弱点，要特别重视独立性、敢为性、适应性、合作性等心理品质的塑造。由于意志和情感过程是上述个性光辉品质的核心，因此，要将培养坚忍不拔的意志力，热爱学习、热爱生活、热爱事业、热爱他人、热爱集体和祖国，作为大学生个性心理品质形成和发展的起点和重点，从而为创业品质的形成奠定坚实的基础。

学生社团是校园文化重要的参与者和创造者。学生社团的显著特点是它的自发性，具有共同的兴趣爱好的同学为切磋技艺、交流信息、探讨问题，由个体逐渐向群体发展，活动的内容、方式也由随意而为向有规划、有主题的方向发展。由于种种原因，每个成员加入社团的动机、目的不同，成员自身的素质又不尽相同，因而必然会对社团活动内容、形式产生不同的影响；学院对社团的管理，从组织方面、制度方面、观念而要给予必要的引导，控制其负面影响，发挥其积极影响，要有意识地把创业教育引入社团活动之中，使社团活动主要成为一种积极的创业模拟活动或成为探讨未来从事创业的研讨活动。

校园文化还具有调适功能。调适功能主要是指对人的一种调节和适应功能，使人在校园文化中，建立和谐的人际关系，培养健全的人格，促进身心健康发展。

良好校园文化的多样性可以从不同侧面、不同层次为大学生提供锻炼活动能力和社会适应能力的条件和机会，使他们学习知识与锻炼能力兼顾。在具有共同兴趣、爱好和特长的同学组成的沙龙、社团中，随着活动的增加，交流、接触的机会增多，既交流了信息，又增进了友谊，他们在了解别人的同时，也在认识自己。增强自我批评与自我发展的能力，形成良好的心理承受力。而所有这些都是一个创业者所必需的。

（三）形成创业知识结构

伴随着信息社会和知识经济时代的到来，校园文化日渐丰富多彩。大学生在大容量信息流充斥的现代文化空间内，为了未来就业特别是创业的需要，应当具备收集信息、处理信息、运用信息的基本能力。作为校园内传播与综合信息的主要媒体之一的校园文化，为学生迅速获取各类信息开辟了广阔空间，也为培养大学生准确处理这些信息为己所用提供了极佳的机遇。

创业知识结构主要包括专业职业知识、经营管理知识和综合性知识，它们包含在高校的显性课堂与隐性课堂之中，包括在校园环境之中。因此，听课、听讲演、听讲座是学生收集知识信息的主要方式，参观、考察也是学生获取新信息的重要方式。处理信息主要是指对信息的过滤和筛选以及加工和重组。处理与运用信息的过程主要体现在考试、写论文、学术竞赛、校园活动以及社会实践尤其是创业实践之中。新型人才不仅应当具备必要的专业技术，更应具备获取和处理信息与知识的能力，要能在未来社会中迅速介入和改换角色。这种对信息的处理与综合利用的能力对于创业来说是十分重要的。校园文化正好为此提供了良好的环境。在这个微型"准社会"系统中，大学生通过组织、参与各类文化活动，对自身的智力水平进行整合、测试和演习，为未来的创业进行模拟"实战"。

于创业教育来说，必须提倡创造性学习。要引导大学生学会学习，即学会主动性学习，获得独立学习的能力，知道如何通过互联网和其他信息工具获取自己需要的知识，而且要努力做到边学边干，树立终身学习的观念。优秀的校园文化，为大学生打开了通往创业教育的大门，体验创新与创业的甘苦。例如，演讲、辩论等活动，就要在创业教育的指导思想下，精心选题和广集资料，立足社会前沿，关注社会问题，调动学生的参与兴趣与热情，启动学生的创新热情，培养学生的创业兴趣，增加学生的创业知识。

（四）提高创业能力

创业能力是一种以智力为核心的具有较高综合性的能力，创业能力结构的核心部分是智力，包括观察力、注意力、记忆力、想象力、创造力等。而它的中间层次则是操作能力、专业职业能力、经营管理能力等，优良的校园文化成为学生增强上述能力提供条件。校园文化的核心是一种为师生员工所认同的价值观，具有无形的、不可低估的凝聚力、向心力。校园文化应当围绕营造浓郁的创业教育氛围展开各类活动。学校各部门、各单位、各班级开展的各项工作都要注意落脚在这一目标上。只有真正确立校园文化的创业教育主题，各项活动才能有条不紊地更好地发挥校园文化的作用。

校园文化中最活跃的主体是众多的大学生社团组织,是学生进行信息交流、探索创业、深化与运用专业知识的场所。这些社团组织为大学生进行社会活动、开阔眼界、广泛接受外界信息、提高自身素养和创业能力提供了良好的场所。不少学生社团积极开展创业实践活动,丰富校园创业文化,同时在校园社团的创业活动中逐渐形成自己的角色目标和社会化人格,逐渐提高自己的创业能力。正是由于校园文化所具有的感染力和浸润力,才使学生的知识、能力和综合素质得到不断的充实与完善,使他们的视野更加开阔,思维更加活跃,经营管理能力和综合能力不断得到提高和培养。而所有这些都是开展创业所必需的。

三、中、美高校创业教育特点及大学生创业建议

(一)我国大学生创业教育的特点

近年来,创业教育的主要发展性标志有:1999年1月国务院批转的教育部《面向21世纪教育振兴行动计划》中,提出要"加强对教师和学生的创业教育,采取措施鼓励他们自主创办高新技术企业"。目前我国创业教育还在起步阶段,从实践层面上讲,主要特点有:

1.创业教育的范围不普遍,有些学校还没开设创业管理课程。开设了创业管理课程的学校,有的仅有少数人才有机会接受创业教育。其原因是:(1)学校支持的力度不足;(2)创业教育师资欠缺。

2.创业教育的定位侧重于创业实务,如组织学生开展创业计划大赛,参与创业设计活动,设立创新基金、创业中心等。

3.创业教育的内容侧重开设创业教育课程,还没有融合于学校整体育人的体系之中,没有与学科专业相融合。

4.创业教育研究的组织化程度较低,仅有少数高校成立了创业教育研究机构。

目前,我国高校已经形成了三种典型的创业教育模式。

第一种模式:创业教育模式。这种模式将第一课堂与第二课堂相结合来开展创业教育,其特点:(1)第一课堂强调创业教育,重在培养学生创业意识,构建创业所需知识结构,完善大学生综合素质;(2)第二课堂鼓励大学生创造性地投身于各种社会实践活动和社会公益活动中,通过开展创业教育讲座,以及各种竞赛、活动等方式,形成了以专业为依托,以项目和社团为组织形式的"创业教育"实践群体。

第二种模式:创业教育+创业资金模式。这种模式以提高学生的创业知

识、创业技能为侧重点。其特点：（1）学校成立了创业管理培训学院，专门负责与学生创业有关的事务；（2）教授学生如何创业，并为大学生创业提供咨询服务；（3）设立百万元的创业基金，对学生的创业计划书经评估后进行种子期的融资。

第三种模式：创业教育＋创业资金＋创新基地模式。这种模式的特点：（1）将创新教育作为创业教育的基础，在专业知识的传授过程中注重学生基本素质的培养；（2）为大学生提供创业所需资金和必要的技术咨询；（3）学校建立了若干个实验中心和创新基地，全天候向全校各专业学生开放，以培养学生的动手能力和创新能力；（4）成立学子创业有限公司。

（二）美国高校创业教育的特点

1. 成立创业委员会

在创业委员会中，排在第一位的是校长。在校长的支持和领导下，成立起创业教育中心、创业研究中心，保证了创业教育的实施，并使创业教育融入了学校教学活动和科学研究的主流中，把创业教育的重要性同大学的远景目标联系在一起。创业教育的组织机构多种多样，除了创业中心、创业教育中心、创业研究中心之外，还有其他一些相关的组织，例如：创业家学会、智囊团、创业研究会等。这些机构形成了创业教育的网络，使创业教育实现了系统化、规范化。美国柏森商学院创业中心主任拜格雷夫认为：创业中心是为了帮助学生们发展创业式的思维、进取心、灵活性、创造力、冒险的愿望、抽象思维能力以及视变化为商机的能力。美国高校的创业教育中心一般有三个重要组成部分：创业教育课程计划、创业教育研究计划、外延拓展计划。

2. 创业教育教师专业化

一个创业中心的教师可以由专职教师和兼职教师组成，根据需要确定教师的数量。创业教育中心一般吸收一些既有创业经验又有学术背景的人士进行教学和研究工作。柏森学院的创业专业有8名全职教师专门教授创业课程，还有4名助理教师和5名全职职员。贝勒大学的创业专业有4名全职教师、2名助理教师、5名全职职员和2名创业教育研究员。

创业观念、创业知识教育阶段所需的条件仅仅是创业教育的教师，除此之外不需要学校增加投资，所以，大学创业教育的起步不是一件很难的事，关键是学校的引导和支持，这也体现了学校对学生知识需要的满足意识和主体教育意识的强弱。2005年元月，经过对太原科技大学的学生的问卷调查统计，96%的学生认为"很有必要开展创业教育"，92%的学生"赞成学校开设创业教育课程"，65%的学生"打算参加创业活动"。这说明大学生对创业教育的需求是强烈的，高校应该及时开展创业教育以满足学生的需求。

（三）大学生创业建议

1. 借助行业协会了解行业信息

大学生创业由于缺少社会经验和商业经验，如果把自己独立放到整体商业社会，往往会难以把握。这时可以先给自己营造一个小的商业氛围，进入行业协会是比较有效的一条途径。创业者可以借助行业协会了解行业信息，结识行业伙伴，建立广泛合作，促成自己在行业中的地位和影响。同时，创业者可选择一个能提供有效配套服务的创业（工业）园区落户，借助其提供的优惠政策、财务管理、营销支持等服务，使企业稳定发展。另外，还可以找一个经验丰富的企业管理咨询师做企业顾问，并学会借助各种资源，学会和各方面的人合作，千方百计给自己营造一个好的商业氛围，这对创业者的起步十分重要。

2. 企业是脚踏实地干出来的

大学生有文化、头脑灵、点子多，但在创业的初期，受资金的限制，在没有形成运作团队之前，方方面面的事情必须自己去做。只有明确目标不断行动，才能最终实现目标。在做事的过程中，要分清主次轻重，抓住关键重要的事情先做。每天解决一件关键的事情，比做十件次要的事情会更有效。当企业立了足，并有了资金后，就应该建立一个团队。创业者应从自己亲力亲为，转变为发挥团队中每一个人的作用，把合适的工作交给合适的人去做。一旦形成了一个高效稳定的团队，企业就会跨上一个台阶，进入一个相对稳定的发展阶段。

3. 理性创业是创业之基础

做企业的最终目的就是盈利，因此无论是制定可行性报告、工作计划还是活动方案，都应该明确如何去盈利。大学生思维活跃，会有许多好的点子，但这些好的点子要使其有商业价值，必须找到盈利点。企业的盈利来源于找准用户，因此，企业要时刻了解你的最终使用客户是谁，他们有什么需求和想法，并尽量使之得到满足。世界性金融危机影响市场，让广大毕业生感到了就业的压力，不少大学生因此放弃了求职转而选择自主创业。记者在采访中了解到，一些家长包办式的创业，不但没有缓解就业的压力，还剥夺了毕业生锻炼的机会，还有一些毕业生没有做足功课就盲目投资创业，导致创业失败。

4. 大学生创业需要社会各界的关注与支持

首先，家长要改变求稳怕险、小富即安的就业观，尽可能创造条件鼓励、资助子女去创业；其次，创业人才的培养，需要一大批专兼职的教师队伍，尤其是需要聘请社会上成功的创业人士搞好"传、帮、带"并起到示范作用；最后，政府部门对大学生创业要大力扶持，如在资金、税收及投资环境等方面多予以照顾和倾斜。

第四节 高校就业教育与高校校园文化的互相关系

高校就业教育在一定程度上促进着高校校园文化的建设。高校校园文化的形成类似"人工养珠"，通常是指在一定的教学科研环境中，为适应学校发展的需要，首先由少数人"插核"——倡导和实践，经过较长时间的"分泌孕育"——传播和规范管理而逐步形成的。

一、高校就业教育的发展影响高校校园文化的建设

校园文化的形成的影响因素决定了就业教育将从几个方面促进校园文化的形成和发展，在一定程度上影响着校园文化的建设。

（一）高校就业教育促进高校校园文化建设

存在决定意识，校园文化的核心价值观就是在高校求生存谋发展的过程中产生的。例如，以人为本的理念就是在把人才视为第一资源，人才竞争日益激烈的社会条件下形成的。就业教育的存在是为了让学生和学校了解现在社会所需要的素质，向学生提供发展的方向，也向学校提示教育的方向。就业教育的发展使高校学生进一步理解现代社会对于人才素质的需求，而对于素质教育则需要在校学生调整素质培养的方向。在所需要的各种素质的呼唤下，各类新型校园文化应运而生。

就业教育进一步促进人文素质与自然科学知识的融合。对于所需素质来讲，可以概括起来，包括：在科学文化方面，具有整体文化知识素质；在基本能力方面，具有创新素质；在思想品质方面，学会与人共处、团结协作；在心理方面，要有承受挫折考验的能力。素质教育的实质是培养和提高受教育者的综合素质。其主要内容有思想政治素质、文化素质、业务素质、人文素质、心理素质。其中文化素质教育的核心主要是培养学生的科学精神和创新意识，同时还包括培养学生收取、处理信息的能力，获取新知识的能力，分析和解决问题的能力等等。在建设校园文化中应进一步实现自然科学同人文科学的融合，开拓人史社会科学知识领域，加强对大学生人文素质的培养，丰富他们的哲学思维、形象思维，从而提高创造力。高校应通过多种途径开

展以培养人文素质为中心的校园文化活动，举办各种人文讲座、沙龙、文化艺术节，网络活动等，吸引学生主动而广泛地参与，努力营造生动而健康的人文氛围。

就业教育促进大学生社会化程度的提高。在就业中，求职者对于社会的适应程度以及社会实践的经验成为用人单位所重视的，也成为现存高校学生所必备的素质之一。高等学校本身就是学生生活的"小社会"，它不仅只是知识青年学习求知的场所，而且还应成为学生接受实践锻炼和提高实践本领的训练基地。学生综合素质的提高，不可能仅靠课程、实验室完成，还要通过大量的、丰富的课外教育活动，通过师生间、学生间的交往以及走出校门参与社会实践活动才能逐步得以完成。学生个体在校园社区的表现主要体现在两个方面：一是个人与群体的关系；二是物质生活与精神生活的关系。这两个问题的解决，需要学生个体在诸如校园生活及社会实践中逐步树立正确的思想观念、行为方式、道德准则，并以此来规范自己的行为，使自己的行为更趋于社会化，符合社会的要求。校园文化建设的实践者是学生，这就给学生提供了施展才华的舞台，在才华施展中提高了学生的综合能力，如组织协调能力、人际关系处理能力、分析问题能力、思维表达能力和运用知识的能力、解决问题的能力，积极参与社会实践，有利于提高大学生的综合素质。马克思主义认为："社会实践是造就全面发展的人的唯一方法。"社会实践有利于提高大学生的综合素质：一方面，在实践中大学生把所学专业理论知识具体运用，有助于加深对已学知识的理解；另一方面，在实践中大学生必然会碰到许多新问题和积累许多新经验，从而学到新知识和培养认识问题、解决问题的能力。大学生在加强自身社会化的进程中，增强自信心和社会责任感，逐步形成了独立、主动、自觉、乐观、豁达及富于责任心和爱心等良好品格，为他们步入社会奠定了基础。

促进大学生思想政治素质和良好品德修养的提升。道德修养等内在的素质，在用人单位排行榜上的地位逐渐提高，要成才先成人也已成为共识。培养学生思想政治素质，不断增强学生爱国主义、集体主义、社会主义信念，是高校教育工作者的追求，也是素质教育的灵魂。思想政治教育是耐心、细致的工作，要循序渐进，"润物细无声"，那种靠行政命令强制、单方面灌输的传统教育的简单做法已经不能再适应新世纪人才培养的需要。因此，我们应该充分发挥思想政治工作具有潜在性的特点，在坚持正面教育的基础上，以高层次、高质量的校园文化作为必要补充，在潜移默化中提高思想政治教育的效果，使学生的专业能力、应变能力、组织能力、人际交往能力等在校园社区里得到充分展示，尤其是使学生思想道德素质和文化素养伴随其行为修养的表现得以展现。通过校园文化建设，校园的文化环境、氛围所具有的潜在性和熏陶性对学生的学习态度、学习风气、生活情趣、心理调适都会产生巨大的推进作用。

（二）优秀高校就业教育对高校校园文化的倡导和示范作用

文化是人们意识的能动产物，不是客观环境的消极反应。在客观上出现对某种文化的需要往往交织在各种矛盾的利益之中，羁绊于根探蒂固的传统习俗之内，因而一开始总是只有少数人首先觉悟，他们提出反映客观需要的文化主张，倡导改变旧的观念和行为方式，成为校园文化的先驱者。正是由于少数领袖人物和先进分子的示范，启发和带动了其他人，形成校园新的文化模式。而且就业教育有引领、教育的作用，让高校学生了解新的思想和行为方式。就业教育首先将一些新的优秀的文化灌输到少数人思想中，就业教育的存在，带动更多的新的行为方式和思维观念的出现，使更多的先驱者开始新的文化倡导和示范。例如一些英语能力强的求职者在求知过程中感受到了极大的优势，于是在高校的校园文化中，对于英语能力培养的重视程度日趋增强，更多的人在努力地让自己语言素质得以提高。

在高校校园中出现的一股"考证热"，验证了就业教育对于校园文化的影响。近年来大学生考取各类证书的浪潮只涨不退，如英语四、六级考试，考取第二学位，考取计算机等级证书以及律师证、驾驶证、日韩小语种能力认证等。如此繁多的考证及为之付出的努力，几乎将课余时间的大部分占用，甚至在紧张的临考阶段占用了大量的正常上课时间。

（三）高校校园文化在就业教育中的反复实践

校园文化的发展实质是一个以新的思想观念及行为方式战胜旧的思想观念及行为方式的过程。因此，新的思想观念必须经过广泛宣传、反复灌输才能逐步被师生所接受，而就业教育众多功能中很重要的功能就是促进和传播。在就业教育的促进和传播过程中，新的校园文化得到有效的宣传和实践。

二、高校校园文化建设影响高校就业教育的发展

高校校园文化是大学生素质教育的重要渠道，是校园环境文化、校园行为文化、校园精神文化三个层面构成的整体，其宗旨是丰富大学生的文化素养，为提高大学生的综合素质奠定基础。校园文化从呈现的特征来讲，有客观性和自主性、发散性和聚焦性，同时又具有强烈的时代感和全方位的开放性。在人才培养的过程中，校园文化作为第一课堂的补充、延伸和拓展，在培养学生的综合素质方面，特别是对于陶冶学生情操、健全学生人格、促进

学生健康成长和全面成才方面有着不可替代的作用。其对于就业教育的影响也不可小视。

（一）校园文化为就业教育起到导向作用

校园文化以培养德、智、体全面发展的社会主义建设事业所需要的合格人才为轴心，通过各种形式的教育与活动，使校园文化成为开展思想政治教育的新载体，并深受广大青年学生的欢迎，从而达到引导他们在成长与成才的道路上目标远大、方向明确。例如，在课余生活中，学生的思想交流、热点话题讨论，其内容健康，格调高雅，就会使其成员保持积极进取的精神状态，使学生在健康、奋发、向上的校园文化的氛围中学会做人，学会交友，学会生存，进而达到自律自省。这种作用用以促进学生对就业教育的吸收，提高就业教育的效果。

（二）校园文化为就业教育提供坚实的保障

在校园文化建设中，建立与健全各种规章制度，并通过抓制度落实来为青年学生创造一个有章可循、有法可依、公平竞争、自我成才的良好环境。这样可以极大地促进他们养成文明举止和良好的行为习惯，自觉地将他律行为转化为自律行为，从而不断提高学校学风建设的整体水平。这种校园文化所表现出来的规范作用对于就业教育中多种素质的培养都有着重要的意义。很多重要的素质都在制度文化中得到体现，得到培养和提升。校园文化的这种对于学生素质培养的规范作用为就业教育提供了坚实的后盾和保障。

（三）校园文化为就业教育提供稳定的环境

校园文化活动是学生思想政治教育中最容易被接受的载体，对学生具有强烈的吸引力和感染力，良好的校园环境会通过陶冶、凝聚等内化力量，为学生成长提供优良的土壤，将学生的兴趣与爱好集中于学校内部，集中于自我全面成才的追求与奋斗中，防止学生在校期间受社会不良思想的影响，或过多走向社会沾染不良风气，影响学校教育教学的效果。

（四）校园文化为就业教育提供良好的平台

校园文化以丰富多彩的活动形式吸引广大青年学生自觉自愿地参加，它像一种无形的模具，引导着人才的塑造。优良的校园文化有一种催人奋进的积极作用，对崇高理想的执着追求，对祖国人民的责任感和使命感，可以激发个体巨大的学习激情和创造热情，从而促进学生综合素质的提高，为就业教育在课外提供了一个良好的平台。在校园文化中，丰富多彩的文体活动对学生综合素质的培养有重要作用，如举行学术科技节、文化艺术节，开展健美操、武术、各种棋类、球类等课外文化体育活动，组织开展科技、文化、卫生"三下乡"实践活动等，这不仅可以使学生在各项活动中锻炼才干、接受教育，而且还可以使学生的校园生活充满乐趣，有利于形成良好的人际关系、乐观向上的性格以及高雅的审美情趣、团队精神等，是形成健全人格不可缺少的环节。

（五）校园文化为就业教育凝聚力量

校园文化本身就具有强大的吸引力，因而它对培养师生的集体主义精神和校园精神具有十分重要的作用。学生社团活动的开展显示了团队精神的重要性。具有学校特色的艺术节、科技节、体育节以及具有专业特色的丰富多彩的活动，能进一步激发师生对学校的认同感、自豪感和荣誉感，从而使学校的凝聚力得到升华。这种校园文化所表现出来的凝聚力可以为就业教育所用，为就业教育的开展提供更好的条件和更强大的力量。同时，大学生紧张的学习生活需要缓解，特别是工科生的学习生活紧张而单调，他们长期处于一种紧张的心理状态，需要适当给予调适。一张一弛方为文武之道，校园文化活动展现了这方天地可以让他们心理得到放松，心态得到调整，从而保持良好的心境。有了良好的心境，才能永葆奋发向上的精神，才能去拼搏、去攀登科学的高峰。这样校园文化所表现出来的调节作用，对就业教育力量的聚集有着不同寻常的意义。

（六）校园文化的发展带动就业教育的发展

校园文化的作用在多个方面促进了学生素质的培养和提升，为就业教育提供了良好的土壤，也为就业教育提供了良好的帮助，加强了就业教育的效果，在很大程度上影响着就业教育的存在和发展。校园文化向好的方向发展和完善也能带动就业教育的发展。校园文化对高校学生起的作用越大，就业教育的存在就能更加稳定，其发展就能够更加迅速。

总之，校园文化建设与就业教育的结合、统一是校园文化建设的一大特色，它不仅扩展了校园文化的内涵，强化了校园文化建设的就业目标，同时也使就业教育提升为一种文化，使其内涵更具有渗透力。实现校园文化建设与就业教育的有效结合，不仅需要具体操作部门的通力合作，而且要求学校以制度的形式进行统筹和规划。只有在学校统筹之下，各部门各司其职，才能有效地达成校园文化建设与就业教育相结合的目标。

第三章 新时期高校校园文化建设的挑战与机遇

第一节 高校校园文化建设面临的挑战

当今世界正在发生深刻的变化，我国的现代化建设正在迅速向前发展。随着改革的进一步深化，中国社会进入全面转型期，一些新的社会冲突和矛盾不断出现。同时，开放力度的加大，随着国外先进科学技术、管理科学的引入，一些腐朽、西化的思想文化也悄然进入我国社会，各种社会文化思潮也不断涌入校园。尤其是现代社会文化传播的开放性以显快捷性，对校园文化阵地的安全性、稳定性、方向性带来了极大冲击和挑战。

一、多元文化对主流文化的挑战

计划经济条件下的校园文化长期以来以单一的主流文化价值观从正面对学生进行灌输，校园文化阵地也体现出形式单一，从体制上阻碍非主流文化的渗入。这种阻碍与校园文化发展所需的包容性、常新性背道而驰，使校园文化的发展受到制约。而与社会主义市场经济相适应的现代校园文化的发展，需要多元文化的渗入。

近几年，我国高等教育事业改革步伐不断加快，高校的合并和扩招成为全社会关注的一个热点，随之而来的是大学校区相对封闭的格局被打破，许多高校都拥有两个甚至三个以上的校区。校园文化是在长期的实践中积淀、凝聚、发展而成的，具有一定的历史继承性。它对学校的发展的影响是全方位的，但又是隐性的。它总是以一种潜在的、自然的方式影响着人的思想和行为。文化的认同会给人一种精神寄托和情感归属，是形成统一的办学思想和办学目标的前提。由于合并之前各成员学校都有自己的办学历史和独特的历史传统，对任何学校而言，要放弃长期形成的校园文化都是困难的。因此，很难在短时间内由一种文化取代其他文化。这就决定了高校在合并后必然会出现多种文化之间的矛盾与冲突。在这种格局下，高校校园文化将面临传承老文化、整合跨文化和构建新文化的挑战。

只有开放的校园文化阵地才可能永远走在时代的前列，才可能具有长久的生命力，得以延续和发展。但文化的多样性必然带来良莠不齐的现实，腐朽文化和殖民文化也对校园文化阵地趋之若鹜，对校园主流文化产生冲击加侵蚀，也腐蚀着师生的思想和灵魂，并对校园文化阵地建设的科学性和规范性提出了挑战。

二、网络应用对传统宣传手段的挑战

传统的校园内文化来源主要是教材、图书资料和报纸杂志及长期以来的思维方式、行为习惯。文化传播在这些文化阵地上具有一定的滞后性，学校可以根据其是否符合社会主义办学目的和方向、是否属于先进文化范畴加以取舍，然后再有选择性地对师生开放。因此学校对校园文化的社会主义方向是能及时加以控制和把握的。然而，互联网在校园内的广泛使用，使文化的传播方式不是单方向的灌输传播，而是立体传播方式。来自不同国家、不同价值观念的声音都在这里汇集、冲撞，每时每刻都以光速传播着各类文化。在这些文化中既有对社会主义拥护的声音，也有颠覆社会主义的声音；既有先进文化的传播，也有腐朽文化的侵入。在这一立体的文化阵地中，作为校园文化主导力量的学校很难在网络技术上、文化规范方面加以及时控制，这就对校园网络中文化传播的社会主义方向的把握提出了挑战。

当代大学生处在一个充满生机与活力的大变革时代。墨守成规、经年不变的事物往往被青年所抛弃。而大多传统的校园文化阵地由于本身的建设缺乏新意，内容单一，形式单调，师生的参与性低等原因，导致这些文化阵地乏人问津。如板报墙只是粉笔字写得好的学生的展示墙，标语口号叫得最响却脱离学生的生活实际，内容千篇一律，都是学校统一要求的内容，缺乏创新和与众不同的表达形式，也越来越被广大青年所忽视。曾经火爆一时，吸引广大青年积极参与人际交往的校园舞会也日渐受冷落。而实际上，这些传统的校园文化阵地依然是传播先进文化的重要阵地，但如何发挥其有效的传播作用，对进一步加强其建设提出了挑战。

网络文学的兴起对高校校园文化的挑战。随着大众审美文化的崛起、兴盛，高雅文化遭遇到了前所未有的挑战。不少青年学生对社会上的流行文化如数家珍，却对经典的、高雅的文化知之甚少。拿校园文学写作来看，20多岁大学生的文学创作在很大意义上取决于一种青春激情，有强烈的求知欲，有跃跃欲试表现自我的勇气，但由于人生阅历浅、社会经验缺乏，对世界和生活难以有独到的把握和体会。校园文学作品多以"爱情"和"乡愁"为主题，写得婉约、柔美、虔诚，这与他们远离家乡和亲人有关，但不少作品明显受流行艺术特别是港台流行歌曲、言情小说的影响，充斥着"为赋新词强说愁"的矫揉造作和无病呻吟、风花雪月。如今，网络写作又逐渐成为校园文学的一种时尚，不少学生在网络这个虚拟空间抒发自己的情感，但由于网络写作具有随意性和娱乐性，所以作品大多具有文字游戏意味，很难凸显深度思考。高校校园文化将面临大量庸俗低下、颓废的文化侵入校园的挑战。

在信息化浪潮的推动下，上网已经成为大学生的生活方式和校园时尚。网络文化信息的开放性、资源的共享性、环境的无序性使传统的文化受到严重的威胁和挑战。主要表现在以下两个方面：一是网络文化影响了校园文化主体的生活方式。网络在为校园文化主体提供新型的学习方式的同时，也有相当一部分学生沉湎于网络世界，荒废了专业学习。甚至还有的学生对参加其他集体活动不感兴趣，这冲淡了校园文化的主题教育意义。二是传统的校园文化内容受到网络文化的强烈的冲击。网络媒体的出现令这种稳定格局改变。由于网络信息基本无法得到有效过滤，各种社会思潮、不同政治见解往往在网上激烈交锋，一些消极信息和不良语言也会在网上畅通无阻，造成了严重的信息污染。然而，我们对网络文化对校园文化建设带来的强烈冲击研究不够，有效解决的办法还不够。

三、对人文精神培养的挑战

当前高校校园文化建设中还存在许多问题，表现为过分注重物质文化建设而忽视校园精神文化建设、管理不够、缺乏个性、校园价值观存在冲突等许多问题，其主要表现在以下几个方面：

高校校园物质文化是校园文化的外在标志，其核心内涵是校园文化中的精神文化因素。建设校园物质文化不是目的，而是手段。但是，校园文化建设的现状却背离了这一宗旨。有的学校甚至把校园文化建设和意义等同于丰富学生的业余生活，一味强调发展娱乐文化。评价校园文化建设的成就时，对单纯的物质文化建设津津乐道。离开了校园精神文化建设，单纯的物质文化建设就失去了文化建设的意义。精神文化建设隐含在物质文化建设中，它是校园文化建设中实质性的根本性的组成部分，是校园文化存在的价值意义。忽视精神文化建设，校园文化建设就只能流于形式。目前，绝大多数学校都把校园文化建设附属于学生管理部门，着重强调控制功能、导向功能、凝聚动能以及改善生活、学习条件的物质功能，只把校园文化建设看作教育教学活动的管理方法和管理手段。有的学校没有把校园文化建设放在整体办学方向和培养目标的大背景下来操作，甚至把校园文化建设等同于对学生的思想政治教育或者等同于学生业余活动的开展，从而使校园文化建设局限在学生管理和思想政治教育的层面上；有些学校把校园文化建设与学校的专业设置、师资配备、课程开设等割裂开来，极大地限制了校园文化功能的发挥。这种把校园文化局限在学生管理与思想政治教育的层次上的校园文化建设，在目前许多学校还普遍存在。

高校校园文化阵地只是一个工具，其建设的目的是为社会主义先进文化传播服务，为社会主义建设服务。其本身是达到目的的重要手段，具有功能性作用，而非目的的最终指向。而校园文化阵地科技含量的提高，强化了以阵地建设的物质形态功能，而忽视了校园文化阵地本身的人文精神内涵，使阵地建设的意识形态功能被弱化。最终导致青少年崇拜科学技术的实用性，却很少着重去培养自身的人文素养。而人文素养的缺失，使我们部分青少年以物质享受为主要的人生目的，缺乏对社会的责任感，对国家民族的使命感，更不可能树立远大的理想信念。因此，如何弱化以阵地建设为终极目的的意识，强化阵地建设的功能意识受到挑战。

当前高校校园文化建设的主体既包括教师也包括学生。教师和学生既是校园文化的承载者，也是校园文化的建设者，更是校园文化创新精神的体现者。校园文化阵地建设在当前时代需要的就是具有敢于创新、心理素质好、具有良好的文化底蕴素质的主体。而在紧张的学习、生活和工作中，师生面对功利化、利益短视化的倾向影响，注重一般科学知识的学习和掌握即"快餐式"文化，而忽视师生个人的文化底蕴、心理素质的提高。师生本身的素质水平面对多元文化缺乏正确判断和取舍的能力，面对不良环境的渲染缺乏调控能力，面对挫折缺乏承受能力。因此，当前时代的校园文化阵地建设对主体本身的素质水平提出了挑战。

四、对高校校园现存文化价值的挑战

校园文化建设一经开展，便在全国掀起了一阵热潮，但从实施情况来看，多是大同小异，很少形成自己的特色，效果不容乐观。"勤奋、创新"之类的校训比比皆是，暴发户式的校园排列格局让人难以产生美的感受，这些都不利于学生个性的培养和塑造。学校形象的塑造是一项创造性的活动，它要求学校管理者根据学校的内部条件和外部环境给学校的形象准确定位，借助于各种物质的和精神的载体，创造出具有鲜明个性特征的独特形象，以其独特的魅力吸引受教育者和社会的关注。具体来说，学校可以在建筑布局、绿化、宣传、校服、校徽等方面体现自己的与众不同，使之构成一种特定的文化氛围，显示出学校的个性特点。

社会主义市场经济体制的确立和逐渐完善，对我国经济社会发展产生重大而深远的影响，也给人们的思想观念和价值取向带来复杂的变化。市场经济的负面影响导致了大学生功利主义、实用主义思想比较普遍。比如现在有一些学生把主要精力放在学生创业园的店铺里，还有一些学生将比较多的资金投到股市，这些学生每天想得比较多的就是如何盈利，每天关注的是股市开盘时间，今天的大盘怎么样了。当然，学校不反对学生在课外通过不同的实践机会来锻炼自己的能力，但是在功利主义、实用主义思想的冲击下，这些学生在上课的时候不认真听讲，将学生的主要任务学习丢在脑后，同时读书无用论也蔓延开来。只是计较现在眼前的一些蝇头小利，却不知道自己损失了更多。在这种情况下，高校校园文化不可避免地烙上市场经济的印记，将面临顺应新潮流、抢占制高点和弘扬主旋律的挑战。

在社会转型时期，面临全球化和现代化的双重挑战，校园文化受到各类意识形态和文化观念的冲击，形成激烈的价值冲突，这对学校校园文化建设提出了新的挑战。传统文化中"礼治"和"理学"的观念封闭了学生自我承认的道路，与现代校园文化中强调个体独立的民主精神大相径庭，西方文化对本土文化所建构的精神世界进行了激烈的否定，当代大学生开始丧失了支撑着生命活动的价值资源，陷入了解读东西文化的价值冲突之中：以娱乐、消遣为主要特征的通俗文化，抑制了校园内高雅文化深邃的价值，传递以崇尚科学为中心精神的校园文化，与以关注入的主观精神世界和价值追求为核心的人文精神激烈碰撞，这一系列价值冲突都使当前的校园文化建设陷入困境。

第二节 新时期高校校园文化建设的对策

作为一种潜在的隐性课程为主的校园文化，在对学生的思想品德教育和良好的行为习惯的养成教育中，具有情境性、渗透性、持久性、暗示性和愉悦性等特点。校园文化正是以它形象直观的表达形式，把思想教育寓于各种具体可感的情境之中。校园文化的教育功能正是通过学校健康向上的精神因素以及优美的物质环境所施加给学生的积极影响和感染、熏陶而实现的。

一、进一步培养优良的校风和学风

校园文化的核心是群体主导价值观，它主要体现在学校的校风、学风之中。校风和学风是一种具有很强的感染力的潜在的教育力量，最能影响到整个学校生活，也最能反映学校的校园文化建设水平。

（一）进一步充分发挥校风感染作用

产生校风趋同的心理倾向和适应校风、学风要求的自觉意识。在一个学风良好的学校里，极少有不上晚自习的现象。如果一个学生想偷懒，晚上不想去上自习了，但他在宿舍里环顾四周，各个房间都人去屋空，只有他一个人孤零零地待在那里，在越待越心慌的情况下，最终也会背着书包去教学楼。他去上自习的过程，不是外界强迫他，而是他感受到风气的压力，自动地改变初衷而与群体风气一致起来。良好的校风是高校精神面貌的具体体现，也是高校综合实力和凝聚力的重要组成部分。在充分挖掘学校办学历史传统宝贵资源的基础上，结合学校发展战略和规划，根据学校办学思想和理念，大力营造崇尚科学、严谨求实、善于创造、具有时代特征和学校特色的良好校园风气。扎实开展师德教育，积极建设优良教风。严格管理，营造良好的学习氛围，努力形成勤于学习、奋发向上、诚实守信、敢于创新的良好学风。认真研究、办学经验，对校风、教风、学风做出科学的文字表述和诠释。

爱国成才教育的操作，关键在于以爱国与成才为基本思想的理念在校园文化建设中如何体现，如何有效地提高校园文化的教育功能，揭示以爱国与成才为基本思想的理念在当前中学教育工作中的价值；反思以爱国与成才为基本思想的校园文化建设，在学校建设中应有的地位，并探讨它的自身建设规律。

1. 要明确校园文化建设对于推进课题开展的重要性和必要性

校园文化是指学校这个特殊场所具有的特定的精神环境和文化氛围，是由教育者和被教育者双主体以校园为空间背景，围绕教学活动和校园生活而创制并共享的，以文化冲突与统一为表征的亚文化系统。它体现在显性课程和潜在课程（亦称隐性课程）两方面，显性课程指学校规定学生必须掌握的知识、技能、思想观点、行为规范等，潜在课程包括校园建筑、文化设施和环境布置等有形环境和校风、教风、学风、人际关系、文化生活、集体舆论、心理气氛以及校园群体观点、信念等无形环境。后面的这些校园精神和校园价值观等观念形态的东西是校园文化的深层结构和核心内容，对于整个校园的生存和发展都具有指导意义，是校园建设的无形资产，与学校的办学质量连接在一起的，是学校重要的可持续发展要素之一。我们应当重视校园文化的建设，并努力使其育人作用得以充分发挥。

社会主义思想道德建设是校园文化建设的核心内容。学校必须从国情、乡情、校情出发，全面贯彻落实教育方针，坚持以为人民服务为核心，以集体主义为原则，以爱祖国、爱人民、爱劳动、爱科学、爱社会主义为基本要求，通过社会实践活动、艺术活动、团课党课活动等有效途径，教育广大青少年树立建设有中国特色社会主义的共同理想和正确的人生观、世界观、价值观，树立坚定的共产主义信念。进行思想道德建设上的创新应紧紧围绕发展社会主义先进文化的根本任务和校园文化建设的最终目标，也就是要培养一代又一代"有理想、有道德、有文化、有纪律"的公民。学校应开展形式多样、丰富多彩的文化活动，结合重大节日来增强爱国精神；结合各具特色的体育节、艺术节、科技文化节、学习节的活动让全体师生充分展现自己的精神风貌和思想实质，在活动中发挥教师为人师表作用，把思想道德建设渗透到学校教育的各个环节中去。

2. 正确处理好传授知识和培养能力的关系

能力是与活动的要求相符合并影响活动效果的个性心理特征与多项功能的综合，它主要是在个体中固定下来的概括的心理活动系统。而知识是人类在生产实践、处理社会关系的实践和科技实践以及其他实践中积累起来的经验总结和概括，包括对事物的根本属性和本质联系的认识。能力和知识是互相联系并在一定条件下可以相互转化的。知识是构成能力的重要组成部分，也是形成能力的基础；能力是在掌握知识的过程中逐步形成和发展的，而且知识本身的一定条件下可以转化为能力。能力又是进一步掌握知识的前提，它制约着掌握知识的快慢、深浅和巩固程度。在知识的掌握和能力的发展这对矛盾中，矛盾的主要方面是能力的发展，我们在强调学生学习知识的同时，把重点放在学生能力的提高上。

（二）推动"以人为本"的核心价值观

以人的发展为本，是素质教育的教育哲学和教育理想。全面实施素质教育要求我们建设一种以人的发展为本的学校文化，是围绕着"人的发展"和"发展的人"的学校文化，是突出"人"字的学校文化：是"以人为本"的，而不是"以物为本"的，人是第一位的，物是第二位的，物是为人服务的，而不是相反。学校的硬件建设很重要，但无论如何重要，都是条件性的、附属性的、服务性的，都是从属于教育教学活动中的主体——师生，都是为师生的发展服务的；教学仪器和设备可能价值昂贵，但无论如何贵重，都是为师生的发展服务的，都是为教育教学活动服务的，当然我们需要爱护和珍惜它们，但它们只有在教育教学活动中使用、消耗、充分发挥效率才能体现出价值。

是"人性化"的，而不是"非人性"和"反人性"的，人性的基本需要能够得到较好满足，人的良好需求能够得到尊重，人的美好愿望能够得到理解和赞扬，而不是相反。在当前的背景下尤其需要满足的是学生休息的需要、游戏的需要、隐私的需要和尊重的需要。休息和游戏是学生的权利也是学生发展的正常需要，现在的学生是既缺少休息和游戏的时间，也缺少休息和游戏的自由和创意。与此相应，现在的多数学生不缺少爱、不缺少呵护、不缺少钱财，缺少的是尊重、独立还有保护自己隐私的权利。

是"人文性"的，而不仅仅是"知识性"的，是能够提升人的修养、品性和境界的，而不是迁就人的原始性、粗俗性和劣根性。正如张汝伦教授所指出："通过教育传授继承下来的东西，有看得见的知识和技能，也有看不见的智慧、品位和修养，还有作为个人与国家立身、立国、立于世界上和天地间的根本道与理，终极价值与生命意义的追问与认同。"关于学校文化有一个好的隐喻，就是学校是师生的精神家园，在这个精神家园中要能够体验到心理和精神舒适、愉悦与满足，而不是紧张和压抑；要能够体验富氧而不是缺氧的精神呼吸，要能够品味高雅而不是粗俗的精神食粮，要能够感受成长和发展的快乐和幸福，而不是体验成熟的焦虑和恐惧。

（三）发挥校园文化的德育功能应当把握的原则

首先，教育性原则。古人云："百行以德为首。"人无德不立，国无德不兴。道德建设的好坏，体现着一个国家民众的精神状态，影响着一个民族事业的兴亡盛衰。道德兴，国家兴；道德兴，民族兴——这是现实得出的结论。学校是教育人、培养人的场所，校园文化作为学校教育的一部分，首先必须突出教育性特点，时时处处把握教育性原则，只有这样，才能充分发挥校园文化潜在的导向功能。通过各种有效形式对学生进行爱国主义、集体主义、社会主义和中华民族精神教育，探求激发学生学习成才的规律，使学生的综合素质不断提高，在形成正确的爱国成才观的基础上提高学习成绩。

其次，科学性原则。校园文化建设是学校的一项整体工程，它涉及面广，需要调动方方面面的力量，学校应精心统筹，科学规划，合理安排，避免出现各行其是、相互掣肘的局面。例如，学生课余文化生活，一要建立组织系统，从领导机构到专、兼职辅导老师，再到学生必须环环相扣；二要根据学生的年龄、知识结构、心理特点，合理安排活动的内容，基本上形成序列，以满足不同班级、不同专业、不同兴趣爱好学生发展的需要。

最后，艺术性原则。在校园文化建设中，要有艺术眼光，要让学生通过学校的设施、氛围等，处处受到艺术的感染，得到美的享受。校园环境的绿化、美化，应努力做到四季各有特点，阳春葱茏滴翠，盛夏浓荫覆地，凉秋红枫似火，寒冬松柏常青；校园建筑的设计、景点的安排，努力做到外形、色彩和谐统一，给人以爽心悦目的感觉；学校文化活动的安排，也要融教育性、科学性和艺术性于一体，努力使活动开展得新颖、活泼有趣，使校园文化对青少年学生产生强烈的感染力和吸引力，促使他们主动、热情、积极地参与其中，从而使他们的思想情操自然而然地得到陶冶，心灵在无形之中得到净化。

二、实现校园文化合理化重构

校园文化重构是指高校，在管理战略、组织结构、规章制度、人员和价值取向等方面做相应的调整，从而形成一种统一的新的校园文化。重构学校文化不是简单的否定学校文化，也不是简单的校园文化建设这个问题，更不是用来宣传和炫耀的资本，重构学校文化是教育理性的回归和理性的思考。原有的校园文化不会立即消失，仍然影响着师生的思想和行为。加速校园文化的重构可以使师生对新校园文化的认同，进而促进学校人事的融合。

（一）减少高校校园文化合并的阻力

实现校园文化重构的关键是对学校合理定位，形成共同的奋斗目标。开展丰富多彩的校园文化活动是促进不同文化融合、形成统一的新文化的重要手段。由于以前的每一种校园文化都有其合理性。在文化的重构与融合过程中不宜过多采用行政手段压制某一种文化，而要加强文化选择，选出优质文化同时要寻找不同文化的共同点、结合点，吸收不同文化的合理内核，产生新的优质强势文化，最终实现校园文化的重构。高校可以通过网络平台将多校区的校园文化整合统一起来，使多个校区间同时参与分享同一场校园文化活动，缩短各个校区之间的时空距离和文化差异，增强对学校的认同感和向心力，有效地避免人、财、物等资源的重复投入和浪费。

（二）充实丰富实践活动文化

学校文化是学校发展的"魂"，是学校可持续发展的不竭的动力。建设首先要求我们重新界定我们的办学理念和办学思想，办学理念和办学思想的确定首先要明确教育的终极目标，实现什么样的教育，培养什么样的人才，这是学校文化建设首当其冲的最根本的要素。校园文化是一种群体文化，它体现在学校的一切活动中。现代中学生朝气蓬勃、活泼好动，死读书、读死书有悖于中学生身心。基于这一认识，走出课堂，寓教于乐，开展丰富多彩的校园文化活动，创建文明、健康、向上的校园文化生活。

在新课程的背景下，建立一种学习型的文化，形成教师群体学习、研究、创造的意愿和行为，建立面向实践、面向问题、面向经验的校本化的学习、培训、研修制度，是新课程所体现的新型教学文化的内涵与规定。新课程强调培养学生实践能力与创新精神，强调培养知识与技能，过程与方法，情感、态度、价值观相统一的全面发展和充分发展的学生，要求课程与教学本身成为一种开放的、民主的、平等的、合作的过程和体验，从而形成学生的公民意识和素养，成为有思想、有追求、有个性的人。这对教师的专业素养和综合素养提出了很高的要求，能否适应这样的要求，关键在于不断学习、不断反思、不断提升自己的教育教学实践能力，教师首先要成为全面的、充分的、有个性的人，教学才能充满智慧、个性和创造。全面提高教师自身文化内涵和综合素养，需要形成教师个体和群体自主、积极、终身的学习，把学习内化成为一种日常生活方式。只有建立一种学习型的学校文化，才有可能为教师的持续发展和不断提高提供环境、条件和氛围。

引导、规范、激励全体师生的社会与学校的实践文化绝不是外在于或强加给师生的学校文化，而是内在于师生、体现于师生行为的学校文化。学校文化有一个不断积累、不断沉淀、不断创新的过程，它原本就是基于学校传统的创造，是历代师生共同认可、共同付出、共同践行、共同创造、不断传承的过程和成果，因而师生是学校文化的建设和创造的主体，也是学校文化的受惠、享用的主体。

环境塑造人，文化引导人。通过丰富多彩的文化活动，营造浓郁的校园文化氛围，提升师生奋发向上的精神风貌，形成和谐的人际关系、纯正的校风，是一种强大的感染人的力量，它是校园环境建设的核心内容，最有利于学生良好人格的培养和学校良好风尚的形成。因此，在搞好校园硬环境建设的同时，学校高度重视高品位校园文化的建设，精心培育积极向上的校园文化，努力完善校园环境建设，使之与校园文化软件设计做到了相互融合、艺术组合、自然搭配。

1. 活动内容上的创新

要结合对学生爱国主义教育，集体主义教育，社会主义教育开展丰富多彩的活动。如主题演讲、竞赛活动、班会、诗歌朗诵、歌唱比赛、为社区服务等让学生居于德育情境中，提高自己的政治思想觉悟和政治素质。通过社会实践活动和第二课堂活动，尊重学生的个性特长和个性心理特征，使学生的创造力得到充分发挥，实现自我人生价值，让学生感受到学习的成功和喜悦。

2. 组织形式上进行创新

要充分发挥学生在校园文化建设上自我管理、自我构建、自我教育的能力，让学生成为学习和生活的主人。在教师指导下，实现学生自我组织、自我评价、自我总结和自主能力的提高，这是学生可持续发展的需要，也是育人追求的能力目标。

3. 在评价方式上进行创新

每个人对自己的行为有自我教育、管理、评价和修正的过程。在课内外活动建设中应充分体现评价的客观性、教育性和方向性。教师必须改掉主观定论的评价语言，指导学生学会对自己的行为参照各种规章或道德准则进行自我评价，自我修正缺点，以提高活动的教育质量，避免因教师的主观定论阻碍学生自主性的发挥和个性的发展。

学校开展内容丰富、形式多样、吸引力强的各种文化活动。以重大活动助推校园文化建设。精心策划和组织开展突出实效特色、时代主题、尊重师生主体地位、增进身心健康的重大活动，既活跃校园文化建设，又促进校园文化建设，努力营造"工作愉快、学习轻松"的浓厚文化氛围。根据不同时期，不定期地举办各种文化节。把学校文化建设作为一种不断实践、不断完善、不断追求的动态过程，因此它其实就是教育过程和发展过程，也就是教育本身和发展本身。

三、以高雅文化占领校园文化主阵地

在加强高校校园文化建设时，用中国和世界的优秀文学作品武装和陶冶广大学子，以高雅文化占领校园文化主阵地，使校园文学呈现昂扬向上的主调。高雅文化是精神层面的文化，它具有很强的人文品格和精神属性，时时关注着人类的发展，思考着人类的命运，往往充满着先进知识分子强烈的忧患意识、载道意识，指向终极关怀，敢于直面人生，直面社会，关心现实的重大问题，意蕴丰富而深刻，可以通过寓教于乐，使师生在学习、鉴赏时认识社会的现状和前途，感悟人生的价值和责任，懂得如何做人的道理和方法。高雅文化由于在内容上关注社会的深层次问题，在形式上繁复新颖，它历来是精英审美文化，缺乏一定文化素养的人是很难接受的，是要靠受过教育特别是高等教育的人来继承、发扬和传播的。如果学校特别是高校不去引导师生喜爱和学习高雅文化，那么这些宝贵的文化就会没有知音，就会失传，就会萎缩，而社会的审美文化也会因此得不到提高、繁荣和发展。

（一）发掘环境文化

学校无闲处，处处熏陶人。环境不仅是学生生活的空间，也是培养学生文明素质的载体。我们发掘、利用校园的环境，形成了浓厚的立体环境文化，使一草一木、一墙一板都能说话，都起到教育人、启迪人的作用。恰如陶行知先生所言"一草一木皆关情"。教室里、走廊上，悬挂的是历届毕业生以及在校普通班、美术特色班学生的优秀作品，自己的作品让学生感受到成功的喜悦；可以鼓励各年级全体学生收集格言警句，要求在爱国与成才的主题下，结合两个信念：只要努力学习，每个学生都可以成才；热爱祖国，为国家繁荣富强而努力学习，收集有关人格、人生观、道德观、世界观等的格言警句，每班选定名人或自编的格言警句经过加工制作分别布置在教室内外。这些格言警句将会对部分同学起到了一定的激励作用。哲理隽语让学生体会，凡人小语使学生共鸣，名人名言叫学生醒悟思索。学校将原有的宣传橱窗留出一半作为爱国成才教育的专栏，定时更换其中的内容，学生和老师们课余时间看专栏已经成为一种习惯。学生生活在这样一个充满着健康的、蓬勃向上的文化氛围之中，心灵自然荡涤，思想必然升华。

（二）修炼大学生礼仪文化

礼仪，作为在人类历史发展中逐渐形成并积淀下来的一种文化，始终以某种精神支配着每个人的行为，是适应时代发展、促进个人进步和成功的重要途径。本文通过结合古代与现代的具体事例，讲述了礼仪对于个人及企业形象树立的重要性，它不仅可以有效地展现一个人的教养、风度和魅力，还体现出一个人对社会的认知水准、个人学识、修养和价值。《论语》中的"不学礼，无以立"已成为人们的共识。

礼仪修养体现了一个人的基本素质，同时也是一门综合性的学科，与伦理学、心理学、公共关系学等学科，与道德、宗教、习俗、民族等关系均十分密切，因此决不能将礼仪教育与个人修养割裂开来，就礼仪谈礼仪，而应该全面对大学生（特别是理工科大学生）开展人文素质教育，改变大学生"有知识无文化""知书不达理"的现状，真正实现"腹有诗书气自华"。同时，有条件的高校应考虑设置专门的礼仪课程，利用课堂普及礼仪知识、加强礼仪训练。

健康的、高雅的交际方式和能力是现代中学生必备的素质之一，怎样处理同学间关系？怎样处理师生关系？怎样处理与父母的关系？怎样认识爱国与成才的关系等等。优化学校人际环境，开展尊师爱生活动，建立起良好和谐的师生关系。同时，发挥班级环境的熏陶教育，如发挥学生的主体作用，师生共同营造良好的人际环境，包括班风、学风、集体舆论、文化氛围等，老师和学生无论是在课堂或课后都倡导赞赏鼓励。

高等学校肩负着育才兴国的重要责任和使命，是大学生成长成才的重要环境。教师作为知识的传授者、文明的倡导者，在礼仪教育方面理应率先垂范。因此，无论是学校领导还是工作在教学一线的任课教师，无论是教学管理人员还是后勤服务人员，都要认识到自己在礼仪教育方面的重要作用，要身体力行，言传身教，不断提高自身的文明修养，真正做到教书育人、管理育人、服务育人。

四、高校校园文化建设的理念创新

在快速开放、复杂多元、充满风险的现代社会，在知识生产、传播、运用的周期越来越短、知识陈旧的速度越来越快的信息时代，学习已成为各类社会组织和机构的基本社会适应行为，也成为每一个社会成员立足和生存、发展和升迁的社会适应行为。学校教育是有目的、有计划、有组织的大规模学习活动的特定时空，更应该首先成为学习型的组织，更应首先建立学习型的文化，学校应成为主动学习、不断学习、终身学习的教育基地和服务中心，应不断培养出热爱学习、善于学习、终身学习的合格公民。

（一）高校校园环境建设创新

环境是校园文化中的物质表现形式，它往往把艺术、思想和人文精神整合在一起体现出来。作为物质化的环境，客观表现在人们的面前，让人看得见，摸得着，比较固定直观和客观实在，它的建设和管理，直接反映出学校的办学水平和办学思想；它是一个无声的课堂，对陶冶学生情操、审美观，对物的情感和热爱，对心理素质培养和知识的拓宽，对学生的成长产生巨大的影响。因此，校园的总体规划、建筑群、绿化、雕塑、精品园、活动场地，生活区、学习区和运动区的整体布局，设计和装修配置要进行创新，使之符合时代发展的要求。对于品位不高、落后愚昧、质量不好、呆板单一的环境应有计划有意识予创新和改造，使之符合环境建设创新的三个特征：

一是教育性。先进的校园文化建设应用先进文化充实学生的文化教育底蕴。因此，环境建设目标应考虑对师生进行爱国主义教育、集体主义教育、社会主义教育、公民道德教育，使环境建设成为德育渗透的良好载体。如在花草中嵌入伟人名人的石膏头像和名言，在校园里建立校园标志，在建筑物墙上书写名句警句，在读书廊里挂上名人书画，为广大师生创建一个文明、高雅、进步的校园文化氛围，使师生置身于知识的海洋。德润人心，文化天下，创新使环境建设的教育性更具有生命力。

二是艺术性。校园建筑整体规划和设计布局应合理有序，让全体师生感受到这是艺术性设计的体现。平坦的操场让我们能感觉心静如水，具有平面美；独特的建筑造型给予我们美的享受；艺术化造型的绿化和鲜花艳放让我们热爱美好的生活。这种环境建设的艺术性能净化人的灵魂，陶冶人的情操，使人更加热爱生活，欣赏世界，塑造学生正确的人生观、世界观。

三是情感性。校园文化建设的先进性体现在校园进步的思想、道德、文明和精神上。环境建设中物化的表现富含人的情感，我们必须进行研究和挖掘，使物化的客观实在和人的情感进行连接，产生交流和共鸣，从而使环境建设成为育人的主体之一。如在墙上写上标语，让墙壁说话；在花草树木中写上保护环境的语言，让人亲切感动；升旗台上的国歌歌词、国徽、国旗让我们饱含对祖国的热爱之情；宣传栏里的光荣栏无声告诉我们努力就会成功；甚至一份嵌在建筑上的设计说明也能激发我们的思维和建筑物进行情感交流。以往，在实际的建设规划中，人们往往强调如何保持和体现出某种设计的流派风格，而如今，从科学发展观出发，我们则应该在继承传统建筑风格和校园原有风格的同时，着重强调如何体现出学校的发展目标和办学特色、教育与教学目标、学科建设规划和学校事业发展规划等诸多元素与环节。

应该说，这是一个建设规划立足点的转变问题。具体来说，高校校园及其建筑的品质，不仅要体现出特定的地域性、历史性、文化性、艺术性等氛围，而且它还要体现出人才培养的优化环境。这些体现即是校园规划建设理念的创新。同时，在校园规划与建设中，我们还应具有对内、对外的开放意识，突出公众参与理念、特色理念以及人文关怀理念，突出高校的办学特色和办学理念。

（二）高校校园实践活动创新

社会实践活动大学生是参与社会主义市场经济建设，促进教育改革的积极因素，是引导大学生健康成长的有效途径。通过社会实践活动，可以引导青年学生了解社会，了解国情，坚持走有中国特色社会主义道路的信念；引导学生增强责任感和使命感，树立正确的世界观、人生观、价值观，提高学生的综合素质；充分发挥学生的知识和智力优势，培养学生的劳动观念和奉献精神，增长才干，完善知识结构，有利于学生进行思想品德教育，增强辨别是非的能力，培养优良的实践能力良好的思想品质。学校把生产劳动和社会实践作为一项重要课程列入计划，是推进素质教育的重要措施。根据"心灵要美、学习要勤、能力强、特长显、视野阔"的学校培养目标，特制订本年度学校社会实践计划。

1. 充分发挥网络对校园文化建设的促进作用

随着信息科技的迅猛发展，计算机网络已走入千家万户。大学生是新时代青年的佼佼者，更容易接受新鲜事物，如今微博、微信的使用都已成为他们日常生活的一部分。网络是一个巨大的文化信息库，并处于不断更新变换之中，大学生可随时随地从网络中筛选有用信息。网络的特点与校园文化的特性十分吻合，它的超地域性、开放性、选择性、创造性、教育性，甚至批判性等都对校园文化产生了十足的影响，使校园不再是一个相对封闭的场所。它不但丰富了校园文化的内容，而且拓宽了校园文化建设的途径，对校园文化建设具有重要的促进作用。在充分发挥网络对校园文化建设促进作用的同时，我们还应清醒地认识到，网络是一把双刃剑。网络也会对校园文化传递负能量，带来消极影响。许多大学生热衷于网络交往，却忽视了现实交际。网络还改变了大学生的固有价值观念，弱化了大学生的道德意识。因此，我们必须引导大学生在张扬个性的网络环境下把握好分寸，掌握好尺度，形成良好的网络道德风尚。

要培养一批专兼职结合的网络德育教学工作者队伍。大多数高校承担网络德育教学工作的，大多是专门的德育工作者，具有丰富的课堂教学经验，但是，他们其中的相当部分老师只具备简单的网络技术，在内容上也只不过把原来的课堂教学照搬到网络上，根本没有依据网络德育教学的特点来设置，导致网络德育教学没有特色，甚至枯燥乏味。因此，我校将重点培养一批专兼职结合德育教学工作者的队伍，确保参与德育网络教学的必须是能够适应网络文化、具有网络文化创新能力的高校教师，并组织有关专家，开设一些上网引导课，让大学生懂得在互联网这个知识宝库中到底能做些什么，如何利用网络获取、使用与自己的专业相结合的信息等问题，同时，完善兼职的网络德育工作者还应和校内的网络红客和网络评论员一起，在校内论坛上就热点问题进行主动导帖，积极跟帖，及时发布正面观点，及时引导网上舆论，切实有效地全方位提高网络德育教学质量。学校凭借这支工作队伍，可以建立功能完备、多级防范的网络管理体系，坚决删除"黄色的"，着力疏导"灰色的"，积极营造"红色的"和"绿色的"校园网络文化环境。

为提高健康高雅的校园网络文化对于学生的感染力和影响力，进而达到提高学生综合素质的作用，我校认为，可根据学生的专业特点和兴趣爱好，开展电脑网络知识大赛、电脑软件展示大赛、电脑技能大赛、个人主页大赛、电脑美术设计大赛等，使科技活动在信息领域得以不断地深化和拓展，培养学生的创新精神，提高学生的创新能力。同时，通过引导学生参与网络文化建设，使他们对网络生存方式和现实生活的关系产生正确认识，发挥网络文化的教育功能。另外，还可通过组织 IT 校园行、网上冲浪等活动，丰富同学的课余文化活动。在活动开展过程中。特别要注意网上网下结合，利用校园网络这一功能强大的宣传媒体为传统的校园文化活动渲染气氛、报道活动情况，使校园文化活动质量更高使传统的校园文化活动焕发新的生机。加强对网络信息的监控和舆情分析。面对浩如烟海、良莠不齐的网络信息，进一步建立完善的管理规范，依靠技术手段对各类不良信息进行技术把关、过滤。如对校园网上 BBS 上可能出现的过激言论及时给予纠正和引导，针对一些热点问题要善于从学生的视角、以学生的观点、用学生的语言提出正确的见解，从而实现对大学生网络学习的正面引导。

2. 大学生社会实践活动的管理创新

学校成立以校长为组长的社会实践活动领导小组，对全校学生开展社会实践活动进行统筹协调、督促指导、考核评估，宏观管理学校社会实践活动工作。要建立社会实践活动管理的长效机制，定期研究、处理班级反馈的信息，做好社会实践活动的时间、课程设置和指导考核等工作。学校要组织教师、学生开展社会实践成果的展示和交流活动，帮助师生把各种成果和建设性意见推荐给区教育体育局，让学生感受学以致用的快乐，鼓励和保护学生参加社会实践活动的积极性。班级要建立社会实践活动工作网络，吸纳有意愿的大学生参加，建立健全组织管理机构。主动与学校所在地的纪念馆、商场、企事业单位、社区等取得联系，通过多种渠道和形式，建立一个相对固定、便于学生开展活动的社会实践活动联系点，为学生的发展提供广阔的空间和必备的条件。要主动向大学生宣讲开展社会实践活动的意义，争取学生对此项工作的支持和配合。

（三）高校校园制度建设创新

校园制度建设是校园文化建设的重要组成部分，是学校对人的教育教养及塑造人的规章制度。它规定了校园里的人什么样的行为和思想是该做的和不该做的，什么是提倡的和反对的，什么该奖励的和惩罚的。包含各种行为、规章、制度、规定，如《教师职业道德》《教师年度考核细则》《学生奖惩规定》《教育教学科研制度》等，制度建设保证了校园生活的各个领域活动能有序地进行。因此，在新形势下校园制度建设必须创新，使之适应当今社会的发展。创新校园制度建设，必须体现先进性和群众性的要求。

人的行为方式要适合社会的发展。由于思想认识层次的不同，人的行为表现也有所不同，因此，制度建设要体现社会先进性的要求。如在行为规范中没有明确网络方面的行为规范细则，但对于未成年人上网现在国家有关法规已明令禁止。学校对新的生活行为方式应在制度上予规范。学校在校园文化建设中应适应时代的要求精心计划和设计，提出学校的近期、短期、远期发展规划，明确学校发展方向，树立起学校全体师生的共同目标、共同理想和共同思想观念，促使校园制度建设的提升，从而具有时代发展的先进性。

1.加强校园制度建设进程中群众参与性

校园制度建设进程中要加强群众参与，学校与师生互动，充分发扬民主，体现群众性的要求。例如规章制度可让师生参与制定、修改、充分酝酿和讨论，然后形成初稿，再征求意见，最后讨论定稿；有关学校整体管理和教师管理的制度可提交教代会表决通过；有关学生管理的可交学生代表大会讨论表决。一个制度的形成集中了每个参与者的思想认识、自我提高的过程，经历了是非分辨的过程，从这个意义上来说，制度制定的过程和执行的过程也是一个文化建设的过程，对强化育人功能和提高师生执行规章的自觉性有着重要的意义。制度建设群众性的另一方面是制度实施的群众性，作为学生日常学习、生活的管理应充分发挥学生自我管理的作用。如校园卫生检查评比、仪表仪容、课间操和黑板报评比、文明行为规范检查等可有计划、有目的地组织学生担任校值日、班级轮值班长等，让学生创设自我教育情境进行自我检查、自我考核、自我评比，提升校园文化建设的新层面。加强校园文化建设，优化育人环境还需要学校、社会、家庭的密切配合，只有大家都重视校园文化建设，以人为本，环境育人的功能才会得到真正加强，学生才能真正健康的发展。

工会有着组织开展群众性活动的优良传统，可以通过组织开展劳动竞赛、合理化建议、教学基本功比赛等活动来激发教职工的建校爱校热情和劳动积极性。工会应积极主动地把自己浅层面的文化活动纳入到校园文化建设的系统工程之中，有目标、有步骤、有秩序地参与校园文化建设，并在参与中履行职能，发挥作用。把教职工个体素质的提高和整体素质的优化作为校园文化建设的根本。就校园文化建设来说，以人为本，就是要以提高教职工素质为基本出发点。根据教育改革和全面实施素质教育的新形势，工会要积极配合有关职能部门做好教职工的思想教育工作，通过深入开展党的基本理论、基本路线、基本纲领的教育活动，开展爱国主义、集体主义、社会主义和艰苦创业精神的教育活动，不断提高教职工的思想政治素质，引导教职工树立科学的价值观，增强主人翁责任感。要进一步加大对教职工执教和工作能力的教育和培训力度，通过积极开展岗前培训和基本功竞赛等活动，提高教职工的业务素质和能力，引导教职工为学校发展多做贡献。

积极开展群众性的文化体育活动，丰富教职工的精神生活。开展健康向上的文化体育活动，创造良好的文化氛围，激发教职工的工作热情，增强凝聚力和向心力，是校园文化建设的重要组成部分。要督促和推动学校加强文化体育设施的建设，进一步完善和充实"教工之家"、文化体育场馆、教工阅览室和教工活动室等阵地，开展丰富多彩、生动活泼、教职工喜闻乐见的各项文化体育活动，使工会组织文化体育活动的功能得到更有效的发挥。通过开展"教工小家"建设等活动，努力把群众性文化体育活动开展到院系基层单位，扩大教职工的参与面，使他们在活动中丰富知识，陶冶情操，放飞心情，活跃生活，从而使校园文化的基础得到加强。

2. 加强民主办学建设创新

一要努力探索民主管理模式，不断提高学校管理效能。充分发挥教师、学生、家长和社区在学校管理中的民主参与和监督作用，形成了多元的学校管理模式。要积极调动教师的主人翁意识。学校利用校园网络及其他途径让教师知晓学校发展规划、学期工作计划、周工作安排，及时了解和掌握学校工作动态，并通过与学校领导对话、座谈会、教代会等形式，对学校各项工作提出建议，为学校的发展献计献策，形成了共商共议、和谐共荣的管理氛围。

二要发挥团代会、学代会及学生自主管理委员会的作用。认真落实学生提案，充分调动他们参与学校民主管理的主动性、积极性。完善值周班制度，发挥学生自主管理的积极性。定期召开家长委员会会议，听取家长意见。家长委员会的代表每年都参与学校毕业班评优工作、学校规范收费工作，参与学校安全设施的检查。每学年开设家长开放日，让家长深入课堂，了解课堂教学的现状，并及时召开座谈会听取家长反馈意见。

三要广泛利用校外资源，为学校的发展提供外部动力，拓宽学生社会实践的渠道可以使教师的课堂设计精致，学生的学习主动性强，坚持下去必能收到理想的效果。

四要坚持以教代会为基本形式的学校民主管理和民主监督制度。每年，教代会都要审议通过学校的财务报告和重大决策。不断完善学校管理机制，实行"阳光作业"，增强管理透明度。

加强制度建设，坚持依法治校。学校认真制定并严格执行各项管理制度，坚持依法治校，提高教职工遵章的自觉性；努力探索理性管理与人性化管理的最佳结合，不断向精细化管理方向发展，进一步规范、优化学校管理。建立科学的激励机制。认真实施事业单位人事和分配制度改革，确保了改革平稳有序地推进。经过反复讨论、征求意见，完善与学校民主管理相关的各项规章制度。形成公平、公开、公正的考核评价机制。每年的教师考核评优和各种推优工作，都采取自下而上、公开、民主的推选方式。专门成立校务公开工作的领导小组、工作小组和监督小组。每学期定期召开会议，就学校的管理和发展，在教职工中开展合理化建议征求工作。

第四章 大学校园文化建设的实现路径

第一节 大学校园文化建设的目标和原则

在现代社会，大学被誉为人类社会发展的"动力站"。知识的保存、传授、传播、应用和创新，文明的传承和进步，人才的发掘与培育，科学的发展与技术的更新，社会的文明与理智，不同文化间的交流与沟通，无不依赖大学作为基础。大学是社会主义精神文明建设的重要阵地，大学在某种程度上是社会思想和文化的中心。大学教育所传播和创造的文化、科学知识，不仅能促进大学文化建设的进步，也能促进社会文化的改造和革新，因此，大学校园文化建设被提上了新的历史高度。

一、重要地位

高等教育如果不谈文化或对文化建设不予以充分重视，那么这所高校就不能获得长足的发展。"实际上，第一流的大学，特别是历史悠久的大学，无不有意无意地都在培育一种文化生活"。"具体说来，大学校园文化建设的重要地位主要体现在以下几个方面。

首先，大学校园文化建设集中体现了中国先进文化的前进方向。高校校园文化是社会主义精神文明建设的重要组成部分，作为一种亚文化形态，它不可避免地留下社会文化的痕迹和烙印。高校校园文化是社会文化的"晴雨表"和"创新地"，通过创造先进的文化成果以及高质量人才的输出来引导社会文化的发展，代表了社会文化中的先进层次。高校在文化传承过程中的地位也相当重要，由于拥有较强的教学科研实力，高校可以为先进文化的发展提供强大的条件支持和发展空间。新时期高校不断推进校园文化建设，也就是牢牢把握住了先进文化的发展趋势。

其次，建设先进的大学校园文化既是创建现代一流大学的客观要求，也是大学生全面发展的必然选择。现代大学所具有的学术性、教育性、开放性、综合性、自主性等多种属性均会体现在校园文化建设之中，反映在学校师生的学风和教风之中，如果没有先进的校园文化的营建，就不可能有现代一流大学的突起，大学就会失去引导其发展壮大的力量源泉。全球化、信息化和社会转型的国内外环境使学生面临的文化选择具有多样性，按照先进文化的要求，主动出击，正面引导，积极推进先进的校园文化建设，营造一种催人奋进，能够满足学生需求，反映学生特点的校园文化氛围，成为提升学生全面素质的必然选择。

最后，建设和谐的大学校园文化是建设和谐校园的基础。高校学生涉及千家万户，家长时刻牵挂，社会普遍关心，对社会的和谐稳定有着重要影响，所以，建设和谐校园是构建和谐社会的基础。建设和谐校园必须要有与之相一致的和谐校园文化。建设和谐校园文化的目的是培养全面和谐发展的人才，在育人的过程中，和谐校园文化使德育、智育、美育、体育相互渗透，相互交织，呈现为一个相互和谐、统一完整的过程，对于大学生思想观念、价值取向和行为方式有着潜移默化的影响，具有重要的育人功能。和谐校园文化中所蕴含的尊重知识、尊重人才、尊重劳动的良好工作氛围及和谐人际关系等，为建设和谐校园提供了强大的精神动力。

二、基本目标

大学校园文化应当追求什么目的，确定什么样的发展方向，这是校园文化建设带有根本性质的问题。因为校园文化建设追求的目标和发展的方向，直接反映的是高校办学的根本宗旨，即"为什么办""为谁办""怎么办"等重大的问题。方向不同，选择的途径和方式会不同，导致的结果也就必然不同。

从根本目的上来讲，人才培养是大学的根本任务和根本使命，大学校园文化的出发点和落脚点也都是为了育人，也就是说，培养德才兼备的社会主义事业的建设者和接班人，造就具有创新意识、创新精神和创新能力的创新人才是校园文化的根本目的。从这个意义上而言，校园文化创新就是为培养和造就高素质的创新人才营造良好的氛围和沃土，这无疑如同给树木生长供给空气、阳光、水分和养分一样，使树木在良好的环境条件之中，成长为栋梁之材。

通过校园文化创新，强化校园文化教化、熏陶、示范、规范、激励等育人的功能，打造人才脱颖而出的机制，形成校园出人才、出成果的良好环境和氛围。同时要把培养创新人才的成效作为检验和评价校园文化创新的重要尺度和标准，进一步促使校园文化形成以培养人才为中心和重心的创新机制，全面提高学校培养人才的质量和水平。

三、需要遵循的原则

大学校园文化建设的基本原则是由校园文化的发展方向和根本宗旨所决定的，也受自身发展规律所制约，是校园文化建设过程中在指导思想、根本宗旨、依靠力量、方式途径等方面必须坚持的基本法则和标准。

大学校园文化建设必须遵循正确的原则。这既是校园文化建设沿着正确方向发展的基本要求，又是校园文化建设取得良好成效的有力保证。

（一）方向性原则

大学校园文化是社会主义文化的重要组成部分，具有鲜明的政治特点，大学校园文化建设要符合国家发展的主旋律，与教育改革的方向相适应。为此，校园文化必须坚持正确的政治方向，也只有这样，才能保证校园文化的先进性、优质性和高品格。这就是说，只有坚持以马克思主义先进理论为指导，才能保证校园文化建设的先进性，使校园文化创新沿着正确的方向发展，引领社会文化的发展；才能准确认识和正确把握校园文化创新的规律和方法，使校园文化在创新中发展，在发展中创新，不断开创新局面，取得新成果。

在坚持正确的指导思想的前提下，坚持"百花齐放，百家争鸣"的方针，积极借鉴和吸收人类一切文明成果和精神财富，克服和摒弃一切没落腐朽的东西，使校园文化既保持正确的发展方向，又健康活泼，充满活力。然而值得强调的是，我国处在社会主义初级阶段，经济成分和利益的多元性导致了文化的多元性，还由于不同类型大学文化的价值取向、文化修养、知识结构、志向追求等方面的差异，促使校园文化呈现多样性。在这种情况下，我们不能在指导思想上有任何的动摇和偏差，必须坚定不移地坚持马克思主义指导思想在校园文化创新中的主导地位和指导作用，不断增强师生员工的社会主义理想信念，努力为中华民族的伟大复兴而创造出更加辉煌灿烂的文化。

（二）主体性原则

高校师生是校园文化建设与创新的主体和依靠力量。没有他们的作用，没有他们积极性、主动性、创造性的发挥，就没有校园文化的生成、创新与发展。他们知识丰富，思想敏锐，勇于进取，要激发和调动他们参与校园文化建设的积极性、主动性和创造性，释放潜能，发挥作用，集思广益，群策群力，把校园文化推向新的发展水平。

激励和发挥师生员工的积极作用，就要重视他们在校园文化建设中的主体与主导作用，尊重他们的个性及其差异性，鼓励他们敢于冒尖，张扬个性，让他们在校园文化的舞台上，尽情地展示才能。要尊重和肯定他们的首创精神,变消极因素为积极因素,变被动为主动,充分发挥他们的积极性、主动性和创造性。只有把师生员工主体性的作用发挥出来,才能真正体现校园文化建设的本质内涵,才能最终实现校园文化建设的根本目标,形成激情迸发、生机盎然的校园环境和氛围,创造出丰硕辉煌的文化成果。

（三）传承与借鉴原则

我国著名科学家竺可桢曾指出:"大学是社会之光,不应随波逐流。"这表明了大学不仅要继承中华民族的优秀传统文化,又要不断探索和创新,积极学习借鉴世界各国先进的文化成果,创造富有时代精神的校园文化。

历史继承性是文化的固有属性,当然,这种历史继承性是有条件的,是对以往文化的"扬弃",马克思曾说过"人们自己创造自己的历史,但是他们并不是随心所欲地创造,并不是在自己选定的条件下创造,而是在直接碰到的、既定的、从过去继承下来的条件下创造的"。传承文化是大学的基本功能,传承性是大学校园文化作为先进文化的基本品质。一切先进文化都不可能也不允许摒弃民族优秀的传统文化,否则,就会成为无源之水,就会失去根基。因此,丰富而全面的中华民族传统文化是大学校园文化建设的传统根基和文化土壤,大学校园文化建设要深深地根植于其中,充分利用、挖掘其优秀的价值资源,并给予大力继承和发扬。

大学校园文化是经过长期的历史积淀、凝聚、发展而形成的,并随着时代的变迁、社会的进步和学校的发展而得到不断地拓展、深化和丰富。大学校园文化是一个开放的系统,它的发展不仅要传承中华民族优秀的传统文化,还应对人类社会创造的一切优秀文明成果包括西方国家优秀的文明成果加以学习借鉴,取其精华,去其糟粕。

（四）服务性原则

大学校园文化建设紧密围绕学校中心工作,服务学校发展大局。在现代教育发展中,校园文化的作用日益突出。它有利于增强学校的凝聚力、向心力,有利于整合学校内部各种力量和资源,有利于正确引导和处理好各种矛盾和冲突,对学校的发展和管理具有不可替代的积极意义。大学校园文化建设的重要目标就是努力使校园文化建设与学校改革发展进程和谐一致,实现共同的育人目标。

高校聚集一大批思想活跃的知识分子群体,这里所产生的思想和文化对整个社会具有强大的辐射力、影响力。加强校园文化建设,是高校一项具有基础性、战略性、前瞻性的工作,必须与推动社会主义文化大发展、大繁荣,为国家和地方经济社会发展贡献力量结合起来。校园文化既要成为科学萌生的催化剂，又要成为科学思想发展的重要载体；既要从先进文化中汲取营养和力量，又要为社会主义文化大发展大繁荣提供强大动力；既要充分发展大学内部的文化，又要在此基础上引领社会文化。

四、需要处理好的关系

大学校园文化建设是一个系统工程，涉及方方面面。在校园文化建设中，必须明确和处理好以下几个关系。

（一）"硬件"建设与"软件"建设的关系

文化设施、文化队伍、人文景观等是校园文化建设的"硬件"，而校园精神、文化心理、文化制度等则是校园文化建设的"软件"。"硬件"建设是"软件"建设的基础，"软件"建设是"硬件"建设的条件。因此，校园文化建设一定要坚持"两手抓，两手都要硬"的方针，不可偏废。当前部分高校客观存在重硬件建设，忽视软件建设的倾向，对于这些高校，更要以高度的文化自觉，对校园文化建设做出全面、长远的考虑，更要重视软件建设的作用。

（二）时代文化与传统文化的关系

世界文化多元化的发展趋势、我国改革开放和社会主义市场经济体制的确立必然影响我国社会主义文化的发展趋势。在世界范围开放的状态中，各种文化相互渗透、融合、碰撞，各种文化以前所未有的速度向现代化迈进。这种文化的嬗变加快了我国社会文化走向综合化。新时期大学校园文化建设更加现代化、更加开放，但并不能忽视优秀传统文化的滋养。显然，校园文化由于具有超前性和探索性的特点，必然在这场文化革新中走在前列。然而，在社会文化中，有很多历史悠久、影响深远的传统文化又无时无刻不与校园时代文化进行融合，校园文化正是在这种融合中发展。

（三）共性与个性的关系

大学校园文化是社会文化的重要组成部分，具有社会文化的共同特征，发挥着社会文化应有的作用，遵循着社会文化建设和发展的普遍规律，体现着社会文化的共性。

然而，作为社会文化的一种独特的文化类型，校园文化应表现出其个性。大学校园文化建设要做到卓尔不群、独具个性，才能在多元化的格局中立足、发展。每一所学校有自身历史的、文化的传承，大学的个性在很大程度上取决于大学文化的个性，没有文化的个性，就难形成富于特色优势的大学。因此大学校园文化建设要从学校实际出发，深入研究学校本身的发展历史，认真总结学校的传统、精神、特色，提炼、培育和弘扬学校的文化个性与特色，促进大学校园文化向纵深发展。

（四）普及与提高的关系

大学校园文化活动的开展，既要抓普及，吸引师生积极参与文化活动，使人人参与、人人发展，又要抓提高，使校园文化建设上水平、有品位；照顾到大多数人的需要，也要满足高层次的需求。例如，群众性的文体活动、科普知识讲座等即是校园的大众文化，属于普及型文化；而美声、钢琴等文艺内容的鉴赏、文学创作、科技制作等就属于较高层次的校园文化。在校园文化建设中，从师生员工的实际出发，既抓普及基础上的提高，又抓提高指导下的普及，才能促进更多的人才脱颖而出。

（五）科学精神和人文精神的关系

大学校园文化建设要倡导以实事求是、独立思考、严谨规范、求真务实为基本内涵，以求真为目标、以创新为灵魂的科学精神。大学是传播科学并进行科学研究的地方，大学里所崇尚的科学精神要求对个性多元化进行包容，各种新思想、新理论、新观点、新方法在大学相互交流碰撞，产生智慧的火花，在新的视野中推动着科学的发展。科学精神为大学发展注入坚强的生命底蕴，并发挥出强有力的价值导向、群体凝聚力和社会辐射力等功能。所以，科学精神是大学生存与发展的原动力，是大学生机和活力之所在。

大学校园文化建设要尊重人的价值，注重人的精神生活，以求善求美为目标，坚持以"以人为本"为核心的人文精神。纵观有成就的科学大师，无不具有深厚的人文功底。爱因斯坦曾说："学校的目标始终应当是，青年人在离开学校时，是作为一个和谐的人，而不是作为专家。"因此，大学校园文化建设要努力做到弘扬科学精神与人文精神相统一。

第二节 大学校园文化建设的机制构建

"机制"一词最早源于希腊文，原指机器的构造和动作原理。现在，通常情况下，它泛指一个工作系统的组织和部分之间相互作用的过程和方式。自1991年"机制"概念被引入大学校园文化研究领域以来，校园文化机制及其建构的研究取得了一定成果，但总体而言仍相对薄弱。大学校园文化建设是一项重大的系统工程，涉及内容庞杂，参与面广，要让这样一个复杂而庞大的系统高效健康地运转起来，就必须建立起科学合理的运行机制。只有这样，校园文化建设才能形成良性、可持续的发展态势，其引导和规范师生员工、促进学校发展等功能才能真正实现。一般而言，校园文化建设的机制应当包括科学的员工管理机制、高效的协调机制、有力的激励机制和完善的保障机制等。

一、管理机制

校园文化建设是一项全局性的工作，必须要有坚强的领导，有科学合理的管理机制，通过全员参与，共同努力，才能进一步开创校园文化建设的新局面。《教育部共青团中央关于加强和改进高等学校校园文化建设的意见》明确指出："高等学校要从学校发展和人才培养的战略和全局高度，充分认识加强校园文化建设的重大意义，统筹规划校园文化建设。要成立学校党政主要领导任组长的校园文化建设领导小组，统一领导和指导本校校园文化建设。"

（一）加强领导，完善校园文化建设组织机制

一套高效的校园文化运行机制，必须要以坚实有力的领导组织作为保证。为此，应当形成以学校党委统一领导，党政齐抓共管、各单位分工协作的组织领导机制。

具体来讲，首先，在学校党委的统一部署下，建立以学校党政主要领导为组长的校园文化建设领导小组，该小组由校、院党政主要领导和分管领导以及相关单位部门负责人组成，负责校园文化建设的顶层设计和全局研判，确定校园文化建设的总体目标、任务和要求，制订校园文化建设总体实施方案，并对校园文化建设的过程、进度和效果进行指导和监督。其次，各院系要成立以院系党政主要领导为组长的院系校园文化建设领导小组，小组成员应包括院系党政主要人员、分管领导、班主任及学生干部等，负责校园文化建设的实施和开展，其中既包括根据学校总体安排开展校园文化建设的"规定动作"，也包括根据院系实际情况自行开展的"自选动作"。同时，各院系领导小组还需及时将校园文化建设的需求、进展和效果等向学校校园文化建设领导小组汇报和反馈。再次，宣传、学工、工会等主要职能部门要充当校园文化建设的中坚力量，一方面，他们要根据校园文化建设的需要，科学组织和开展全校性的校园文化建设活动和项目，在全校的校园文化建设中起到标杆和示范性作用，引领校园文化建设和发展的方向；另一方面，他们要对各院系的校园文化建设工作进行宣传和指导，负责贯彻、督促、落实学校校园文化建设方案的实施等。最后，财务、基建、后勤、保卫等部门要充当校园文化建设的协助和补充力量，提供保障，确保校园文化建设各项工作的顺

利开展。通过设置科学合理的组织机制，加强对校园文化建设的领导，校园文化建设就能够真正落到实处。需要特别指出的是，校园文化建设难以立竿见影，它是一个漫长的、持之以恒的过程，对师生员工的影响也是潜移默化的，要防止急功近利、心态浮躁。学校党政领导，特别是党政一把手要高度重视校园文化建设，亲自参与校园文化建设的重大决策，主动调查了解校园文化建设的动态和热点，切实解决校园文化建设中遇到的困难和问题等，加大校园文化建设的力度，推动校园文化建设扎实有效进行。

（二）提高认识，优化全校师生员工参与机制

校园文化建设是一项系统工程，与学校各个方面的工作密切关联，事关学校每一位师生的切身利益。校园文化建设得好，学校会形成优良的学风、教风和校风，从而更有利于师生的学习、工作和生活，促进他们更好发展和成长成才。因此，校园文化建设不是单个或几个部门的事情，而是全校所有师生员工的事情，需要学校的每一位成员为之努力，需要大家共同参与，共同协作，共同营造健康优越的学习、工作和生活环境。

让全校师生员工都参与到校园文化建设中来。首先，在观念意识上要提高认识，让每一位师生员工都认识到校园文化建设的重要性，意识到自己的一言一行都与校园文化建设息息相关。特别是对于从事教学和研究工作的教师，要让他们明白校园文化建设不单单是学生的课外活动，更体现在自己的教学和研究的工作当中，体现在每一位教师由内而外流露出的气质和魅力中，体现在自己培养的学生品德和素质中。其次，在校园文化建设过程中，要创造环境、创造机会让师生员工有充分的条件参与进来。因此，在文化活动的设置上，既要有适合绝大多数普通学生参与的活动，也要有适合有特殊专长学生参与的活动；既要有轻松活泼的文体活动，也要有严谨专业的学术活动，让青春的活力在校园迸发，让创新的智慧在校园闪耀，给每位师生以施展才华、展示自我的舞台和机会。再次，学校要为师生员工参与校园文化建设提供政策保障，对积极投身校园文化建设的师生员工要给予支持和奖励，鼓励教师将自己的教学和研究工作与文化建设相结合，主动为学校的校园文化建设贡献力量。重视第二课堂的建设，将师生建设和参与第二课堂的成效与其工作和学习的评价相结合，充分调动他们参与校园文化建设的积极性。

浓郁丰厚的校园文化必定是全校师生员工共同努力、共同参与的结果，优良的校园文化也将更加有益于师生员工的学习和工作，二者是相辅相成、互促互进的。因此，全校师生员工要充分认识到自己在校园文化建设中应尽的责任，积极投身校园文化建设。

（三）统筹协调，不断提高管理的科学化水平

鉴于校园文化建设的长期性，必须将校园文化建设的总目标和总任务进行科学而详细的分解，将这些分解后的目标和任务分配到各级单位，明确各级职责范围，层层落实，并建立领导责任制和目标管理体制，形成可量化的考核指标体系，根据既定的考核指标，定期进行严格考核，从而促使校园文化建设的目标和任务抓实抓好。当然，对建设目标和任务的分解分配必须是以充分的调研为基础的，要充分考虑到任务承接单位的具体情况，如可将校园艺术发展分配到艺术类院系，将校园景观建设分配到宣传、建筑、设计类单位。

学校要统筹校园文化建设的资源分配，即要根据既定的目标和任务，进行人力、财力、物力等相应资源的分配。需要指出的是，校园文化建设的资源并非分配到相应的建设单位就完成了，而是还应当建立起科学的资源管理制度，对资源的使用情况进行有效的监督和跟进，对未能合理利用的资源要坚决收回，对需要补充的资源要进行评估，对浪费资源的现象要批评惩罚，通过这些措施，避免资源的浪费，确保物尽其用，支撑校园文化建设工作的顺利开展。

校园文化建设有总体有局部、有重点有细节、有先行、有后进，因此，对校园文化建设的各个部分、各项活动、各个项目要有相应的管理思路。总体来讲，对于全局性的、重大的校园文化建设项目，学校校园文化建设领导小组要统一领导，统一部署，要加强质量控制，采取过程管理与目标管理相结合，强调每一个环节的权利和责任，确保建设的实效，如对校园环境、人文景观的规划和改造等。相反，对主要在基层单位开展的局部性的校园文化建设项目，应当尽可能地给实施单位以充分的自主权，使校园文化活动在全校呈现出争奇斗艳、百花齐放的兴盛局面。如各院系自行组织开展科技节、文化节、艺术节等文化活动。当然，对由基层单位组织和实施的校园文化建设工作，学校校园文化建设领导小组在提供资源支持、下放权力的同时，也要加强目标管理，对工作的效果进行监督评价，确保能够对全校的校园文化建设工作起到积极的推进作用。

二、协调机制

鉴于校园文化建设的复杂性，要处理好校园文化建设与社会文化发展、学校其他各项工作，以及校园文化建设内部各方面的关系，必须加强校园文化建设内外各要素的协调，使校园文化建设与学校发展、社会发展和谐同步。

（一）校园文化建设与社会文化发展相协调

在校园文化与社会文化的关系上，我们要认识到，社会文化是主文化、大文化，校园文化是从属于社会文化的亚文化，二者既有联系又有区别。一方面，校园文化与社会文化具有明显不同。从范围上看，校园文化主要局限于学校内部，它是社会文化一个局部领域的文化形态，而社会文化是存在于各个领域的一般文化；从主客体上看，校园文化主要由学校师生员工创造，惠及对象也是校内师生员工，而社会文化的主客体则是社会民众；从内容上看，校园文化主要关于学校教学、研究、管理等各方面，而社会文化内容则是社会生活本身，表现为各种各样的实践活动。另一方面，校园文化与社会文化又是相互渗透、相互制约的。校园文化虽是一个相对独立的文化系统，但它并不是封闭的。校园文化在其形成和发展过程中是动态的、开放的，社会文化则是校园文化系统的重要来源，对校园文化具有重要影响，它在一定程度上影响着学校的办学理念、办学思路。同时，校园文化对社会文化也有重要的辐射和促进作用，甚至从某种程度上讲，校园文化可以说是社会文化的晴雨表，它促进着社会文化的不断发展。校园文化对社会文化的作用主要是通过造就、熏陶人才的独特品格和精神风貌以及营造高等学校这个特殊群体共同形成的特有的文化氛围来实现的，并从根本上推动着社会文化的发展与进步。

可见，校园文化不能脱离社会文化的大背景谈建设，否则就成为无源之水、无本之木，它必须紧跟社会文化发展的潮流，与其相适应，时刻处于动态的变化和发展当中，以创新的精神和行动迈进。基于校园文化与社会文化的差异，校园文化想要保持旺盛的生命力，就必须服务于学校教学育人的根本任务，立足于本校的实际，坚持自己的个性，形成特色。校园文化如果没有自己的特色，就会或混同于社会文化，或千篇一律，这将不利于校园文化长久持续地发展。

（二）校园文化建设与学校整体发展相协调

高校发展涉及方方面面，包括教学、科研、科技服务、党建、校园文化、人才队伍、国际化、后勤服务等诸多内容，校园文化建设是其中一项工作。但校园文化建设又与高校的其他各项工作保持着密切联系，因此，必须将校园文化建设与学校其他工作协调起来，使校园文化建设的目标和任务与学校整体发展的目标和任务统一起来，共同进步，共同发展。

首先，应当将校园文化建设纳入学校事业发展的全局统筹考虑，在制订学校中长期和年度发展规划时，要充分考虑校园文化的权重，将校园文化建设摆到恰当的位置，并根据学校的总体规划和目标，为校园文化建设设定相应的目标和任务，使得校园文化建设与学校整体发展步调一致，协调统一。

其次，要在校园文化建设与教学、科研、社会服务等各项工作之间建立互通、联动机制，使各方的人力资源、信息资源、硬件资源等能够互通互享，使校园文化建设在更广的范围，以更加多样的形式得以开展。如创造条件使专业教师积极参与学生社团活动，结合科研工作开展各类科技竞赛活动，结合社会服务开辟学生教育活动基地，结合国际化开展留学生的文化交流活动等。通过建立这种协调机制，使学校的各条战线都能参与到校园文化建设工作中来。

再次，结合高校校园文化社会主义核心价值观教育的主题、任务和目标，加强融入机制建设，明确全校教职员工在思想育人工作方面的职责，将思想育人融入教育实践的全过程。注重将社会主义核心价值体系的构建渗透到教学、科研、工作和生活的各个方面，充分体现课堂育人、实践育人、环境育人、活动育人，使学生潜移默化地接受社会主义核心价值观教育，内化于心，外化于行。

（三）校园文化建设内容之间相协调

在论述大学校园文化的层次结构部分，我们介绍了校园文化的内部结构可分为物质文化、制度文化、行为文化和精神文化四个层面。同时，这四个方面也是校园文化建设的主要内容。校园文化建设应注重使四方面的内容内在统一、协调发展。但事实上，高校的校园文化建设普遍存在重活动而轻制度、重表层而轻深层的现象，主要表现为校园文化活动繁多，学校缺乏统一规划，难于形成品牌效应，学生疲于应付且收获有限。个别高校动辄大兴土木，投入大笔资金修路造林，但对提炼和推广学校的内核精神却兴趣不大，大学精神、校训等常被抛诸脑后，甚至已在学校学习、工作和生活多年的师生仍不知道自己学校的大学精神和校训。出现这种现象的原因是多方面的，但与部分领导急功近利，热衷于做表面工作等有关。因此，在校园文化建设过程中，精神文化、制度文化、行为文化和物质文化必须协调发展，做好整体规划，给每部分内容以合理的定位，特别是对于精神文化和制度文化，要更加重视，绝不能顾此失彼，偏倚一方。

校园文化建设内容的不协调，除表现为上述各层次发展的不平衡外，还表现为各部分内容发展方向的不一致性。健康的校园文化应当表现为精神文化、制度文化、行为文化和物质文化具有内在一致性，各组成部分应朝着同一个方向，为达成同一个目标而贡献力量。一般而言，精神文化是校园文化的核心和灵魂，它统领着制度文化、行为文化和物质文化的建设方向，学校的制度文化、行为文化和物质文化建设都将围绕着学校的办学理念、办学思想、办学愿景等来开展。但当前高校中各部分内容建设的不一致却屡见不鲜，如校园环境建设片面追求新颖时尚，却不能体现本校的办学历史和发展特色。因此，校园文化建设在设计和规划阶段，就应当根据本校发展特色和实际，明确校园文化建设方向和目标，使其精神文化、制度文化、行为文化和物质文化能相互协调，相互补充，各部分形成良性互动，共同完成校园文化建设的目标和任务。

（四）校园文化建设载体之间相协调

校园文化活动是校园文化建设的重要载体，目前高校普遍存在校园文化活动种类多、数量多，但重复性高，层次低，难以形成优势和品牌项目，对校园文化建设的促进和提升作用有限。因此，要统筹好各种校园文化活动，形成合力，就必须把握好以下两点：一是打造品牌。对校园文化活动进行科学分类，突出重点，如按照科技服务、学术创新、文艺体育、社会实践等将校园文化活动进行合理规划，确定每一领域的建设目标，并明确各自主要的依托单位和平台，着力在各个领域培育出品牌活动。在校园文化活动的各个方面都培育若干领头羊，并由其带动全校都参与其中，服务于整体品牌的建设，避免各单位活动的低层次、无意义的重复。二是充分调动校园文化活动的主体积极性。由于校园文化活动以学生为主体，因此，要重点抓住学生社团和学生班级这两个主体。在活动开展过程中，要在各社团、各班级间建立起良性的协作和竞争机制，使全校学生都能够有恰当的途径参与到活动当中，并通过社团、班级培养自己的竞争和合作意识。

学校的网络、校报、杂志、广播、橱窗等是校园文化建设的重要平台，但目前这些平台在校园文化建设过程中发挥的作用比较有限，这主要是因为，在新媒介日渐盛行的背景下，部分高校的不同媒介仍然各自为政，缺乏相应的融合，从而导致整体效应不突出。因此，这些校园文化建设平台要达到效应最大化，就必须走媒体融合之路，从组织、内容、队伍、平台等多方面着手，提升专业化水平，实现真正意义上的资源共享和优势互补。使各媒体间在内容上要相互衬托，在介质上要相互融合，各媒体"和而不同"，如校报刊载的重大事件，电视上会配以专题片；新闻网除图、文作品外，也要融入影、音作品等。这样，才能避免各说各话，形成相互协调和配合，达到宣传效应的最大化。

三、激励机制

有效的激励机制能够调动人的积极性，激发人的创造力，而校园文化建设是一项需要全校师生员工共同参与的工作，因此，必须建立起强有力的激励机制，才能吸引广大师生员工投入校园文化建设。激励机制的构建要根据师生员工的心理活动规律，摸清他们真正的需求，同时，要使校园文化建设的目标与社会主义核心价值体系建设的目标相一致，最大限度地激发他们参与校园文化建设的动机。

（一）物质激励与精神激励相结合

物质激励，又可称为薪酬激励或绩效激励，它是以奖金、实物、待遇等形式，对在校园文化建设中作出突出贡献的单位或个体给予一定的物质奖励，进而激发他们参与校园文化建设的积极性和创造性。如对积极参与校园文化活动的教师和学生给予加分奖励；对指导学生参加科技竞赛和社会实践并获得重大奖项的教师，给予破格晋升职务和专业技术职称；对创造校园文化品牌活动的院系和学生团体，给予资金和物质支持等。通过物质激励，既为投身校园文化建设的单位和个体提供物质支持，又进一步激发他们继续努力向前迈进的热情。

精神激励的作用是巨大的，有时甚至比物质激励的效果更加明显。因此，校园文化建设中要注意运用精神激励，即通过表扬先进、颁发荣誉、树立标杆，包括颁发奖状、奖牌和授予各种光荣称号等方式，给参与校园文化建设的单位和个体以充分的肯定，使其充分体现和感受自身的价值，从而激发他们的积极性和创造性。马斯洛在《动机与人格》一书中论述人的尊重需求时指出，社会上的人们都希望自己有稳定、牢固的地位，希望得到他人的高度评价和赞誉。运用精神激励，既要重视鼓励先进，建立榜样激励机制，也要关心后进，倡导尊重人、爱护人、帮助人，从而在全校营造崇尚先进、你追我赶的良好氛围。

需要指出的是，物质激励和精神激励应当相互结合，片面强调一方而忽视另一方面都是不恰当的。特别是在当前市场经济的大环境下，不少高校过分强调物质激励，这从表面上看，确实调动了师生的参与热情，但可能也进一步强化了人们的功利性，而且工作的质量也没法得到保证。长期来看并不利于校园文化的健康发展。过分的物质激励带来的副作用很大，如单位或个人间恶性竞争、师生关系功利化等。因此，在加强物质激励的同时，必须强调精神激励，使师生员工在参与校园文化建设中充分体现自身的价值，提高自觉性，从而真正激发出师生的积极性和创造性，使校园文化建设健康顺利开展。当然，二者在运用过程中应当根据具体情况的不同而有所侧重，如针对勤工助学学生的技能竞赛，应侧重物质激励；针对教师的课堂教学竞赛，则更应侧重精神激励。

（二）目标激励与竞争激励相结合

设置科学合理的目标是激励的重要方式之一，恰当的目标能够激发人的热情，并使人为之努力。在校园文化建设中，校园文化建设的内容应当是学校总体目标的组成部分。学校的总体目标是全校师生员工凝聚力的核心所在，指明了全校师生员工努力的方向，体现了师生员工的意愿和追求，能激发他们的强烈的责任感和使命感。而各单位和个人在设立各自的目标时，应当将学校的总体目标、单位的目标和个人的奋斗目标结合起来，保持总体方向的一致性，从而使每个人在完成个人目标的同时，又推动学校向总目标的迈进。

在向目标迈进的过程中，学校还应当将竞争机制引入到校园文化建设过程中。一方面，可以进一步增强师生员工的危机意识、自觉意识和竞争意识，从而激发他们的创新活力；另一方面，也可以在竞争中使优秀师生员工尤其是优秀的学生脱颖而出，在群体中树立榜样，从而产生强大的示范辐射力。在具体操作中，可开展类型多样的评优活动，这些活动也不应局限于校内，可与其他高校横向联合和比较，如跨学校的知识竞赛、研讨活动等，从而进一步拓宽师生的范围和视野，更有利于他们的成长和发展。需要注意的是，在校园文化建设中引入竞争激励应当是良性的和有益的竞争，在竞争的过程中，教师间、同学间、师生间是既竞争又合作的，大家在相互比较中共同努力，在见贤思齐中反思，互促互学，共同进步。为此，设置竞争激励就必须注意让竞争沿着正确的方向发展，保证竞争在公平基础上进行，通过对竞争动因、过程和目标的引导，使大家在竞争中共同迈向成功的彼岸。

（三）正激励与负激励相结合

在校园文化建设过程中，通过奖励和惩罚对行为人的行为方式和行为结果进行评价调节，是激励的一种重要方式，其中奖励的激励方式我们称为正激励，惩罚的激励方式我们称为负激励。

正激励包括物质奖励和精神奖励，如奖金、升职、荣誉等。通过正激励，能够为师生参与校园文化建设指明方向，树立榜样，能激发和维持正确的动机，倡导和巩固正确的价值观。负激励也有多种形式，如罚金、降职、纪律处分等。负激励既可以让犯错的行为得到惩罚，纠正其错误行为，又可以警示其他人，引以为戒，进而将潜在的不良动机减弱甚至消退，使大家都朝着健康正确的方向行进。

正激励与负激励相结合即要求赏罚分明，奖功罚过，奖优罚劣，只有这样，才能使校园文化建设的先进工作者得到肯定，进一步激发他们的工作热情；才能使后进者感到压力，受到鞭策，进而追赶先进，在全校形成人人争先的良好局面。否则，奖罚不清，是非不明，就会形成干多干少一个样，干与不干一个样，这必然会挫伤师生参与校园文化建设的积极性。因此，只有正激励与负激励相结合，才能真正发挥出激励的效果。当然，由于正激励是一种主动性激励，能够使人心情愉悦，负激励是一种被动性激励，容易造成情绪压力。因此，实际校园文化建设工作中，应当以正激励为主，负激励为辅，激发师生以主动自觉的行动投入到校园文化建设工作中。

四、保障机制

校园文化建设的目标要顺利、高效地实现，必须建立健全校园文化的保障机制，从政策、队伍、物质、制度等各方面给予支持。《教育部共青团中央关于加强和改进高等学校校园文化建设的意见》明确指出："高等学校要把校园文化建设经费纳入学校预算，在人、财、物等方面加大投入，确保校园文化建设各项工作顺利开展。"下面，我们将从校园文化建设的物质保障、制度保障、队伍保障三方面进行论述。

（一）校园文化建设的物质保障

校园文化建设必须要有一定的经费予以支持和保证，因此，高校应当把校园文化建设经费纳入学校整体预算，加大经费投入的力度。经费投入的范围，既包括常规性的教育活动经费、大型宣传活动经费，也包括基地平台建设、设备物资购置等所需经费。此外，在特殊时期，针对校内外的一些重大事件和重大活动，还应提供相应的专项经费，从而保证校园文化建设各项工作的顺利开展。

校园物质环境是开展校园文化建设的"硬件"基础，物质环境既包括校园的地理位置、地形风貌等自然环境，也包括校园建筑、人文景观、教学研究和学习生活条件等非自然环境。其中包括校园整体规划精心设计、布局合理，校园建筑与校园环境和谐统一、彰显特色，图书馆、校史馆、展览馆等资料齐备，教学、科研设施完善，学习环境优越，各种文化、体育、科技活动场所丰富，校报、新闻网、广播、电视、橱窗、阅报栏、宣传栏等宣传阵地建设良好等。良好的物质环境能够使师生在潜移默化中受到熏陶和教育，对校园文化建设具有至关重要的影响，如"清华大学的清华园、北京大学的未名湖、南开大学的周恩来塑像、浙江大学的竺可桢塑像等等。所有这些校园的'物质空间'环境起到了一种无声语言的隐性教育作用，产生了自觉自愿、潜移默化的效果"。

与校园物质"硬性"环境相对应，"软性"环境也必须要跟得上，与"硬性"环境相配合，校园文化建设物质保障的作用才能真正体现。如对校园景观、道路、建筑及各式小品的命名，既要符合环境对象本身的物理特征，也要充分体现它所承载内容的特点，要将学校的发展历史、办学特色、发展理念等充分考虑进去，使校园环境的每一部分在满足实用功能的同时，又具有教育和审美功能，使校园物质环境的建设成为一种传播真善美、陶冶情操的活动。只有软硬结合，才能真正优化校园环境，营造和谐向上的育人氛围。

此外，需要注意的是，校园文化建设并不仅局限在校内，相反，它与社会各界的结合越来越紧密。因此，校园文化建设的物质保障也要将目光投向校外，争取更多的资源和平台支持。其中既包括以学校、单位或个人的名义向社会争取资金支持，吸引社会单位或个人投资支持校园文化建设，也包括在校园外建立思想政治教育基地、课外实践基地、科技服务基地及志愿服务基地等，让校园文化走出校门，走向社会，在更大的平台上促进校园文化建设工作的开展。

（二）校园文化建设的制度保障

不以规矩，不成方圆。科学完善的制度是校园文化建设的必要保证，只有建立完整的规章制度，加强制度执行，才能进一步规范师生员工的行为，保证各方面工作和活动的开展与落实。制度的制定要以宪法和法律，尤其是教育法律法规的依据，这样才能保证制度的科学性、合理性和合法性，进而促进师生员工学法、知法、守法、规范自身的行为。

加强现代大学制度建设，建立并完善大学章程是校园文化制度保障最为重要的一项内容。在这些制度当中，包括多个方面的内容，既包括高校内部管理制度，如完善党委领导下的校长负责制，推进决策程序的科学化和民主化，建立和完善党委会议事制度、教职工代表大会制度等，也包括学校各项工作正常开展的保障制度，如教学管理、科研管理、人事管理、财务管理等制度，还包括规范师生员工学习、工作和生活的行为准则，如教师行为规范、学生守则、学生社团管理规定、学生宿舍管理规定等。

学校的规章制度是学校开展各项工作的依据，也是广大师生员工进行自我规范的依据，它具有刚性和强制性，一经确定落实，就必须严格遵守、执行。因此，必须强化制度的执行力。这就要求，一方面，在制度的制定过程中，原则要求要明确，执行标准要具体，奖惩措施要配套，从而增强执行制度的针对性和可操作性。另一方面，要成立相应的监督管理机构，有针对性地对制度的执行情况进行监督检查，加强考核。通过不断的考核和督促，做到制度的检查到位、奖惩到位、执行到位。

（三）校园文化建设的队伍保障

对于校园文化建设，从广义上讲，学校的全体师生员工既是受益者，又是创造者和参与者。从这种意义上讲，学校的师生及管理服务人员等都是校园文化建设的主体，影响着校园文化建设的进程和效果。

教师在教学活动和研究工作中，与学生接触密切，与社会结合紧密，因此，他们的所思所想、所作所为在给学生输送知识营养、为社会作贡献的同时，也以自己的个人魅力和价值导向潜移默化地影响着学生，影响着学校的声誉。因此，正派、高尚的教师形象，对引导校园文化建设朝着积极健康的方向发展具有重要作用。相反，虚浮、功利化的教师言行，对校园文化建设和学校声誉也会带来极大的负面影响。因此，学校应当不断加强师德师风建设，在引导广大教师在开展教学和研究工作的同时，要自觉意识到自己作为校园文化建设的重要力量，不断提高思想道德水平，以自己渊博的学识、严谨的治学态度、高尚的品德去教育和影响学生。

管理人员致力于广大师生员工学习、工作和生活的管理和服务，确保学校各项工作有序进行。在他们当中，从事宣传工作和学生工作的人员，是与校园文化建设关系最直接，也最为密切的队伍。学校的宣传工作队伍一般以党委宣传部作为主体，包括校内各单位通讯员、学生记者等，他们承担着学校的对内对外宣传、舆论引导、文化建设等重要职责，主导着校报、校刊、广播、电视、橱窗等宣传阵地建设，是大学校园文化建设，特别是精神文化建设的重要力量。学生工作队伍既包括从事学生工作的党政领导，也包括各学院的辅导员、班主任。从事学生工作的党政领导是校园文化建设的组织者和规划者，对校园文化建设的方向和力度具有重要影响；辅导员和班主任是与学生接触最为密切的群体，也是校园文化建设的具体实施者，他们的工作效果决定着校园文化建设成效。因此，对于学校的宣传工作队伍和学生工作队伍，必须明确他们作为校园文化建设主体性力量的地位，通过人才引进、业务培训等措施，不断提高队伍的素质和能力；同时，为他们提供政策和资源支持，推进他们以饱满的热情、超前的思维、宽阔的视野积极投身校园文化建设。

学生是学校教育的对象，也是校园文化建设的主力军。对一所学校校园文化建设成效进行评价，不仅要看它对学生有多大的影响，还要看学生参与校园文化建设的情况如何。不同群体的学生参与校园文化建设的程度又是明显不同的，对他们来说，学生干部和学生社团的影响和作用要更加显著。学生干部队伍是辅导员、班主任工作的有力助手，是沟通学校管理与学生学习、工作和生活的重要桥梁。一支优良的学生干部队伍对于校园文化建设工作的开展至关重要，因此，应当从学生干部的选拔任用、教育培养、考核评价、激励保障等方面着手，提高学生干部的思想素质和工作能力，借助学生干部带动全校学生更好地参与到校园文化建设中。高校学生社团是基于共同的兴趣爱好和愿望而形成的群众性团体，它是大学生实现自我管理、自我教育和自我服务的重要平台，也是校园文化建设的重要载体。因此，学校应当大力支持学生社团的建设和发展，为它们提供发展的空间，给予相应的物质和政策支持。同时，学校还要宽严适度地加强对社团的管理，提升社团的层次和水平，引导社团健康发展，使学生社团更好地服务于校园文化建设的大局。

五、评估机制

校园文化作为一种在大学校园中生活的每个成员所共同拥有的校园价值观以及这些价值观在物质与意识上具体化了的文化形态，对它的评估与评价有着极为丰富的内涵。校园文化的评估与评价是伴随着校园文化的孕育、形成、发展而产生和发展的，它对校园文化乃至整个高等教育的进步起着推动作用。《教育部共青团中央关于加强和改进高等学校校园文化建设的意见》指出："要建立和完善校园文化建设检查评估制度，把校园文化建设纳入高等学校教育教学评估体系，以评促建、以评促管。"

（一）校园文化评估的特点

1. 内容的综合性和广泛性

校园文化评估的内容具有综合性和广泛性。从层次结构看，校园文化评估包括校园制度文化评估、校园组织文化评估、校园物质文化评估、校园精神文化评估、校园科技文化评估、校园生活文化评估、校园艺术文化评估、校园心理文化评估等；从群体类型看，校园文化评估包括校园班级文化评估、校园宿舍文化评估、校园社团文化评估、校园群体文化评估、学生文化评估、教师文化评估、学校管理文化评估。由此可见，大学校园文化的评估内容具有综合性和广泛性。

2. 目的的决策性和行动性

任何评估都有其目的，表现为对设计方案的审查评比，其结果都是为了选择和制定最适宜的方案，以便开展今后的行动。校园文化评估也一样，它不是校园文化活动的终点，而是进一步繁荣大学校园文化过程中的检测站和加油站。就校园文化的现状加以评价，既是为了对它是否达到既定目的进行衡量，更是对它今后能否达到更加完善的境界进行诊断并提出建议，以便为校园文化的管理行为和决策行为提供最优化服务。

3. 信息的客观性和系统性

校园文化评估是一种信息反馈，它有目的地搜集各方面信息，并通过信息处理对被评估的校园文化做出价值判断。在评估过程中，评估人对信息反馈、信息处理后的价值进行判断，然后提出建议，这一过程分属于三种不同的认识范畴："反映"属于客体认识基础，"价值判断"属于主体性认识，"提出建议"则属于在主体性认识上的主体意志表现。在这里，信息的系统搜集和客观反映是基础，因为只有系统地搜集才能够获得客观存在于校园价值观和校园文化活动中的信息，只有客观地反映才能够使主体性认识乃至主体意志的表现比较符合被评估对象的实际。所以，校园文化评估必须由超脱于被评估对象利害关系的评估人来完成，评估需要成立专家小组，以便尽可能排除、抵消个人的片面性。此外，为了有效、准确而简易地进行价值判断，所搜集的信息应该是可靠的，而不是不可信的；应该是有效的，而不是对评价无用的；应该是简单、扼要，又能反映主要问题的，而不是琐碎、杂乱、不着边际的。

4. 方法的科学性和可行性

校园文化评估既然是一种对校园文化活动客观而综合的价值分析和判断，它必须具有与校园文化评估目的相适应的科学方法，这些方法包括建立正规的评估制度、制订适宜的评估方案、建立有效的评估指标系统、具备明确的评价标准、采用科学的采集信息和对信息进行量化处理的手段等。只有采用科学的方法，才有可能得到科学的结论。另一方面，由于校园文化评估往往动用的人力较多，需要的物力和财力较大，因而大学校园文化的评估在制度、方案、指标系统、方法上力求具有一定的操作性、可行性，能为多数人所接受。否则，校园文化评估将缺乏应有的生命力。

5. 过程的程序性和常规性

应该把校园文化评估视为整个高等教育事业发展中不可缺少的组成部分、推动高等教育事业前进的驱动力之一。校园文化必须经过鉴定和常规的周期评价，才会蓬勃开展和不断繁荣。因此，大学校园文化评估是一个常规性、周期性、系统性兼具的连续过程，有其自身固有的活动程序。

（二）校园文化评估的方法

不同于西方国家，我国高等学校教育评估是由国家行政机构领导、组织和监督的。为了领导、开展和组织实施校园文化评估工作，在各级高等学校教育评估领导小组的领导下，可以设立校园文化评估委员会，以领导、组织实施各种类型的校园文化评估工作。同时，评估领导小组下还要设立评估办公室等办事机构，处理教育评估的日常工作。

1.合理确定考评标准

校园文化建设涵盖范围广、评价范围宽、具体标准多，但从根本上讲，要看它是否能够促进学生的全面发展。"坚持社会主义先进文化的发展方向，遵循文化发展规律，借鉴吸收人类文明有益成果，以实施科学文化素质教育为基础，以建设优良的校风、教风、学风为核心，以优化校园文化环境为重点，以树立正确的世界观、人生观、价值观为导向，弘扬主旋律，突出高品位，加强管理，注重积累，努力建设体现社会主义特点、时代特征和学校特色的校园文化。"这是《教育部共青团中央关于加强和改进高等学校校园文化建设的意见》对高校校园文化建设提出的总体要求，也是校园文化建设考评的出发点和立足点。高校作为为国家培育和输送人才的地方，人才培养的质量是校园文化建设的综合反映，因此，校园文化建设考评应当本着以人为本的宗旨，围绕人的全面发展来展开。

在具体的考评中，应当针对校园文化建设具体内容设立相应又涵盖各方面的指标。一般而言，主要从精神文化、制度文化、行为文化和物质文化等几个方面着手，并为每方面内容设立相应的二级指标，进而细化每项指标内的具体内容。通过对每项具体指标的考评，全面反映校园文化建设的成效。

2.综合运用考评方法

校园文化建设内容复杂多样，因此，应当综合运用多种考评方法，确保考评过程和考评结果科学合理，能客观反映校园文化建设的成效。这其中，既有定量的考核，也有定性的考核；既有他评，也有自评；既有自上而下的考核，也有自下而上或平行式的考核。

校园文化建设的成果，有些是可量化的、显性的，有些是不可量化的、隐性的，因此，校园文化建设的考评必须要将定量考核与定性考核有机地结合起来。定量考核主要是对那些可以用实物、数据等表现出来的成绩进行考核，如学校的建筑面积、景点数量规模、教师和学生数量、师生比、学术成果级别及数量、实验实践基地、社团数量、学生活动获得奖项的等级和数量等。可见，定量考核需要将考评目标分解成若干可测定的指标要素，通过测定其数值，然后经过数学方法处理，进而得出定量分析的结果。定性考核主要考核那些无法用实物和数据的形式表现出来的成绩，如教职工的育人意识、学术意识、服务意识、管理意识，学生的思想动态、理想信念、学习动机等。定性考核主要是考评者根据自身的经验和认识对考评对象做出评价，因此考评者的主观意识、能力水平和看问题的角度对考评结果具有非常大的影响。可见，定性考核操作相对简单，但具有主观性、片面性和不准确性等缺点，而且定性考核必然要以一定的定量考核作为支撑，否则其精确性、可靠性、可信度将打更大折扣。因此，定量考核和定性考核必须有机结合，进行综合分析，才能弥补彼此的不足，从而保证考评的科学性和可操作性。

同时，在考评过程中，还应当将他评与自评、自上而下的评价与自下而上或平行式的评价结合起来。传统的对校园文化的考评，主要注重他评，注重自上而下的评价，这种外在的、压力式的评价对校园文化建设固然具有重要的督促和推动作用，但也会存在考评对象敷衍应付考评的情况。因此，表面上的考评成绩并不能如实反映实际的建设效果，长此以往，甚至可能存在问题被掩盖、外强中干的隐患。所以，校园文化建设的考评还应充分重视考评对象的自我评价，重视从普通员工和学生角度进行的自下而上的评价，重视平行单位之间的相互评价。考评对象的自我评价能够促进其自我挖掘、自我反省、自我总结；当然，自评也要在事实的基础上，保证评价的客观、中肯，防止自吹自捧，虚浮夸大。引入普通师生员工自下而上的评价，通过他们的切身感受和反馈，既能在一定程度上反映校园文化建设的实际效果和真实情况，又能以此吸引他们自然而然地参与到校园文化建设的工作当中。推动平行单位进行互评，一方面可以对对方校园文化建设的效果起到监督作用，另一方面也可以对照自身，进行比较，吸收对方在建设中的好经验和好做法，为本单位以后的校园文化建设提供借鉴。可见校园文化建设的考评是多方面的，需要多种考评方法综合使用，这样才能使考评客观、科学、准确，进而达到以评促建、以评促管的效果。

（三）社会评估对校园文化评估的作用

《普通高等学校教育评估暂行规定》指出："在学校自我评估的基础上，以组织党政有关部门和教育界、知识界以及用人部门进行的社会评估为重点，在政策上体现区别对待、奖优罚劣的原则，鼓励学术机构、社会团体参加教育评估。"

社会评估是一种外部评估，通过社会评估，可使学校不断感受到时代的脉搏。社会文化的推动力通过社会评估传递给学校，作为一种激励和鞭策促进校园文化的发展和进步。在社会主义市场经济条件下，校园文化社会声誉的形成在很大程度上依赖于各种形式的社会评估。

第三节 大学校园文化的创新发展

校园文化创新实质上就是通过文化的继承、扬弃、借鉴与整合，注入新的时代精神，创造出一种适应时代发展要求的先进文化，以进一步为高等教育的改革与发展提供强大的精神动力和深厚的文化支撑。只有创新，才能保证校园文化发展的生机和活力，才能进一步丰富校园文化活动的内容以及表现形式，才能进一步强化校园文化的功能和作用，提高校园文化的品位和层次。

一、大学校园文化创新的含义

校园文化创新是校园文化主体运用新思维、新方法，从而创造物质成果和精神财富，实现教育目标，促进高校发展以及社会进步的活动。例如，北京大学围绕"文明生活、健康成才"教育主题，发掘开学典礼、奖学金典礼和毕业典礼三项大规模典礼的育人资源，将呼应时代主题和传承大学精神相结合，有效促进了校园文化建设的创新发展。现代高校面临的新形势和新任务对校园文化创新的要求越来越迫切，校园文化也由原先作为高校教学科研工作的背景，一步步升华为高校教学科研育人的核心，成为高校综合实力的重要组成部分和突出的标志，也成为高校深化改革、实现教育现代化的内在动力与根本出路。

高校发展，创新为先；高校改革，创新为本。其实高校改革与发展同校园文化创新是密不可分的。高校改革发展是校园文化创新的突出体现。因此，高校的改革与发展，必然要求对高校本身的文化传统进行变革与创新，也只有强化校园文化创新，才能真正地推动和实现高校改革与发展。

二、大学校园文化发展的未来趋势

大学是社会主义精神文明建设的重要阵地，大学校园文化随着社会文化的变迁以及自身规律的发展，不断地发展着。但无论外部环境和内部环境如何变化，大学校园文化创新是一项永恒的工作。

（一）大力发展创新创业教育

当前，我国正加大力度发展创新创业教育，以满足建设创新型国家、增强我国竞争力、提高教育教学质量、缓解就业压力等需求。开展创业教育，不仅需要构建适合不同类型高校的创业模式，更重要的是在大学文化层面上形成创业理念、创业氛围，从而使创业的思想与大学的使命、大学的办学理念、大学的人才培养目标融合在一起。

1989 年国际教育会议上将专业教育、职业教育和创业教育称为 21 世纪教育的三张通行证。联合国教科文组织（UNESCO）是这样定义创业教育的："创业教育（Enterprise Education），从广义上来说是指培养具有开创性的个人，它对于拿薪水的人同样重要，因为用人机构或个人除了要求受雇者在事业上有所成就外，正在越来越重视受雇者的首创、冒险精神，创业和独立工作能力以及技术、社交、管理技能。"创业教育是使受教育者能够在社会经济、文化、政治领域内进行行为创新，开辟或拓展新的发展空间，并为他人和社会提供机遇的探索性行为的教育活动。

2012 年 8 月初，教育部印发了《普通本科学校创业教育教学基本要求（试行）》，对普通本科学校创业教育的教学目标、教学原则、教学内容、教学方法和教学组织做出明确规定。创业教育的教学目标是要使学生掌握创业的基础知识和基本理论，熟悉创业的基本流程和基本方法，了解创业的法律法规和相关政策，激发学生的创业意识，提高学生的社会责任感、创新精神和创业能力，促进学生创业就业和全面发展。

当前在我国大力实施创新驱动发展战略，推动大众创业、万众创新的大背景下，创新创业教育有了更加深入的发展。2015 年 5 月，国务院办公厅印发《关于深化高等学校创新创业教育改革的实施意见》全面部署深化高校创新创业教育改革工作，对高校创新创业的任务及措施等做出了明确规定。由此，全国高校掀起了创新创业教育的大潮，从完善人才培养质量标准、健全创新创业教育课程体系，到强化创新创业实践、加强教师创新创业教育教学能力建设、改进学生创业指导服务等各个方面，各高校都出台了实施办法和细则。应当讲，这对于深入推进创新创业教育，对于建设创新型国家、实现"两个一百年"奋斗目标和中华民族伟大复兴的中国梦具有十分重大的意义。

校园文化建设与创新创业教育相辅相成，一方面，良好的校园文化有助于学生创新创业能力的提高，学校开展的各类科技创新活动、竞赛和创业论坛等，使更多的学生有机会参与到创新创业活动中去，使学校创新创业的氛围更加浓厚。良好的校园文化可以将创新创业教育的目标和内容外显化、物质化、行为化，落实在具体的、微观的教育教学的运作过程中，体现在教师和学生的行为中。另一方面，通过学校创新创业教育的开展，学生创新创业能力进一步提高，更有助于推动校园文化的建设和发展，如具有某方面创新创业能力的学生群体，能够催生和带动某些方面或领域的校园文化活动的开展，在校园文化建设中激发新的发展因子，进一步繁荣校园文化。因此，应加强创新创业教育，提高学生的创新能力、创业素质，形成创新创业意识和精神，为校园文化注入生机和活力。

（二）"互联网＋"为校园文化建设注入新活力

2015 年初，《政府工作报告》中首次提出"互联网＋"战略，重在推动新一代信息技术与各行业进行深度融合，创造新的发展生态。应该说，网络的技术条件给教育提供了更加丰富的内容和形式，同时，通过教育者与受教育者的网络活动与交流，将教育理念融入网络环境中，影响和指导受教育者的主体性形成，能够以一种开放式、互动式的手段引导受教育者主体性的有效发挥。

当校园文化遇到"互联网＋"，就为校园文化建设开拓了一片更加广阔的天地。利用"互联网＋"思维，有的高校打造出"互联网＋"思想教育、"互联网＋"文体活动、"互联网＋"学生服务、"互联网＋"社会实践等，易班、中国大学生在线等网络社区和平台使全国各高校的大学生聚合在一起，增进了大学生的交流和沟通。这些创造性的行为高度契合了"互联网＋"的理念和思路，适应了时代发展的趋势，满足了广大师生员工的需求。

可见，互联网进一步扩大了校园文化的活动空间和覆盖面，使校园文化的科技含量大大提高。网络拓展了学生接受知识的范围和途径，使参与式、启发式教学真正成为可能，使终生学习成为普遍趋势。网络可以为使用者提供近乎无限的资源空间，借助网络能充分展示丰富多彩、声形并茂的校园文化，使抽象的东西具体化，增强校园文化的吸引力和感染力。同时，互联网丰富的信息和传播渠道，也为校园文化的建设提供了便捷，学校可以根据校园主导精神和网络特点，精心策划，开展丰富多彩的网上才艺表演、交流、讨论等活动。同时，利用网络开辟培养学生创新能力的空间，建立科学、创意乐园，利用微博、微信等新型网络传播工具，传递具有知识性、趣味性的信息，激发学生的青春活力和才学，发挥学生的创新能力，不断优化艺术文化，进一步促进校园文化建设。

"互联网＋"还为校园文化建设注入了新的活力，也进一步丰富了校园文化建设的内涵和外延。同时，作为校园文化的一项重要内容，网络文化的地位更加凸显，在这样的背景下，如何利用好、建设好网络阵地，开展好网络法制宣传、网络文明教育、大学网络道德教育等问题越来越引起人们的重视。健康、合理、高效的网络应用，能够对大学生思想教育、专业学习和文化引导发挥积极的重要影响；反之，如果学校不能很好地管理和引导学生用好网络，导致学生沉迷网络不能自拔、受不良思想侵蚀走上歧途等，就会对学生造成极大的危害。

因此，"互联网+"对校园文化建设而言既是机遇，也是挑战，但前进的趋势和方向已定，高校必须张开怀抱，大胆拥抱互联网，在这片新的天地加快推进校园文化的发展。

（三）"文化+"对校园文化建设提出新要求

"文化+"是近年来兴起的一个新概念，从本质上讲，就是文化产业的跨界合作与融合。"文化+"是指文化更加自觉、主动地向经济社会各领域的渗透，其核心是赋予事物活的文化内核、文化属性、文化精神、文化活力、文化形态和文化价值，为事物植入文化的 DNA。文化+民族，为民族注入凝聚力、向心力和内生力；文化+社会，使人类社会智慧能动、有机有序、不断进步；文化+中国，推动"中国制造"走向"中国创造"；文化+城市，使城市成为智慧的家园；文化+产业，搭建起产业攀缘上升的云梯，为老产业注入新的活力，催生新产业、新创意、新业态，促进文化产业发展繁荣……"文化+N"，拓展无限空间，注入无穷潜力，催生出不尽的创意创新创造。

可见，"文化+"把文化提到了前所未有的高度，将其作为一切事物可持续健康发展的根基；同时，文化是一种软实力，"+"什么，怎样"+"，实质上就是一种创新，从这个意义上讲，"文化+"更是一种新思维，是创新驱动发展的生动诠释。在实践中，全国各地都在进行着"文化+"的有益探索，如"文化+城市""文化+科技""文化+金融"等。这些探索以文化为引擎，不断提高各领域发展的层次和水平，形成了新的发展特色和亮点。

大学作为思想最活跃、最富有创造力的学术殿堂，是新思想、新知识和新文化的摇篮，以其独特的气质来引导人们超越时代和社会的局限，以科学长远的前瞻意识筹划未来，理应成为引领文化发展的一面旗帜。因此，大学校园文化应当有更加强烈的文化自信和文化自觉，对自身提出更高要求，不断提升建设的层次和水平，在"文化+"的发展中发挥更大作用。

一方面，从精神文化、制度文化、行为文化和物质文化等各方面提出更高要求，对于低层次、杂乱无序的文化建设和活动要大胆取消，整合资源，打造校园文化精品，形成特色和优势，全面提升校园文化水平，以高雅的校园文化吸引和熏陶师生员工，使校园文化成为学校发展之魂，成为学校永不衰竭的力量源泉。只有校园文化的层次更加高端，内容更加丰富，才能得到师生员工的欢迎，才能真正发挥其引领作用，才能在"文化+"中发挥更大作用。另一方面，校园文化的建设要主动融入师生员工，要主动渗透到学校发展的各个方面，包括科学研究、课堂教学、产学研合作、社会实践、科技竞赛等，从而形成"文化＋科学研究""文化＋科技合作""文化＋社会实践"等。提升校园文化建设的层次和水平，不是脱离实际的自我发展、自我陶醉，而是必须扎根于师生员工，结合他们需求，结合学科建设、科技合作、课堂教学等工作实际，使各方面工作能够发挥文化的引擎作用。只有这样，校园文化的发展才有根基，才能保持旺盛的生命力。

第五章 大学生就业创业形式与政策保障

第一节 大学生就业形势与政策保障

我国是世界人口第一大国，人口既是我们的优势，同时又带来了巨大的就业压力。据相关部门统计，到 2020 年劳动年龄人口年均增长 1360 万人，此外，还有 1.5 亿农村劳动力需要转移，1100 万以上的下岗人员需要再就业。目前，我国正处于改革开放后的第四次人才流动期，其主要特点表现为大学毕业生人数激增，农村劳动力向城镇转移步伐进一步加快，海外留学归国人员增加，经济转型和事业单位改革等，直接导致大学毕业生就业遇到很大的挑战。但是，随着经济社会的发展，国家对大学毕业生就业支持力度的进一步加大，又使大学毕业生就业有着难得的重大机遇。

一、大学生就业面临的挑战

（一）传统的就业主渠道接收能力下降

国有企业目前依然处于转型改制、减负增效的改革过程中，生产经营尚未完全走出困境，下岗问题依然突出，很难为社会提供更多的就业机会。同时，多数单位在改革中实行各种承包任期制、经费包干制，接受大学毕业生的积极性不高。事业单位目前也大都在改革，其人员编制都在压缩，许多单位在用人上只出不进。在这种状况下，传统就业主渠道的吸纳能力下降，不可能接收大量毕业生就业。

（二）部分单位对毕业生学历层次的要求越来越高

目前，我国中高层次的人才严重短缺，社会对高层次复合型、外向型和开拓型人才的需求日益迫切，人才结构的需求层次呈现上移态势。高校、科研单位、机关、大公司基本以接收硕士生、博士生为主，甚至一些中小型单位都开始希望接收研究生。这种现象致使不少用人单位存在着"人才高消费"

的错误观念，盲目追求高学历人才，人为地造成了就业难现象。

（三）毕业生的能力素质与用人单位的要求存在较大差距

现在用人单位对高校毕业生的敬业精神、职业道德、思想道德和能力水平等都提出了明确要求，但毕业生与用人单位的要求存在较大差距，而不少用人单位对接收毕业生采取"宁缺毋滥"的态度，造成毕业生有业而不能就的问题。学生干部和学生党员及那些综合素质好、动手能力强、敬业精神好、有各种特长的毕业生越来越受用人单位的欢迎。

（四）毕业生就业期望值与社会需求之间存在巨大反差

一方面是就业难，另一方面又是用工荒。究其原因是许多毕业生对自身的职业定位不清，盲目地跟从他人。目前，我国高等教育的毛入学率已达"大众化"水平，而毕业生的择业观仍停留在原有的高等教育"精英化"阶段，要求的就业平台太高。此外，部分学生是委培生、定向生，享受国家的有关优惠政策，但到了毕业之际，又以各种理由拒绝按原定计划和需求就业，这一问题在个别偏远地区和艰苦行业表现得尤为突出。

（五）高等教育改革还不能完全适应市场经济发展的需要

目前，高等学校改革的速度和力度远远跟不上社会发展的需要。高校的专业设置、学科结构、毕业生的学历层次和知识结构，还没有根据经济社会发展的需要及时调整，特别是在招生、培养、就业等方面面临着许多亟待解决的问题。高等教育在社会发展过程中同时具有超前性和滞后性，招生录取并培养四年是高等教育的超前性；但几年后学生毕业时却又常常会发现所学专业已落后于市场的发展和变化，这就是高等教育的滞后性。在近年的就业工作中具体表现为：有些专业的毕业生属于社会发展大量需要的，但是高校招生计划未能及时调整，致使这些专业的毕业生总是处于供不应求的状态；相反，一些专业已经成为鸡肋专业，但高校并未缩减招生人数，致使这些专业的毕业生在就业时面临极大的困难。随着毕业生就业市场发展改革的不断深化，高校面临着如何根据社会发展变化而进行专业设置调整等一系列问题。

（六）社会对于毕业生的需求存在着结构性矛盾

简单来说就是毕业生就业时存在着"需而不求"的矛盾。目前，我国部分行业正处于发展困难时期，如林业、地质及部分农业方面，由于科技落后、经费不足的限制，致使各方面人才都比较欠缺；与此同时又没有优惠的条件去接收这些专业的毕业生，这就是"需而不求"的一种表现。而旅游、司法等行业都处于快速发展阶段，从业人员素质、水平参差不齐，急需补充优秀人才，但由于编制有限，没有余地接收更多具有专业知识的毕业生，这是"需而不求"的另一种表现。此外，如环境保护、环境监测、安全工程等行业，本来就属于高度重视并积极建设的行业，但由于一些单位领导不重视这方面工作，资金投入不足，机构设置不合理，编制不足，致使原本薄弱落后的行业发展比较缓慢，从而使这些专业的毕业生就业变得更为困难。

二、大学生就业自身存在的问题

（一）知识转化率低

把知识物化为高效地创造生产力的能力才是当今社会对高学历人才的真正要求。然而，据统计，应届大学生到岗工作，对所学专业知识实际应用率不足 40%，而且多数学生表现出所学过的知识根本无法转化成在岗实际能力的情况。我国大学生进入社会的一般适应周期为 1—1.5 年，即 1—1.5 年才能独立完成工作，由此可以看出，当今一些大学毕业生缺乏一定的工作适应能力和自我调节能力。

（二）就业理念滞后

大学生就业理念受各种社会价值取向的影响，其就业理念主要存在四大误区：

1. "宁愿出国带光环，不在国内做职员"。据不完全统计，我国部分重点院校许多学生毕业首选出国，不考虑家庭承受力的大小和自己所学专业是否适合等因素，结果"海归"变成"海待"。

2. "宁到外企做职员，不到中小企业做骨干"。我国就业市场反应，人才需求最大的是中小企业。中小企业具有发展空间大、平台广阔、体制机制不断创新等优势。大学生到中小企业工作，更能体现自己的价值，更能发挥自己的作用，更能激发自己的潜能，有利于自己的职业发展，易于产生成就感。然而一些大学生更热衷于外资企业，不愿待在我国的中小企业。

3. "创业不如就业"。多数大学生认为，创业艰难，创业不如就业。只有少数大学生认为就业找饭碗不如创业谋发展，积极准备创业。

4. "就业难不如再考研"。一些大学生找工作总落实不了工作单位，或者对找到的工作单位不满意，就选择了继续读书，考取研究生继续深造。

（三）价值判断盲目

在求职择业过程中，不少大学生对自身定位不清，价值判断盲目，存在攀比、求高、自卑等心理。一些大学生在攀比心理影响下，即使某一单位非常适合自身发展，但因某个方面比自己同学选择的就业单位存在些许差别，因此就放弃就业机会，导致事后后悔不已。另外，单向考虑自己的择业就业理想，要求用人单位各个方面都十全十美，从工资、福利、待遇、住房、地理位置到工作环境等无不在其考虑之中。这种定位不合理而产生高期望值的盲目求高心理，往往使自己与适合的用人单位失之交臂，出现人们常说的"高不成低不就"的状况。而自卑心理往往使毕业生没有信心和勇气面对求才若渴的用人单位，甚至把自身的长处也退化成了短处，从而严重影响了自己的就业与择业。

（四）没有做好职业规划

很多大学生到了大四才开始着手就业的各项准备工作，结果各项准备工作都做得不细致、不扎实。去企业应聘时，有些大学生更是一问三不知，对应聘企业的业务没有一点了解。这种情况导致企业对大学生失去信心，认为大学生只会读书，没有一点实际能力，不愿意招聘大学生。究其原因，是因为大学生没有拟定职业规划，没有尽早为就业做好准备。所以大学生必须做好职业规划，同时要认真实施职业规划。

三、大学生就业面临的重大机遇

1. 大学生就业问题得到了前所未有的重视

党和国家对大学毕业生就业高度重视，每年都会根据不同的就业形势，出台相应的就业政策和措施，为引导、协调、安排毕业生就业提供强有力的保障。各级政府和高校因势利导，拓宽就业渠道，最大限度地保障毕业生就业。各地制定的有关人才政策也越来越有利于毕业生就业。

2. 就业市场逐步完善

伴随着知识经济时代的到来，就业信息的传播方式也发生了新的变化，这种变化不仅使毕业生就业逐渐实现信息化、网络化的远程服务，而且也促进了毕业生就业市场从传统的劳动密集型管理模式向以信息技术为基础的现代管理模式转变。随着毕业生就业人才市场的建立和完善，相关的规章制度也相继确立，为大学生就业提供了保障。

3. 社会需求总体上仍供不应求

根据 2010 年第六次全国人口普查资料和联合国经济合作与发展组织资料分析，中国 2010 年接受高等教育的人数每 100 人中不足 10 人，而在发达国家中这一比例远高于我国。我国并不存在大学毕业生已经多得分不出去的问题，中国仍是人才奇缺的国家。少数单位存在着人员老化、文化素质偏低、办事效率不高、人才出现断层等问题，这种"假饱和"状态最终必定会被良性的人才配置所代替，低年龄、高素质的大学毕业生在良性人才配置中占据着明显的优势。

4. 中国经济飞速发展使就业空间进一步加大

据统计，中国国内生产总值到 2020 年要比 2000 年翻两番，每年国内经济增长速度也保持在 7% 左右。专家预测经济增长速度每增加一个百分点，就会增加 80 万到 100 万个就业岗位。随着科教兴国战略的逐步实施，我国经济体制和经济增长方式也在发生巨大的变化。产品结构的优化、产品质量的提高、企业经济效率的提高，都将促使科技在我国国民经济中的贡献率进一步加大。要实现这些要求，归根到底就是要提高劳动者的素质，优化从业人员的知识技能，改善经营管理，这就为大学毕业生就业提供了一个广阔的空间。

5. 非公有制单位对高校毕业生的需求急速增加

随着社会的快速发展，社会对人才的需求也越来越大。非公有制企业、乡镇企业也为毕业生就业提供了更多的机遇，广大基层和经济欠发达地区更为毕业生提供了施展才华的舞台。非公有制经济作为市场经济的重要组成部分，正在飞速发展，在国民经济领域中占据的地位也越来越重要，对人才的需要也已超过国有单位。

6. 高新技术企业对高新技术人才的需求量日益增大

随着科技的不断发展，高新技术企业的数量也在快速增长，对与它们相关专业毕业生的需求也越来越大。与这些企业相关的专业，如计算机及应用、计算机软件、通信工程等，人才的需求量在就业市场上每年都位居前列。目前，各地、各行业都在积极吸引高新技术人才，争相为其提供优惠条件，创造良好的工作、生活和学习环境。这种日益浓厚的尊重知识、尊重人才的社会风气，会为大学毕业生创造更多的就业机会。

7. 西部大开发需要大批人才

西部大开发是我国跨世纪发展战略，这一战略的实施需要大批德才兼备的人才。西部的生态重建、资源开发、城市化建设、经济社会的快速发展等都为大学生就业提供了宽阔的舞台。随着西部大开发的实施，西部省份各级政府也相继出台了一系列的人才优惠政策，从而吸引更多大学毕业生到西部工作。

8. 基层单位和边远艰苦地区急需人才

基层单位是指各行各业最基本的第一线的单位，如街道办事处、村级组织、生产车间等。边远艰苦地区是指经济欠发达的地区，如西部地区。基层单位和边远艰苦地区人才需求量很大，可以说各行各业都需要大批人才，而实际的情况是很多单位根本就招不上人。当代大学生应有担当，勇于到基层单位和边远艰苦地区去建功立业。

四、大学生就业的政策保障

我国政府和社会各界都非常重视大学毕业生的就业工作。从中央到地方，各级政府都制定了关于推进毕业生就业的政策，动员并支持社会各界、各行业、各单位以最大的可能性接收大学毕业生就业，并且形成了引导和鼓励高校毕业生到基层、艰苦地区、中小企业、非公有制企业等单位就业的一系列政策和较为完善的就业制度。

（一）国家层面

面对着严峻的就业形势，国家制定出了一系列政策，促进大学毕业生顺利就业。

1.鼓励和支持高校毕业生到基层工作

支持高校毕业生参与支教、支农、支医、扶农，到基层挂职锻炼。对于愿意到基层工作的毕业生，国家将根据工作需要从中选拔优秀人员到县、乡机关和学校及其他事业单位担任重要工作，或充实到基层金融、工商、税务、公安等部门工作，并明确规定以上单位的人员和专业技术岗位原则上都要具备大学以上学历并要有相关的专业证书。

2.鼓励和支持高校毕业生到西部地区或欠发达地区工作

对原籍在中、东部或发达地区的毕业生到西部或欠发达地区工作，实行来去自由的政策，根据本人意愿，户口可迁到工作地区也可迁回原籍，由政府主管部门所属的人才交流机构提供免费人事代理服务，并根据实际情况可提前晋级或适当提高工资标准。

3.促进人才合理流动，企业用人自主

鼓励用人单位根据实际需要招聘高校毕业生，取消对高校毕业生收取的城市增容费、出省（市）费、出系统费等不合法、不合理的收费项目。省会以下城市要放开对高校毕业生落户的限制，省会及以上城市也根据需要积极放宽高校毕业生就业落户的规定，简化有关手续。

4.支持毕业生到非公有制单位就业和自主创业

对于到非公有制单位就业的高校毕业生，公安机关要积极放宽政策，放宽建立集体户口的审批条件，及时、便捷地办理落户手续；用人单位要按照国家有关规定与所聘的毕业生签订劳动合同，为其办理社会保险手续、缴纳社会保险费，保障其合法权益不受损害；对从事个体经营和自由职业的毕业生提供灵活就业的劳动和社会保险，为他们提供帮助和服务；对自主创业的毕业生，银行、工商和税收部门要简化行政手续，给予贷款、税收等方面的照顾和支持。

5. 建立毕业生失业登记制度

国家要求各级政府为每年 9 月 1 日后未能就业的毕业生办理失业登记。劳动和社会保障部门所属的公共职业介绍机构和街道劳动保障机构应免费为其服务。对已登记失业的高校毕业生，有条件的城市、社区可组织其参加临时的社会工作和社会公益活动。对于因患病等原因短期内无法工作且无固定经济来源的高校毕业生，可由民政部门参照当地城市低保标准予以临时救济。

6. 国家在一些特定行业和部门专门招收大学毕业生就业

具体有公务员招考录用、事业单位招收录用、大学生应征入伍、农村特岗教师、西部志愿者计划等。

（二）学校层面

1. 学校设有专门机构负责毕业生就业创业工作

学校有专门校级领导负责大学生就业创业工作，有专门的就业处或就业创业指导中心负责大学生就业创业全方位的工作。其主要职责是落实上级关于大学生就业创业的政策规定，设计并开设就业创业课程，搭建职业需求信息平台，组织各类招聘洽谈会，全程帮助和指导大学生就业或创业，办理派遣、户口迁移等手续。

2. 加强对大学生就业创业教育培训和指导

各学校按照上级要求并结合社会需求，大都成立了就业创业教育教研室，专门开设了就业创业课程，帮助大学生认清就业创业形势，拟定职业生涯规划，为顺利就业、创业做好各方面的准备。

3. 建立就业创业需求信息平台，鼓励毕业生应聘

各高校利用各种媒体广泛收集和发布需求信息，为大学生提供真实可靠的用人单位供毕业生择业，尽最大努力实现毕业生的充分就业。

4. 与用人单位建立广泛联系和合作，推荐毕业生就业

各高校与社会各界及企事业单位都建立了广泛的联系和合作，特别是与用人单位的关系更为密切，其联系合作的方式多种多样。在毕业生就业上的合作有联合培养、定向培养、订单培养、免费培养、来校招聘等，极大地扩展了毕业生的就业渠道。

5.定期召开不同类型的招聘会，促进毕业生就业

在毕业生择业期间，学校会组织多种类型的招聘会，有学校单独组织的，有几所学校联合组织的，还有学校和人事部门共同组织的。毕业生在招聘会期间，可以与用人单位充分交流洽谈，签订招聘协议。

6.协助毕业生解决在就业创业过程中遇到的各种问题

学校就业创业指导部门有专门的工作人员负责接待和处理毕业生在就业创业过程中遇到的问题，如办理派遣手续、档案转移手续、户口迁移手续，补发相关证书，解决在办理各种手续过程中出现的问题，协助毕业生解决就业创业过程中发生的纠纷，维护毕业生的权益。

所以大学生必须做好职业规划，同时要认真实施职业规划。

第二节 大学生创业形势与政策保障

创业是时代的产物，在人类跨入 21 世纪的时候，创业更是在世界范围内迅猛发展。经济全球化、信息网络化、科技社会化和知识资本化的浪潮已经向我们扑面而来，一个充满机遇和挑战的时代正向我们走来，自主创业的新时代已经来临。

一、大学生创业蓬勃兴起

创业作为一股世界潮流，20 世纪 80 年代后从西方世界到东方世界蓬勃兴起。一些著名的学者认为 20 世纪 80 年代后美国经济的强劲增长和旺盛的活力，关键在于其整个社会旺盛不衰的创业精神和千百万家小型企业生生不息的创业活动，它们是美国经济增长的秘密武器。

20 世纪 80 年代，美国一些高校开始开展创业计划大赛，推进了创业大潮的兴起。自 1983 年美国德克萨斯州大学奥斯汀分校举办首届创业计划竞赛以来，美国已有包括麻省理工学院、斯坦福大学等世界一流大学在内的 20 多所大学每年都举办创业计划竞赛。Yahoo、Excite、Netscape 等公司就是在斯坦福校园的创业氛围中诞生的。麻省理工学院的"五万美金商业计划竞赛"已有很多年的历史，影响非常之大。从 1990 年到现在每年都有五六家新的企业诞生，并且有相当数量的"计划"被企业以上百万美元的价格买走。据统计，美国最优秀的 50 家高新技术公司有 46% 出自麻省理工学院的创业计划大赛。

在中国，改革开放几十年来，民办企业成为一股潮流，中小企业迅速崛起，在数量上超常增加，在质量上不断提高，对社会经济的影响越来越明显。1998 年 5 月，清华大学举行了首届大学生创业计划大赛。自 1999 年清

华大学学生首开大学生创业先河——创建北京视美乐科技发展有限公司后，大学生创业热在全国迅速传播。虽然那些大学生创办的企业大多以失败而告终，但他们的理念、思路并没有随着企业的倒闭而停止。因为创业首先是一种创新，包括技术上的创新和理念上的创新。我国要创建创新型国家，大学就要成为创新型大学，大学生就要成为创新型大学生。大学生自主创业加快了我国成为创新型国家的步伐。而且，大学生创业也不乏一些成功的佼佼者，马云、孙德良、张朝阳等就是他们中的代表。

大学生创业的潮流不可阻挡。在当今中国的教育体制和就业背景下，大学生创业一方面可以增强大学生自己的动手操作能力、组织协调能力、心理承受能力、团队合作精神和社会适应能力，经过锻炼和不懈努力可以干出一番事业；另一方面也能带动其他大学生就业，是解决大学生就业问题的一个比较现实的选择。

二、大学生创业的重大机遇

对创业者来说，创业与环境紧密相关，环境不仅决定着创业的价值观，而且决定着创业的行为方式。当前，社会主义市场经济体制的建立、知识经济的蓬勃发展，为大学生创业提供了有利的宏观环境。毕业生就业体制，由过去计划经济的"统包统分"变成了今天的走向市场"双向选择，自主择业"。高等教育体制改革的不断深化，使大学生的就业观念发生了新的变化，自主创业或在岗位上实现创业已成为大学生创业创新的一个亮点。

（一）稳定和谐的社会环境是大学生创业的前提条件

改革开放几十年来，在经济迅速发展的同时，我国的政治体制改革稳步进行，公民的民主法治观念逐步加强，和谐社会正在稳步建设中。这是大学生创业的时代条件和政治保证。

（二）市场经济的发展是大学生创业的经济条件

市场经济的健康发展不仅给大学生创业打下了坚实的物质基础，而且给大学生创业提供了广阔的市场空间。市场经济的发展，一方面使得人才能够自由流动，资源得到优化配置，对创业者越来越有利；另一方面，市场经济也使大学生的就业形势日趋严峻，这种现状迫使大学生改变就业观念，选择自主创业。

（三）国家的法律、法规和政府的政策是大学生创业的保障

尽管大学生创业是大学生个人的选择，但同样离不开政府政策及国家法

律法规的支持。从 2002 年以来，国务院办公厅及有关部门陆续制订、出台了一系列相关政策，支持鼓励大学毕业生通过各种渠道、各种形式进行创业。各级地方政府纷纷设立"大学生创业启动基金"，鼓励大学生参与创业。各个高校也依托自身的创意创业区，为大学生创业提供创业场所和创业指导。

三、大学生创业中的误区

（一）动机不明

每个人对创业都有着不同的理解，创业动机也千差万别。对创业者而言，最初的创业动机可能直接决定了以后的创业结果。如果仅仅为了追求时尚，或是为了得到财富，或是迫于目前的窘境，而没有把创业作为一项事业、一种理想，并做好为事业、为理想不懈奋斗的充分准备，那么创业活动很可能在成功之前就半途而废了。

（二）眼高手低

比尔·盖茨的创业神话及近年来不断涌现的互联网创业故事，使 IT 产业、高科技产业成为大学生眼中的创业金矿，以至于不少大学生不屑于从事服务业或技术含量较低的行业，认为凭借自己的专业知识也一定能够再次书写创业神话。

创业的成功往往是多种因素共同作用的结果，除扎实的专业知识之外，丰富的创业经验、畅通的资金渠道、合理的创业者素质等都会直接或间接左右创业的结果。大学生如果对自身经验和能力认识不足，对创业的期望值过高，一开始就定位较高，很容易失败。因此，大学生要放平心态，从基层做起，从实际做起，走稳创业的第一步。

（三）纸上谈兵

缺乏经验是目前大学生创业中普遍存在的问题。不少大学生创业者不对其产品或项目做市场调查，而是进行理想化的推断，经常以失败而告终。所以大学生创业初期一定要做好市场调研，一些可行性研究可委托专业机构进行，在了解市场的基础上创业才能成功。

四、大学生创业的政策保障

近年来，随着我国创新型国家建设的推进，以及高校毕业生就业压力的不断加大，国家对于大学生创业问题越来越重视。为支持大学生创业，中央和地方各级政府出台了许多优惠政策，涉及融资、注册、税收、创业培训、创业指导等诸多方面。

（一）国家有关大学生创业的政策

1. 在注册资金方面的优惠

大学生毕业后两年内自主创业，到创业实体所在地的工商部门办理营业执照，注册资金在 50 万以下的，允许分期到位，首期到位资金不低于注册资金的 10%（出资额不低于 3 万元），一年内实缴注册资本追加到 50% 以上，余款可在 3 年内分期到位。

2. 税收优惠

毕业生新办从事咨询业、信息业、技术服务业的企业或经营单位，经税务部门批准，免征企业所得税两年；新办从事交通运输、邮电通讯的企业或经营单位，经税务部门批准，第一年免征企业所得税，第二年减半征收企业所得税；新办从事公用事业、商业、物资业、对外贸易业、旅游业、仓储业、居民服务业、饮食业、教育文化事业、卫生事业的企业或经营单位，经税务部门批准，免征企业所得税一年。

3. 政府创业贷款扶持

2006 年，中共中央组织部、中共中央宣传部、教育部等 14 个部门联合下发的《关于切实做好 2006 年普通高等学校毕业生就业工作的通知》中规定，进一步落实针对大学生的小额担保贷款，简化程序，提供开户和结算便利。贷款额度在 3—8 万元，贷款期限两年，免利息。

4. 给予行政人事方面的服务便利

政府人事行政部门所属的人才中介服务机构，免费为自主创业毕业生保管人事档案两年；提供免费查询人才、劳动力供求信息，免费发布招聘广告等服务。

5. 在收费项目方面的优惠

凡应届高校毕业生从事个体经营的，除国家限制的行业（包括建筑业、娱乐业及广告业、桑拿、按摩、网吧、氧吧等）外，自工商部门批准其经营之日起，一年内免交登记类和管理类的各项行政事业性收费。

6. 为大学生提供免费创业教育培训

2012 年教育部印发《普通本科学校创业教育教学基本要求（试行）》的通知，要求切实加强普通高等学校创业教育工作，本科院校必须将创业教育纳入学校教学体系。自 2013 年开始，国家人力资源和社会保障部将参加免费创业培训的对象从原来的已毕业大学生扩大到毕业学年应届大学生。这将有助于更好地提升大学生创业意识和创业能力。

（二）地方政府关于大学生创业的政策

根据国家对大学生创业的扶持政策，我国各省市地方政府都对大学生自主创业给予不同程度的支持。总体来看主要从创业贷款及创业基金、减免各类收费项目、建立创业服务平台等方面来对大学生创业进行支持。

1. 大学生创业贷款优惠政策

以陕西省为例，陕西省政府先期投入 5000 万元设立"陕西省高校毕业生创业基金"，用于扶持高校毕业生自主创业。在当地公共就业服务机构登记失业的高校毕业生，自主创业自筹资金不足的，可向当地银行申请不超过 10 万元的小额贷款，创业基金管理部门（全省各级人力资源和社会保障部门所属的小额贷款担保中心）提供担保。高校毕业生申请小额担保贷款并从事微利项目的，由财政给予贴息。

西安市政府为鼓励大学生自主创业，设立了"西安市扶持大学生自主创业贷款基金"。同时成立了西安市扶持大学生自主创业贷款（简称创业贷款）工作协调办公室，由西安市创业办公室牵头，市金融办公室、市财政局、市科技局、市劳动保障局、市人事局、市商业银行等部门为成员单位。市政府以 5000 万元托底资金担保，由商业银行放大 5—10 倍为大学生发放创业贷款。贷款金额在 5 万至 50 万元，贷款期限两年，由政府全额贴息。减免大学生创业的各类收费项目

为了更好地发挥工商管理部门的作用，全力改善创业环境，激发创业潜能，大力推进全民创业，西安市工商部门针对大中专毕业生制定了相应的创业扶持政策。

（1）大中专毕业生毕业后 5 年内从事个体经营的（国家限制的行业除外），3 年内免交登记类、管理类和证照类收费。

（2）创办公司 3 万元即可登记，允许投资人首期注册资本到位 10%，剩余部分可在 3 年内全部到位，并允许货币出资低于 30%。2013 年西安市工商局制订了"零注册"政策，降低大学生创业门槛。

（3）高校毕业生办理工商登记时，只需提交有效房屋租赁合同，无需再提交相关产权证明文件，允许用自有或租赁的住房兼作经营场所。

2. 面向大学生的创业服务平台

对于初次创业的大学生来说，不仅需要保障创业活动正常进行的"硬件资源"，也需要各种信息、商务服务等"软件资源"。创业服务平台以各类创业群体为基本服务对象，通过开放性和标准化的规划设计，将一系列人财物等资源经过有效整合而形成的一种集成，并通过这种集成连接扩大至其他企业组织和各类服务提供者，从而降低创业群体的创业成本，提高生存率，加

快发展进程。其本质是为创业者提供管理、技术、市场、培训、融资等"一条龙"服务的公益性服务机构。面向大学生的公共服务平台主要有大学科技园、留学人员创业园。

大学科技园是以大学（特别是研究型大学）为依托，利用大学的人才、技术、信息、实验设备、文化氛围等综合资源优势，通过包括风险投资在内的多元投资渠道，在政府政策引导和支持下，以转化科技成果、孵化高新技术企业、培养创新创业人才、提供产学研平台为主要任务的创业服务机构。其孵化企业的条件如下：

（1）企业注册地及工作场所必须在大学科技园的工作场地内。

（2）新注册企业或申请进入大学科技园前企业成立时间一般不超过3年。

（3）企业在大学科技园孵化的时间一般不超过3年。

（4）企业注册资金一般不超过500万元。

（5）迁入的企业，上年营业收入一般不超过200万元。

（6）企业租用大学科技园孵化场地面积不大于1000平方米。

（7）企业负责人应熟悉本企业产品的研究、开发。

留学人员创业园依托创业服务中心良好的软硬件环境基础，通过积极吸引留学人员在国内兴办科技企业和从事高新技术研究，进而培育具有国际先进技术水平的高新技术企业。从服务对象上看，留学人员创业园只针对留学归国人员创办的企业；从功能定位上看，留学人员创业园的功能则主要定位于提高区域的创新水平和科技能力，促进科技成果市场化；从模式上看，绝大多数的留学人员创业园目前都由政府主导建立或高校建立。

第三节　大学生就业创业应尽早谋划

一、大学生应认真对待就业创业

第一，要提高对就业创业的认识，在思想上要高度重视。目前，很多高校在大学生中广泛开展中国梦教育实践活动，希望大学生把中国梦与自己的理想紧密结合起来，脚踏实地，努力实现梦想。还有的高校在大学生中开展"我为什么要来到大学""走出大学要干什么"等讨论活动。这些活动对大学生提高就业创业意识、高度重视就业创业有着十分重要的作用。

大学生正确对待就业创业，具体分为三个方面：一是审视自我。在就业创业之前，要对自身的优势和劣势进行正确的评估，了解自己是否具有就业创业的素质和能力。二是心理方面的准备。就业或创业是一件极具挑战性的事情，其过程是曲折艰辛的。这就需要做好充分的心理准备，妥善应对就业创业过程中所遇到的风险和激烈的竞争。三是资源整合。资源是就业创业必不可少的关键因素，创业者整合资源能力的大小决定着创业的成败。这就要求大学生具备良好的人脉资源、丰富的信息资源，并不断地提升个人的知识和技能。

第二，要认真做好职业规划，确定自己的职业目标及人生目标。职业规划对于大学生有着极其重要的作用，具体来说表现为以下几点：首先，有职业规划的人会很容易在众多机会中选择一种最适合自己的。因为他早就认定了自己适合做什么，而且已经为此做了种种准备工作。而没有职业规划的人在机会来临时，并不知道自己适合什么，从而错失良机。其次，没有职业规划，就没有生活的准则和方向，容易被别人牵着鼻子走。

第三，要为实现目标努力奋斗。实现目标有许多事情要做，包括拟定实现目标的计划，自己综合素质的提升，特长的不断发展，还必须艰苦奋斗、攻坚克难、坚持到底。

二、大学生应树立正确的就业创业观

先就业再择业，先就业再创业、毕业就创业，目前，毕业生在择业过程中正在形成新的就业、创业观。

第一，不必急于在短时间内找一个固定的"铁饭碗"。首先，要树立不断进取的职业流动观念，并学会在流动中发现机会、抓住机会、把握机会。其次，树立创新意识，努力提高自主创业能力。自主创业是通过采取单干、合伙等方式创办公司或其他企事业单位，并依法获得劳动报酬的就业方式。自主创业给具有创造力和活力的大学生提供了就业和深造以外的"创新之路"。

第二，要树立从基层做起的理念，到祖国最需要的地方去。2003 年，国家开始实施大学生志愿服务西部计划。2005 年开始，国家全面、大规模倡导高校毕业生到基层就业。毕业生应充分认识到基层是年轻人成长的广阔舞台，应有志于服务基层、建设基层。

第三，干一行爱一行，要做就做到最好。

第四，增强受挫能力，走向成功。创业成功与否，不仅取决于是否有强烈的创业意识、娴熟的专业技能和卓越的管理才华，更大程度上取决于面对挫折、摆脱困境和超越困难的能力。

三、大学生就业创业应尽早谋划

凡事预则立，不预则废。无论就业还是创业，大学生都必须尽早做好规划，并认真实施规划。一是一进大学就要做好职业规划。学习和掌握拟定职业规划的基本知识和方法步骤，与家长、老师、同学深入探讨和交流，使自己拟定的职业规划更加客观科学，更具操作性。二是依据职业规划和就业创业的实际需要，做好就业或创业各方面的准备。包括职业道德、专业知识与技能、人际关系、社会实践、各种证书等。三是一定要尽早。拟定职业规划，为实施规划做好各方面的准备，以实际行动实现目标，都必须早思考、早安排、早行动。只有这样，才能实现职业目标，体现出自己人生的价值。

第六章 就业指导

第一节 求职准备

一、大学生求职准备存在的弊端

（一）大学生缺乏自我认识，就业定位不准。

部分大学生由于经过三年高中的苦读，进入了大学，认为大学毕业就能获得一份理想的职业，自己该歇歇了，把大量的时间花在玩手机、上网等休闲娱乐上，不去思考自己的志向是什么？自己到底要做什么？自己想做什么，自己能作什么？不去积极了解企业需要什么样的大学生？面对即将毕业的自己，很多大学生对自己的职业感到迷茫。看到来招聘的公司或企业，采取撒网方式，都去投个人简历，不管对自己合适不合适。其结果石沉大海，很多大学生仍在求职路上。

（二）重理论，轻实践

在校大学生只注重专业知识的学习，轻视自己的实践能力及锻炼的培养。很多大学生在大学里可能是奖学金的常客，或者是理论知识丰富，认为自身学会的东西，能轻易运用到工作中，加之学校以灌输知识为主，缺少相对有用的实践，造成大学生眼高手低，导致实践能力低下。

（三）缺乏面试技巧培训活动

现在，有不少大学生害怕到讲台演讲，害怕被老师点名提问；有的即使站在讲台上，说话声音很小或者不说，站没有站相，感到紧张、忘词、怯场。这样，导致部分大学生在获得工作时，参加了面试，却因为不善言辞等原因与工作岗位失之交臂。

（四）不善于与人交往

目前在校大学生多为独生子女，习惯了长辈围着自己转，任何时候都希望以自己为中心。这就造成了很多学生自视不凡的中心感，导致他们缺乏合作意识和团队精神，人际交往和心理承受力相对薄弱，普遍存在着人际关系方面的困难，不能很好地融入社会，难以适应职场。

二、强化就业技巧训练，积极做好求职准备

大学不可能直接给学生工作和社会地位。一个人选择读大学，根本意义在于形成帮助自己发展的人力资本，或者说劳动能力，用这样的资本和能力谋取就业和持续进步

（一）做好个人职业生涯规划

大学生进入大学以后一定要对自己职业目标准确定位，做好职业生涯规划，详细进行自我分析，自己想要什么？自己能做什么？自己专业技能何在？什么是最适合自己的？同时注意进行个人职业生涯规划设计一定要按照：择己所爱、择己所长、择世所需、择己所利的原则来设计，选择职业生涯中的收益最大化，才能在竞争激烈的竞争环境中处于不败之地。实践出真理。要敢于去实践，去尝试，将自己所学到的理论知识运用到实际的操作中，将会有很大的进步。

什么样的职业才是我心仪的职业？大学生是怎样把握这一评价尺度的呢？

首先，薪水的高低是大学生们评价职业是否合适的一个重要标准。刚刚毕业参加工作的大学生正处于用钱的高峰期：一方面要支持自己的日常开销，一方面要接济家庭，有人还要为将来小家庭的建立储备资金。在这样的情况下，有44%的人把薪水作为考察职业的首要条件也在情理之中。但是，这44%的学生还是有所区别的，大致可以把他们分成两类。第一类学生认为，一旦能够满足自己的要求，薪水在职业评价中的重要性就退居次位，一些原本排在后面的因素，比如发展空间、人际关系等就上升为主要因素。据统计，这样的学生占总人数的三分之一左右。另一类学生则认为，趁着年轻，就应该尽量多挣钱。不管现有的收入是否能满足自己的要求，只要有薪水更高的职业出现，就要义无返顾地跳槽。但是，这些学生也否认自己是拜金主义者。他们认为之所以要努力挣钱，并不是为了享受或炫耀，而是为进一步发展事业打下良好的基础。

注重个人发展的空间，这也是当前大学生们在分析职业时的一个重要指标。所有接受面谈的大学生都认为发展空间是一个不可忽视的因素，其中有

四分之一的人把职业所能提供的发展空间作为首要条件来考虑。在他们看来，职业不仅仅只是一个饭碗，更是实现自我的一个机会。在对机会的把握上，大学生们都显出了较强的欲望和信心。而在对机会的选择上，大学生们更是表现苛刻。很多人对一个稳定的工作不再感到满足，反而是一些风险大、具有挑战性的职业更能吸引。他们认为稳定的副作用是束缚，风险越大越能体现一个人的才干。发展空间的另一层意义是具有再一次接受教育和培训的机会。只有不断地充电，才会有继续发展的可能。

在对人际关系的看法上有一些看法非常有趣。将近五分之一的学生认为好的人际氛围是让他们努力工作的必要条件，但他们所列出的理由却大相径庭。一些学生在平时就不善于交际，喜欢埋头做事。对于复杂的人际关系，他们既没有能力处理，也往往不屑于处理。在他们看来，所谓好的人际关系就是简单的人际关系。但也有的学生恰恰相反，他们在学校是社会活动的积极分子。通过参与各类活动他们发现，好的人际关系常常能事半功倍。对这些学生来说，复杂的人际关系反而使他们有如鱼得水的感觉。

只有少部分学生把社会地位的高低作为分析职业的首要标准。公司规模的大小、社会评价的高低以及薪水的多少都是其中的子项目。可以说，这些学生所说的社会地位更多的是一种综合考虑的结果。

总的来看，大学生们分析职业的标准虽然五花八门，但在个性之中仍存在着共性。更加理智，更加现实，这是大学生比过去成熟的地方。但是，重职业资源，轻职业要求的弊端也比过去更加暴露无遗。在分析职业的时候，谈来谈去都是自己能从未来的职业中得到些什么，而从没有人把职业对自身素质的要求也作为分析职业的一个维度，所以大学生在求职的真实情景中表现出眼高手低的情况也就不足为奇了。人才市场上的挑挑拣拣，入职以后的不断跳槽，至少一部分原因就在于此。因此，引导大学生不仅要把目光向外拓展，更要把目光向内延伸，将对减少大学生谋职的盲目性，增加大学生对职业的满意度起到很大的作用。

（二）乐于主动参加面试技巧的培训

大学生在求职过程中，一定要特别注意第一印象，它可能决定就业是否成功，所以大学生特别注重面试技巧的培训。大学生一方面可以在平时对着镜子微笑、朗读课文、自我介绍，进行简单练习，另一方面，要积极参与高校组织面试技巧的培训，特别抓住在公众场合和有压力的氛围中的情形下进行讲话，或进行模拟场景训练。通过培训，掌握面试礼仪、说话技巧、仪表仪容礼仪，才能在竞争中脱颖而出。

（三）注重实践能力的培养

俗话说"艰辛知人生，实践长才干"。大学生只有参加社会实践活动，才能认清了自己的位置，发现了自己的不足，对自身价值能够进行客观评价。大学生可以利用寒暑假和平时课余时间，积极参加社会实践，主动了解社会，认识社会，增强认识问题，分析问题，解决问题的能力，弥补自身实践能力不足，为今后进入社会打下基础。

"你准备怎样去获得意向性的职业？"当被问及这一问题，一些大学生在回答前出现了较长时间的停顿。在思考一会之后，有一半人脱口而出的第一句话就是：多读有关的书籍。与此相关，有将近三分之一的人认为，多考取一些有用的证书也能帮助自己找到好工作。总的来说，大部分学生对学习在求职中的作用相当看重，学而优则仕的思想在当代大学生中很有市场。实事求是地讲，在同等条件下，学习成绩好的毕业生在人才市场上确实要比成绩一般的毕业生有优势。但问题在于大学生们往往过于关注成绩和证书，甚至把这看成是决定求职成败的唯一条件，从而大大影响了求职者的积极性。那么是不是只要学习好了，求职就没有困难了呢？对于大多数成绩一般的学生来说，还有没有其它的方法来提升自己的竞争力呢？

从对各个用人单位的调查来看，实际上招聘人员在招聘时只把应聘者的在校成绩作为参考，并没有像一般人想的那样重视。那么他们最看重的是什么呢？很多经验丰富的人力资源部经理认为，实践是最能反映一个人能力和品质的东西，它的重要性远在成绩之上。目前只有少部分的大学生认为培养自己的实践能力可以让自己在人才市场上更有竞争力，或者说只有少部分的大学生认识到通过提高实践能力可以帮助自己找到更好的工作。大部分学生在思想中仍然固执地把学习与实践分开，把学生生涯与职业生涯分开。这么做的结果只能让毕业求职这一转折期变得更加突兀，更加让人难以适应。

培养实践能力固然是获得理想职业的一个重要途径，但在临近毕业的几个月中有没有更加快捷的方法呢？有，这就是提高自己的求职技巧。对这一点，也有不少学生觉得这是一条行之有效的捷径。事实上，越是接近应聘，技巧的提高就越是显得迫切。

某些学生在求职问题上过于自大、过于轻率，这种自大和轻率的源头往往就是对现今求职状况的不了解。

这样看来，大学生在实现职业目标的能力上喜忧参半。喜的是，越来越多的人意识到了求职也是一项专业活动，是需要技巧的。对求职技巧的重视，一方面可以让大学生进一步完善自己，另一方面也使招聘和应聘的双方更加规范化。忧的是，大学生中依然普遍存在着较浓的书生气，要么觉得书中自有黄金屋，要么觉得自己已是天下第一。在他们的眼中，学习成绩仍然是第一位，实践只是可有可无的点缀而已。虽然有很多单位反映当前大学生只会说不会做，但显然还没有引起足够的重视。在今后越来越务实的社会中，这种轻视实践探索的思想必将严重影响大学生职业道路的顺畅。

"你围绕求职做了些什么？"这个问题考察的是大学生对求职的投入度。我们认为，一个人围绕求职所做的事情越多，就越能说明他对求职的投入度高。但是，大学生们在这方面的行动实在是苍白无力。大学生为求职所做的事情大致不出这三种类型：做兼职、看广告、去人才市场。

在大学四年中从来没有做过兼职的学生还是比较少的。在求职的谈判桌上，做兼职的经历是一项非常好的资本。但是这项资本能在多大程度上起作用呢？这还值得讨论。仔细研究一下大学生们所做的兼职就会发现，这些兼职至少有一半是促销，并且时间都很短暂。在做过兼职的学生中只有一半人曾经从事过与专业有关的活动。当大学生们去求职的时候，有大部分的人在专业实践上是一片空白。促销固然能够反映出个人的一些品质，但它毕竟是低层次、与专业无关的（除非求职目标是营销人员）活动。大学生在兼职方面有一个误区，认为兼职的主要目的是挣钱，而不是增加自己的经验。从面谈中得知，大学生们对兼职所能得到的收入比较在意，这常常是他们评判工作满意程度的重要指标。从求职的角度看，如果真正想在人才市场上脱颖而出，一两次高质量的兼职活动却可以完全改变你的专业形象。

在职业信息的收集方面，大学生做的比较多的还是看广告，包括报纸和网上的招聘广告。在如今瞬息万变的时代，与他们对时尚信息的热衷相比，大学生们对职业信息的漠然实在令人担心。面临毕业求职的大学生经常抱怨信息量太少，这其中固然有信息通路不畅的问题，但大学生本身主动性的不足也是一个问题。面对无处不在的信息，大学生的表现实在过于懒惰了。尤其让人不解的是，越是历年分配记录糟糕的学校，其学生的主动性越弱。反而是一些名牌高校的学生，虽然有许多企业进校介绍本单位情况，他们还是觉得不满足，想方设法要获取更多的信息。这让我们不得不思考，是不是各个学校在教育方式上存在着差异。从对这一问题的回答来看，大学生的总体求职投入度不容乐观。围绕求职，大学生们所做的事情数量少且质量不高。较为普遍的是，说的比做的起劲，言语比行动漂亮。谈起如何加强实践锻炼，每个人都能讲得头头是道，一旦涉及行动，就推三阻四，拿客观条件来搪塞，或者干脆没了声音。甚至有人说：别人也没做什么，不也找到工作了吗？看来怎样增加大学生的求职投入度还是一个不小的课题。

（四）积极创建和谐的人际关系

大学生在交往中要学会做个有心人，善于体察他人的心境，主动关心他人，采取不同的方式使他们感受到您的善意和温暖。注重学习别人的长处，弥补自己的不足。在同朋友同事的交流中，要用谦虚、友好的态度对待每一个人。把朋友同事当做教师，将有用的学识和幽默的言语融合在一起，您所说的话定会受到赞扬，您听到的定是学问。对于自己做的事没成功时，要勇于承认自己的不足，并努力使事情做圆满。适度的检讨自己，并不会使人看轻您。相反总强调客观原因，抱怨这，抱怨那，只会使别人轻视您！特别注意换位思考、将心比心、以诚换诚的心态和行为来与他人相处，才能可能获得他人的支持、鼓励、认可和肯定，才能创建和谐的人际关系。

面对求职时的种种情况，很多人都觉得光凭自己的力量不足以应付自如，从而要向专家寻求帮助。同样，大学生在这方面也有自己独特的需要。从目前来看，如何提高求职技巧是大学生们最为迫切的要求。很多学生们认为，并不是他们不重视这方面的技能技巧，事实上经常有老师和学长提醒他们，但是，这些老师和学长也只是提醒提醒而已，至于具体怎么操作他们自己也不清楚。据了解，以往的学生都是事到临头才匆匆制作材料、准备面试的。这样临时抱佛脚自然留下了许多遗憾，但怎样弥补遗憾，却始终没人有一个比较完满的回答，以至于这种情况年复一年持续下去。每个人都知道求职技巧的重要性，但每个人都不知道怎样提高求职技巧。所以，由专家出面，及时对学生进行系统全面的求职培训，特别是操作训练，已经成为一项非常迫切的任务。

其次，职业信息的缺乏也是让大学生们颇为头疼的一件事。大学生收集职业信息的主动性不高，这确实是一个主观方面的问题。但从客观方面来讲，目前联系用人单位和学生的信息纽带还没有完善起来。招聘和应聘的双方两头热，但绝大部分仍然处于随机组合的状态。用人单位的信息很难及时准确地传达给学生。对一些不知名高校的学生来说，困难显然更大一些，因为很少有企业愿意到这样的学校去做宣传，学生们所得到的信息大部分只是道听途说而已。虽然校方会给学生提供一些用人信息，但毕竟僧多粥少。这样的结果不仅使许多原本条件不错的大学生求职有困难，也使一些单位难以找到合适的人才，造成双方面的浪费。因此，如何开辟更多更有效的信息渠道，是学校、企业和学生个人都要考虑的事情。从大学生们的要求中我们可以看出，快餐文化的影响颇深。在求职过程中，大学生最关注的是速成的捷径，希望通过技能的提升很快找到中意的工作，而忽视了对决策过程的探索。技巧的培训、信息的收集，固然能使求职变得相对轻松，但这一切都是建立在决策正确的基础之上的。我要什么样的职业？什么样的职业适合我？我能得到什么样的职业？对这些问题的答案，大学生都是模糊不清的。忽视了最基本的方向，仅凭一些操作技能，会有多大把握找到满意的职业呢？现在大学生在求职时常常感到迷茫，即使在入职以后还会觉得人职不匹配，这些本质性矛盾是高超的技巧所不能解决的。

大学生对求职的思考正日趋理性化。他们越来越多地考虑客观情况对自己的影响，浪漫的幻想已经让位于现实的可能性。

但是，问题依然存在，浮躁在此体现得格外明显。一般来说，大学生的内省程度还不够。他们重视外在的条件，喜欢立竿见影的手段，更愿意夸夸其谈而不愿意默默无闻地做事，聪明胜于勤奋。表现在具体的求职问题上缺乏审慎踏实的态度。从一开始的职业分析到最后寻求帮助，大学生们都过于着急地包装自己，尽快地把自己推销出去，而很少反省是不是要加强本身的内功修炼。

长期与社会的隔离，使大学生的自我感觉太好，而对人情世故一无所知。在进入单位后，总觉得公司没有重用自己，老员工的做法处处不合理，以至于频频跳槽。只有在经过相当一段时间的磨练后，这种现象才会慢慢消失。这对用人单位来说无疑是一种浪费。所以有的公司虽然有招收毕业生的传统，但现在也在考虑改变这一做法。因为毕业生的培养费用高于有工作经验的应聘者，而忠诚度却又比别人低。用人单位的这种做法反过来又增加了毕业生求职的难度。要想突破这种恶性循环，唯一的出路在大学生自己。戒骄戒躁，认识自己，提高素质，这才是在职场上独占鳌头的根本所在。

总之，对于即将走出校园的大学生，时刻注意苦练本领，积极强化就业技巧训练，做好求职准备，才能在竞争中脱颖而出，顺利就业。

第二节 简历与面试

一、制作你的简历

（一）站在招聘单位角度进行思考

简历是招聘筛选的第一关，我们要基于招聘要求，站在简历筛选人员的角度制作简历。同时，一般面试人员会根据简历进行面试提问，因此我们也需要根据对面试问题的预测进行简历制作，并提前做好应答准备。

第一环节：招聘单位对简历筛选的考量角度

1.单位筛选简历首先查看客观内容（结合招聘职位要求）

主要包括个人信息、受教育程度、工作经历和个人成绩四方面。个人信息包括姓名、性别、年龄、学历等；受教育程度包括上学经历和培训经历；工作经历包括工作单位、起止时间、工作内容、参与项目名称等；个人成绩包括学校和工作单位各类奖励等。

（1）个人信息的筛选。在筛选对硬性指标（性别、年龄、工作经验、学历）要求较严格的职位时，如其中一项不符合职位要求则快速筛选掉；在筛选对硬性指标要求不严格的职位时，结合招聘职位要求，会参照"人在不同的年龄阶段有着不同的特定需求"进行筛选。

（2）在查看求职者上学经历中，要特别注意求职者是否用了一些含糊的字眼，比如有无注明大学教育的起止时间和类别等；在查看求职者培训经历时要重点关注专业培训、各种考证培训情况，主要查看专业（工作专业）与培训的内容是否对口（作为参考，不做简历筛选的主要标准）。

（3）求职者工作经历是查看的重点，也是评价求职者基本能力的视点，应从以下内容做出分析与筛选。

①工作时间：主要查看求职者总工作时间的长短、跳槽或转岗频率、每项工作的具体时间长短、工作时间衔接等。

如在总的工作时间内求职者跳槽或转岗频繁，则其每项工作的具体时间就不会太长，这时应根据职位要求分析其任职的稳定性。如可判定不适合职位要求的，直接筛选掉。查看求职者工作时间的衔接性（作为筛选参考）。如求职者在工作时间衔接上有较长空当时，应做好记录，并在安排面试时提醒面试人员多关注求职者空当时间的情况。

②工作职位：不作为简历重点筛选参考依据，重中之重是工作内容的情况。

③工作内容，主要查看求职者所学专业与工作的符合程度，如专业与工作性质不符，则须查看其在职时间的长短；结合上述工作时间原则，查看求职者工作在专业上的深度和广度。如求职者短期内工作内容涉及面较深，则要考虑简历虚假成分的存在。在安排面试时应提醒面试人员作为重点来考察，特别是细节方面的了解。查看求职者曾经工作的公司的大致背景（特别是对中高层管理和特殊岗位，作为参考）。

④结合以上内容，分析求职者所述工作经历是否属实、有无虚假信息（作为参考）。

（4）个人成绩：主要查看求职者所述个人成绩是否适度，是否与职位要求相符（作为参考，不作为简历筛选的主要标准）。

2.查看主观内容（包括求职者对自己的评价性与描述性内容，如自我评价、个人描述等）

主要查看求职者自我评价或描述是否适度，是否属实，并找出这些描述与工作经历描述中相矛盾或不符、不相称的地方。如可判定求职者所述主观内容不属实且有较多不符之处，这时可直接筛选掉。

3.初步判断简历是否符合职位要求

（1）判断求职者的专业资格和工作经历是否符合职位要求。如不符合要求，直接筛选掉。

（2）分析求职者应聘职位与发展方向是否明确和一致性。

（3）初步判定求职者与应聘职位的适合度。如可判定求职者与应聘职位不合适时，将此简历直接筛选掉。

4.全面审查简历中的逻辑性

主要是审查求职者工作经历和个人成绩方面，要特别注意描述是否有条理、是否符合逻辑性、工作时间的连贯性、是否反映一个人的水平、是否有矛盾的地方，并找出相关问题。

5.简历的整体印象

主要查看求职者简历书写格式是否规范、整洁、美观，有无错别字，通过阅读简历，给自己留下了什么印象？是否符合岗位职业形象。（作为参考）

6.查看求职者薪资期望值（如有注明，需查看与招聘职位薪资大体匹配度，作为参考）。

7.结合以上内容最终判定简历是否符合职位要求？如可判定简历合格的可直接向用人部门推荐。

（二）制作简历

1.简历格式

（1）时序型格式

有许多职业指导和招聘专家认定时序型格式是简历格式的当然选择，因为这种格式能够演示出持续和向上的职业成长全过程。它是通过强调工作经历实现这一点的。时序型格式以渐进的顺序罗列你曾就职的职位，从最近的职位开始，然后再回溯。区分时序型格式与其他类型格式的一个特点是罗列出的每一项职位下面，你要说明你的责任、该职位所需要的技能以及最关键的、突出的成就。关注的焦点在于时间、工作持续期、成长与进步以及成就。

（2）功能型格式

功能型格式在简历的一开始就强调技能、能力、资信、资质以及成就，但是并不把这些内容与某个特定雇主联系在一起。职务、在职时间和工作经历不作为重点以便突出强化你个人的资质。这种类型的格式关注的焦点完全在于你所做的事情，而不在于这些事情是在什么时候和什么地方做的。

功能型格式的简历的问题在于一些招聘人员不一定喜欢。人们似乎默认这种类型的格式是为那些存在问题的求职者所用的：频繁跳槽者、大龄工人、改变职业者、有就业记录空白或者存在学术性技能缺陷的人以及经验不足者。一些招聘人员认为，如果你没有以时序方式列出你的工作经历，那么其中必有原因而且这种原因值得深究。

（3）综合型格式

这种格式提供了最佳选择—首先扼要地介绍你的市场价值（功能型格式），随即列出你的工作经历（时序型格式）。这种强有力的表达方式首先迎合了招聘的准则和要求—推销你的资产、重要的资信和资质，并且通过专门突显能够满足潜在行业和雇主需要的工作经历来加以支持。随后的工作经历部分则提供了曾就职的每项职位的准确信息，它直接支持了功能部分的内容。

这种综合型格式很受招聘机构的欢迎。事实上，它既强化了时序型格式的功能，同时又避免了使用功能型格式而招致的怀疑。当功能部分信息充实，有阅读者感兴趣的材料而且工作经历部分的内容又能够强有力地作为佐证加以支持时，尤其如此。

（4）履历型格式

履历型格式的使用者绝大多数是专业技术人员或者是那些应聘的职位仅仅需要罗列出能够表现求职者价值的资信。例如，医生就是使用履历型格式的典型职业。在履历型格式中无须其他，只要罗列出你的资信情况，如就读的医学院、住院实习情况、实习期、专业组织成员资格、就职的医院、公开演讲场合以及发表的著作。换句话说，资信说明一切。

（5）图谱型格式

图谱型格式是一种与传统格式截然不同的简历格式。传统的简历写作只需要运用你的左脑，你的思路限定于理性、分析、逻辑以及传统的方式。而使用图谱型格式还需要开动你的右脑（大脑的这一半富于创意、想象力和激情），简历也就更加充满活力。

2. 简历的一般规格和要求

简历的关键在于表达最佳形象。一份好的简历，应该具有吸引力，有条理，职业化。

（1）纸张要求

应选用比较规格化的尺寸大小，一般以 A4 纸为宜。纸质要尽可能硬挺。纸张颜色以白纸打印黑字为最佳，米色和浅黄色的纸张也可。简历一般为一页纸，也可为两页，最长不超过三页（除小册子格式之外）。

（2）排版打印要求

设定边距，使文本的宽度在 16 厘米左右，这种情况下不会错误换行；四周留出足够的空白；每行之间要有一定的空间便于人们阅读；尽量用较大字号的字体；切忌简历中出现跳字、字母高低不平、用改正液涂改的痕迹。如果要使简历看起来与众不同，可以用一些星号（*）、特殊字母（如 O）、加号（+）等分隔简历内容，这些符号不会像版式符号（如列表符）等会被转换成不可识别的记号。

（3）用词要求

尽可能精练，无须不必要的形容词、修饰语，使简历短小精练，通俗易懂。

（4）内容要求

①姓名：把全名放在简历的最前面。可放在最上面一行的右边，也可放在中间或左边。

②联系方法：联系地址和电话号码与姓名一起放在前面，包括邮政编码。

③求职意向：在简历的前面部分表示求职目标。

④照片：如招聘单位没有特殊要求，在简历中可不附照片。

⑤附件：列举有关的证明及有关附加性参考材料，附加性材料包括学历证明、获奖证书、职业资格证书、推荐信等。

3. 简历写作步骤

①写下工作目标。根据招聘简章上面的岗位，着手把想要的工作描述清楚。建议找一本"工作名录词典"，这种词典可以提供所有工作的描述。

②根据岗位要求，对应地罗列经历，作适当的筛选，考虑那些切实与求职目标有关的，删去那些不相关的。

③使用清晰合理的句子。把前面所记录的工作经历等组织成段，把有关联的东西组织在一起并使它们更吸引人。在句子中多用动词以加强说服力，不时地用一些关键字，不要用空洞无力的词。

④加上相关的条件。想一想还有什么优势与这工作有关，写上个人能力的概况和特殊技巧等不容易加人到工作描述中去的东西，如执照、证书、加入的协会等。如有相关兴趣也可能会有用。

⑤列举证明及有关附加性参考材料。

⑥设计简历框架，根据以上收集到的素材，撰写成文。

⑦简历检验与完善。

（三）简历检验与完善

1. 排除简历写作中常见缺点

（1）过长或过短

篇幅过长，简历内容不精练，表达不切题意，不够简明扼要，趣味性与相关性差，往往会影响效果。简历太短或过于粗略，缺乏必要的信息，就不会对求职者的资历和能力进行完整、充分的评价，使得招聘方对求职者的认识不明确或者不清楚，从而影响面试机会的获得。

（2）条理不清

简历的布局不合理，前后结构层次混乱、逻辑重复，会使招聘人员阅读和理解困难。

（3）内容虚假

简历虚假、不属实，捏造或者夸张，宣称具有某种专项技能和特长但实际上却不具备。

（4）目标不明

未能表明自己喜欢什么工作，没有明确求职方向，只好由用人单位看自己适合干什么。同样，没有说明自己的爱好、兴趣及能力，以及对工作的要求、工资待遇等，也会让人感到摸不着方向。

（5）不切实际

过于自负使招聘人员认为求职者的自我评价不符合实际，描述得太完美无缺，以至于招聘人员怀疑是否出自求职者自己的手笔，进而怀疑求职者的能力。

（6）过于怪异

简历中的用词、结构及引用材料生僻、花哨、不合常规。

（7）过于关注工作职责

将简历变成一份枯燥乏味的职责说明书，许多人甚至会用应聘公司的工作守则作为写作简历的指南。

（8）版面过分压缩

段落与段落、语句与语句之间太密，影响美观，不易阅读。

（9）人称代词和冠词过多

简历是商业沟通的形式，它应该是简洁和正规的，不应该出现"我"的字样，且尽量少用冠词。

（10）不相干的信息

许多人会在简历中写上生日、婚姻状况、身高和体重，或者概括兴趣，如阅读、徒步旅行和滑雪等。其实，这些只有在与目标工作有关联的时候才需要加入。

（11）错别字及语法错误

错别字与语法错误通常使人认为缺乏取得成就的最基本技能。

（12）缺少有力的支持材料

所提供的材料不足以让人作出正确的判断。

2. 后期完善简历的细节

（1）量化

推销自己，可以使用定量化的语言，尤其是在对技能、工作业绩和成就进行说明的时候。数字会大大增强简历的可读性，简历中具体的数字越多，商业价值就传达得越明确；表述越具体，就越容易判断出求职者是否适合公司工作。量化可以吸引阅读者的注意力，是赢得面试机会的最佳方法。这一点对有经验的大学生求职尤为有益。

第一，列举一项或多项曾经参加或承担的重要项目或计划，你在其中的职责和贡献（哪怕在其中只是作为服务支持或行政管理人员），在达到或完成规定的工作任务之外，还作出了哪些其他贡献。

第二，是否有什么建议曾被部门老师或者学生或是实习单位采纳？若有，说明其内容和在实施这些建议时你的作用以及因此取得的业绩和资历。第三，是否处理过紧急或危险情况？若有，对此加以说明。

事实上，求职者必须将成绩在简历中生动展示出来加以证实，或许竞争者的成绩更辉煌，但他们若不能有效地表述，那这些成绩就等于不存在，从而你就会获得很大优势。

（2）专业化

各环节都要显示出专业水平。个人资料、家庭地址、电话号码等应逐条分行单列。如果一张纸写不下，那就用两张纸。不要小看了空白部分，空白部分怎么安排，也可动动脑筋、花点儿心思。简历携带时切勿折叠，要保持整洁。

（3）最新化

要根据用人需求更新简历。还要浏览一下有关简历的书籍，向成功人士借鉴，让简历更完善。

（4）个性化

大部分的简历只包含这些信息：你是谁？你从哪来？你以前做过些什么？

还有哪些技能？但却没有告诉用人单位你可以为他们做些什么，而让用人单位来作判断，这并不是推销自己的最好方法。如果换一种做法，给有希望录用的公司展示你可以为他们做些什么，这样就可以引起用人单位的注意，并且证明你的目标是做这项工作，而不是仅仅得到这项工作。

二、面试应对技巧

（一）做好相关准备

1. 检查自己是否具有必备的条件。有些行业、职业在学历、能力、年龄和性别等方面都有一定的限制。事先检查自己的条件是否符合，这是对自己和对别人认真负责的态度，于己于人都有利。

2. 假如你获得面试的通知，而你所谋求的工作需要某种特殊的知识或技能，在你面试时，很可能会被问到某一方面的问题或要当场作测验，以衡量你的知识或能力，如打字的速度、操作机器的能力、用算盘计算的准确性和速度等。针对这种情形，你最好事先复习这方面的知识，练习有关的技能。

3. 对你要面试的场所和时间一定要明白和清楚，并在约定的时间前 15 分钟到达，切记不可迟到。

4. 如果可能的话，清楚面试人员或约谈者的姓名，并且要能正确地说出他们的姓氏。外国人的名字有时很容易发音有误，宜事先查出正确的发音，以免在主试者面前闹出笑话。

5. 若是看到招聘公告后前往应试的人，需检查所携带的资料文件等是否齐全。预先准备在面试时需要回答的有关招聘公告的问题以及回答求职信或简历表的内容（即自己的资料）。

6. 携带学历证书和推荐函等文件以便面试人员查阅，并留意把这些文件整理好，以免临场慌乱，给主试者留下不好的心理印象。

7. 尽量避免和父母、朋友及其他亲戚一同去面试，以免给面试人员造成一种信心不足和缺乏独立行事能力的不良印象。

（二）面试类型及内容

面试是指特定时间、地点所进行的，预先精心设计好的有明确目的和程序的谈话。面试是用人单位选聘人才的重要方法和步骤，它比笔试具有更大的灵活性和综合性。它不仅可以考核求职者的知识水平，而且可以面对面地观察求职者的身材、体态、仪表和气质，还可以直接了解求职者的口才、应变能力和某些特殊技能等。所以，面试已成为用人单位选择人才最普遍的方法。由于大学生在整个面试中一般是处于被动地位，所以要在众多的竞争者中脱颖而出，就必须了解面试的基本知识，讲究面试的方法和技巧。

1. 面试类型

面试的类型很多，根据面试的结构、对象、目的、进程等不同形式可以分成很多种类型。

（1）结构化面试与非结构化面试

根据面试的结构化（标准化）程度，面试可以分为结构化面试、半结构化面试和非结构化面试三种。所谓结构化面试，是指面试题目、面试实施程序、面试评价、面试人员构成等方面都有统一明确的规范进行的面试。半结构化面试，是指只对面试的部分因素有统一要求的面试，如规定有统一的程序和评价标准，但面试题目可以根据面试对象而随意变化。非结构化面试，是对与面试有关的因素不作任何限定的面试，也就是通常没有任何规范的随意性面试。

正规的面试一般为结构化面试，公务员录用面试即为结构化面试。所谓结构化，包括三个方面的含义：一是面试过程把握（面试程序）的结构化。在面试的起始阶段、核心阶段、收尾阶段，面试人员要做些什么、注意些什么、要达到什么目的，事前都会相应策划。二是面试试题的结构化。在面试过程中，面试人员要考察求职者哪些方面的素质，围绕这些考察角度主要提哪些问题，在什么时候提出，怎样提，在面试前都会做出准备。三是面试结果评判的结构化。从哪些角度来评判求职者的面试表现，等级如何划分，甚至如何打分等，在面试前都会有相应规定，并在众面试人员间统一尺度。

在非结构化的面试条件下，面试的组织非常"随意"。关于面试过程的把握、面试中要提出的问题、面试的评分角度与面试结果的处理办法等，面试人员事前都没有精心准备与系统设计。非结构化面试颇类似于人们日常非正式的交谈。除非面试人员的个人素质极高，否则很难保证非结构化面试的效果。

（2）单独面试与集体面试

根据面试对象的多少，面试可以分为单独面试和集体面试。

所谓单独面试，指面试人员个别地与求职者单独面谈。这是最普遍最基本的一种面试方式。单独面试的优点是能提供一个面对面的机会，让面试双方较深入地交流。单独面试又有两种类型。一是只有一个面试人员负责整个面试过程。二是由多位面试人员参加整个面试过程，但每次均只与一位求职者交谈。

集体面试又叫小组面试，指多位求职者同时面对面试人员的情况。在集体面试中，通常要求求职者作小组讨论，相互协作解决某一问题，或者让求职者轮流担任领导主持会议、发表演说等。这种面试方法主要用于考察求职者的人际沟通能力、洞察与把握环境的能力、领导能力等。

无领导小组讨论是最常见的一种集体面试法。在不指定召集人、面试人员也不直接参与的情况下，求职者自由讨论面试人员给定的讨论题目，这一题目一般取自于拟任工作岗位的专业需要或是现实生活中的热点问题，具有很强的岗位特殊性、情景逼真性和典型性。讨论中，众面试人员坐于离求职者一定距离的地方，不参与提问或讨论，通过观察、倾听为求职者进行评分。

（3）压力性面试与非压力性面试

根据面试目的的不同，面试可以分为压力性面试和非压力性面试。

压力性面试是将求职者置于一种人为的紧张气氛中，让求职者接受诸如挑衅性的、非议性的、刁难性的刺激，以考察其应变能力、压力承受能力、情绪稳定性等。典型的压力式面试，是以面试人员穷究不舍的方式连续就某事向求职者发问，且问题刁钻棘手，甚至逼得求职者穷于应付，面试人员以此种"压力发问"方式逼迫求职者充分表现出对待难题的机智灵活性、应变能力、思考判断能力、气质性格和修养等方面的素质。而非压力性面试是在没有压力的情景下考察求职者有关方面的素质。

（4）一次性面试与分阶段面试

根据面试的进程来分，面试可以分为一次性面试和分阶段面试。

所谓一次性面试，是指用人单位对求职者的面试集中于一次进行。在一次性面试中，面试人员的阵容一般都比较"强大"，通常由用人单位人事部门负责人、业务部门负责人及人事测评专家组成。在一次性面试情况下，求职者是否能面试过关，甚至最终被录用，就取决于这一次面试表现。面对这类面试，求职者必须集中所长，认真准备，全力以赴。

分阶段面试又可分为两种类型：一种叫"依序面试"，一种叫"逐步面试"。

依序面试一般分为初试、复试与综合评定三步。初试的目的在于从众多求职者中筛选出较好的人选。初试一般由用人单位的人事部门主持，主要考察求职者的仪表风度、工作态度、上进心、进取精神等，将明显不合格者予以淘汰。初试合格者则进入复试，复试一般由用人部门主管主持，以考察求职者的专业知识和业务技能为主，衡量求职者对拟任工作岗位是否合适。复试结束后再由人事部门会同用人部门综合评定每位求职者的成绩，确定最终合格人选。逐步面试，一般是由用人单位的主管领导、处（科）长以及一般工作人员组成面试小组，按照小组成员的层次，由低到高的顺序，依次对求职者进行面试。面试的内容依层次各有侧重，低层一般以考察专业及业务知识为主，中层以考察能力为主，高层则实施全面考察与最终把关。实行逐层淘汰筛选，越来越严。求职者要对各层面试的要求做到心中有数，力争每个层次均留下好印象。在低层次面试时，不可轻视大意，不可骄傲马虎，而在面对高层次面试时，也不必胆怯拘谨。

2. 面试内容

从理论上讲，面试可以测评求职者任何素质，但在人员甄选实践中，并不是以面试去测评一个人的所有素质，而是有选择地用面试去测评其最能测评的内容。面试的主要内容如下。

（1）外显特征

①仪表风度。观察求职者的体型、外貌、气色、衣着举止、精神状态等。像国家公务员、教师、公关人员、企业经理人员等职位，对仪表风度的要求较高。研究表明，仪表端庄、衣着整洁、举止文明的人，一般做事有规律、注意自我约束、责任心强。求职者应该注意着装得体，举止文雅、大方，表情丰富，回答问题要认真、诚实。

②专业知识。了解求职者掌握专业知识的深度和广度，其专业知识更新是否符合所要录用职位的要求，作为对专业知识笔试的补充。面试对专业知识的考察更具灵活性和深度，所提问题也更接近空缺岗位对专业知识的需求。

③工作实践经验。一般根据求职者的个人简历或求职登记表作相关的提问。查询求职者有关背景及过去工作的情况，以补充、证实其所具有的实践经验，通过工作经历与实践经验的了解，还可以考察求职者的责任感、主动性、思维能力、口头表达能力及遇事的理智状况等。

（2）内倾特征

①口头表达能力。一般观察求职者能否将要向对方表达的内容有条理、完整、准确地转达给对方；引例、用语是否确切；发音是否准确，语气是否柔和；说话时的姿势、表情如何。求职者在面试时应注意以下几点：谈话是否前后连贯；主题是否突出；思路是否清晰；说话是否有说服力。

②综合分析能力。考察求职者是否能对面试人员所提出的问题通过分析抓住本质，并且说理透彻、分析全面、条理清晰。

③思考判断能力。一般观察求职者能否准确、迅速地判断面临的状况；能否恰当地处理突发事件；能否迅速地回答对方的问题且答案简练、贴切。作为求职者，应在准确、迅速、决断方面重点准备。对自己的判断应该有信心，还要分析对方是逻辑判断还是感性判断。

④反应能力与应变能力。主要看求职者对面试人员所提的问题理解是否准确，回答的迅速性、准确性等。对于突发问题的反应是否机智敏捷、回答恰当。对于意外事情的处理是否妥当等。

⑤操作能力。主要在于考察求职者对于已认定的事情能否进行下去；工

作节奏是否紧张有序；是否具有集体作业的适应性；是否具备组织领导能力。

⑥人际交往能力。主要在于观察求职者遇到难堪问题后的反应；能否让人亲近，对他人有无吸引力等。在面试中，通过询问求职者经常参与哪些社团活动、喜欢同哪种类型的人打交道，在各种社交场合所扮演的角色，可以了解求职者人际交往倾向和与人相处的技巧。

⑦自我控制能力与情绪稳定性。自我控制能力对于管理人员显得尤为重要。一方面，在遇到上级批评指责、工作有压力或是个人利益受到冲击时，能够克制、容忍、理智地对待，不会因情绪波动而影响工作；另一方面，工作要有耐心和韧劲。

⑧工作态度。一是了解求职者对过去学习、工作的态度。二是了解其对应征职位的态度。在过去学习或工作中态度不认真，做什么、做好做坏都无所谓的人，在新的工作岗位也很难说能勤勤恳恳、认真负责。

⑨德行。主要在于考察求职者责任感是否强烈；能否令人信任地完成工作；考虑问题是否偏激；情绪是否稳定；对于要求较高深的业务能否适应。上进心、进取心强烈的人，一般都确立有事业性的奋斗目标，为之而积极努力，表现在努力把现有工作做好，且不安于现状，工作中常有创新。上进心不强的人，一般都是安于现状，无所事事，不求有功，但求无过，对什么事都不热心。求职者回答时应该突出自己的自信心，坚强的意志，强烈的责任感，很强的与人交往能力，以及有预见性和计划性。

⑩求职动机。了解求职者为何希望来应聘单位工作，对哪类工作最感兴趣，在工作中追求什么，判断应聘单位所能提供的职位或工作条件等能否满足其工作要求和期望。

⑪业余兴趣与爱好。了解求职者休闲时从事哪些运动，喜欢阅读哪些书籍，喜欢什么样的电视节目，有什么样的嗜好等。

3. 面试问题分析

语言是丰富多彩的，同一种意思可以有多种表达方法。第一，毕业生关键要有换位思考的意识，如面试时可想想面试人员为何要问这类问题，假设我是面试人员，我想通过这类问题了解求职者哪些方面的情况。第二，在组织语言时多表达出对用人单位利益的关注，多表现出个人的奉献精神，因为用人单位关注的是聘用你后能给单位增加多少效益。第三，对单位利益关注，并不表明我们不计回报，这从一定程度上能表现我们的信心。

（1）必问面试问题

"请你作一下自我介绍，好吗？"

此问题是面试必问问题，看似简单，实则面试人员有其特定意图。相当多的毕业生都是介绍自己的姓名、专业、毕业学校等基本情况。从表面上看，这样回答符合答题规则。但是面试人员通常是看着求职者的简历和求职信进行面试的，如果我们的回答像编年史般重复简历的细节，就没有新鲜感了。

一般来说，面试人员想通过我们的自我介绍，了解我们的个性特点，及这些特点是否适合目前应聘岗位的工作。因此，在自我介绍的时候，求职者可以很巧妙地在自己的特色与所应聘的工作之间找到结合点、相关性，并将其突显出来。

据此，我们可以给应聘某企业售后服务岗位的营销专业的学生设计这样一个参考回答："非常乐意向贵公司介绍我自己。我的基本情况在求职信上已写明，这里就不再重复介绍了。我要强调的是，我这个人性格豪爽，善于交友；语言表达能力较强，乐于人际沟通。这些特点使我在售后服务工作中与客户在业务上能进行良好沟通，生活上能广泛结交朋友，这对巩固老客户，发展新客户都有利。因此，我认为我的性格最适宜做贵公司的售后服务工作。"

分析上述自我介绍，我们不难发现其至少有三个优点：一是言简意赅。整个回答在 1 分钟左右。二是重点突出。整个回答围绕着沟通、交友展开，个性特点非常清晰。三是中心明确。以工作需要为中心，适应面试人员的需求心理。

（2）浅层面试问题

浅层面试问题，是针对后面的问题比较而言的。它们比较简单，没有涉及复杂的社会层面或深刻的内心层面。回答这类问题，需简单明了。

①工作对你来说有什么重要意义？

不应该只说收入、薪水、家庭，要重点讲工作的挑战性、成就感。

②你为什么到本公司来工作？

强调用人单位的前景、名望，社会上很多人对该公司的羡慕感、向往感，还有就是个人发展空间。

③如果录用你，你可以在公司工作多久（若干年以后你希望在哪里）？他想考察你的稳定性。任何公司都不愿录用朝秦暮楚之人。可以回答："只要职位适合自己，使我学有所用，工作有进步，愿意长期干下去。"

④你最突出的特长是什么？

强调团队合作能力、做事效率及用人单位所需的主要职业素质。

⑤你最突出的弱点是什么？

不能直接回答自己的弱点，如"我懒散"，而是化腐朽为神奇。例如，"我对自己要求过于严格"、"我办事讲究完美"、"我没脾气"等。⑥能否用一句话谈谈你自己？

这是一个初来的普通职工形象，不能太浪漫、太理想化。在面试前需事先准备，例如，"我是一个勤奋向上的实实在在的人"。

⑦你业余时间干什么？

强调自己的社会适应性。例如，参与社会活动和社交活动、参加某协会、某种社会实践等。

⑧你对本公司有什么问题要问？

说明该公司已有了录用你的意向。你不应放弃这个表达自己兴趣和热情的机会。你应就公司或岗位的前景提问。

⑨与他人一起工作或独立工作，你更喜欢哪一种？

两种都应肯定，然后选择更喜欢的。可以这样回答："独立工作效率更高，与他人一起工作更愉快，在必要时，我更喜欢与他人一起工作。"

⑩你最喜欢哪门课（你最不喜欢哪门课）？

喜欢的课应是该公司所需所用的，不喜欢的课应与该公司无关。如果拿不准，就说喜欢体育课、英语课，不喜欢照本宣科的课。

（3）深层面试问题

深层面试问题是指这类问题牵涉面广，比较特殊、少见，回答难度较大，而且答案往往不固定，需根据当时情景灵活运用。

①如果你碰上一件十分紧急的任务，请问你怎样让你手下员工加班呢？这考的是个人领导才干和协调能力。越是紧急任务，就越需协调、协商。应先召集骨干协商，再召集全体动员，用商量的口气说话。

②给你一部小轿车，限一星期，有把握学会驾驶吗？

考的是信心，实际上不可能做到。因此，一定要回答能够学会。

③当国家利益和本公司利益发生冲突时，你怎么办？

考的是协调意向。在管理工作中，少有非此即彼的对立策略，多是在矛盾中协调。因此，决不能采取一边倒策略，说什么"我要维护本公司利益"或"我应维护国家利益"，而应当说："我会全力使冲突消除，使矛盾淡化，让双方利益都不受损失。"类似的问题还有很多，比如："公司晚上要加班，你却接到家里电话，去火车站接亲戚，你怎么办？"回答思路同上。

④你有什么与众不同之处？

考察自信，特别考察是否自负。你的回答应先平和，再突出个性。可以回答："在日常工作中，我与他人一样努力工作；可是一旦遇上困难、挫折，我的特点是越挫越勇。"

⑤能否描述一下你最好的朋友？

其实想描述的是你自己。最好的朋友必然与你有相当的一致之处。你的回答应挑选这家公司易接受乃至欣赏的"你最好的朋友"来描述。

⑥你最近读了一本什么书?

这道题目要引起相当的重视。不论多忙,都要精心准备。因为不可能随机应变。面试前读一本书:文学、学术著作都可。但要挑新出版的,作者和该书有相当的知名度。边读边做读书笔记,最好再读一点评论。这样,你的回答充实且有高水平。千万别听说过一本书,没读过却回答起来。那样经不住盘问,整体面试毁于这一道题。

⑦你信仰什么?

所有问题,几乎都不能回答"没有"、"不知道"。这道题也不应当回答"没有信仰"。一般的面试人员可能认为:有宗教信仰的人,往往纯真善良。那么我们也要为"宗教"好好准备。例如,了解乃至熟知佛教常识。

⑧你是一个顾家的人吗?

很难确定面试人员到底喜欢还是讨厌顾家的人。如果你遇上的面试人员是个儒家风范的长者,那么当然选择回答顾家;可惜现今的面试人员大多是比你大不了几岁的年轻人、实干家、实用主义者,那么多半要回答不顾家。保险的回答是:"我顾家,但我更顾工作;家是后方,工作是前方,相辅相成。"

⑨告诉我们一些你的简历上没有的东西。

需要精心准备,不大可能随机应变。最好讲一个小故事,让故事透射出你的一种个性、思想。千万别去重复简历中已有的概念,如"我很坚强",那样没有什么新意。

⑩你喜欢什么样的领导人?

不能将之描述成高、大、全的领导干部形象,那样你在面试人员眼里是个浪漫主义者。应当实际一些,选领导人最重要的特点描述,例如,"他可以有很多缺点,比如爱发脾气,但是他应当热爱工作,关心下属,对我而言,他应当支持和帮助我",或者"我喜欢民主型、开放型的上司,但实际上,我的适应能力很强,我会适应各种各样的领导"。

(4)特别面试问题

除了上述常见面试问题之外,还会出现一些较难应对的问题。

①你对待遇有什么要求?

有些年轻人错误地接受了西方发达国家的思维,以为说低了工资是没有自信、贬低自身价值的表现。在中国企业内,聘用一般员工,均倾向于"物美价廉",人好用,付给他的薪水也不用太高。

一提高薪,招聘者可能会反感:本领不大,好高骛远,轻狂。因此,求职者可以适当提出薪金要求,可以从两方面提出待遇:一是要求同岗同酬,薪水不低于同类工作人员。二是表示将来我要用自己的才干和业绩来改善我的待遇。

②如果公司安排的岗位与你应聘的职位不同，行不行？

一般来说，不会真的那样让你调换岗位，它只是个问题，考察你能否应变。因此，不能贸然问面试人员那是什么岗位。应从两方面回答：一是希望应聘原岗位，表示你不是为了有个工作，什么岗位都无所谓。二是表示如果变更的岗位能发挥才干、学以致用，也在考虑范围内。

③如果单凭兴趣，你会选择什么职业？

这并非想知道你的兴趣，而是想考察你对理想与现实关系的处理。每个人都有理想的职业，而如今的选择都有些无可奈何。你的回答决不能顺着原题说，而是要说："我选择职业首先考虑建功立业，兴趣只是儿童时代的想象。"

④你用什么方法来消除疲劳感？

想考察你的生存态度，应回答积极的生存方式，如运动、唱歌、弹琴等。

⑤可否请谈谈你的家庭（谈谈你的社会关系）？

想考察你的文化背景、思想氛围。必须回答出你对伦理道德（忠、孝、礼、义）的理解及此种观念的来源、环境和背景。

⑥你受到挫折、失败或委屈，怎样处理？

不是考察如何转败为胜，而是考察生存态度、心理健康。因此，要回答以积极的方式化解郁闷，如运动、找好友聊天、郊游。

⑦如果把你安排到本公司的驻外地（一般都明确说明陕西、甘肃等边远地区）办事处行吗？

没有公司会把新来的、不熟悉工作的人员安排到外地去。驻外人员都是精干人员。这里纯粹是考察你的艰苦奋斗的决心。可以这样回答："我能吃苦，适应性也强，只要岗位能发挥我的才干，我就去。"

⑧依你现在的水平，能否找到比我们公司更好的公司？

考察你是否心高气傲、这山望着那山高。因此，要表现踏踏实实的精神，回答应该十分肯定："贵公司很适合我。"

⑨你的长远目标和短期目标是什么？

长远目标是专业上的，短期目标是岗位上一年内要达到的。

⑩你走进我们公司，有什么印象、感觉？

决不说吹捧话，如"特有气势"，而是先谈企业文化标识，如颜色、厂徽；再偏重谈人文气氛，如安静、有秩序、有礼貌；最后确认"这里是我锻炼自己的地方"。

⑪在你一生中，你最想做的、最重要的事情是什么？

凡涉及"一生"、"终身"字眼，大多与品质道德有关。这里是考察你的伦理道德。可以回答："报答父母和老师的恩情。"

⑫你想开公司当老板吗？

如果说不，显得窝囊；如果说是，显得狂妄。因此，要中庸。可以回答："将来能力素质达到，我可能当老板。如今，我只想干好本职工作。"

⑬除本单位外，你曾应聘过其他单位吗？

对此，如果回答"没有"，在当今双向选择的条件下，似乎令人难以置信。因此，无论该单位是否是你的首家应聘单位，我们建议，均可以回答"应聘过"，但要加以说明。不妨这样回答："应聘过，但根据我个人的专业及性格特点，我认为在所有应聘岗位中，现在我所应聘的工作岗位最能发挥我的专业和个人特长，也最有可能为公司作出较大贡献。因此，如果能够被贵公司录用，我会毫不犹豫地服务贵公司。"这里，一定要让面试人员感觉你对目前岗位100%的满意，而且让其感觉你加盟其团队的决心是真诚的。

⑭你对琐碎的工作是喜欢还是讨厌，为什么？

这个问题是个两难问题，若回答喜欢，似乎有悖现在年轻人的实际心理；若说讨厌，似乎每份工作都有琐碎之处。因此，按普遍心理，人们是不愿做琐碎工作的（除非特殊岗位，如家庭钟点工），即面试人员明知故问，我们可以推测出其"醉翁之意不在酒"，而在"工作态度"。可以这样表述自己的态度："琐碎的事情在绝大多数工作岗位上都是不可避免的，我会认真、耐心、细致地把它做好。"这句话既委婉地表达了大多数人的普遍心理—不喜欢琐碎工作，又强调了自己对琐碎事情的敬业精神——认真、耐心、细致，既真实可信，又符合面试人员的用人心理。

⑮你认为金钱、名誉和事业哪个更重要？

这个问题，面试人员是给你出了一道单项选择题，如果你选其中之一，就被面试人员误导了。因为对刚毕业的大学生来说，这三者都很重要。面试人员的误导是通过一个暗示的前提条件——这三者是相互矛盾的，只能选其一。我们必须冷静分析，可以明确指出这个前提条件是不存在的，再解释三者对我们的重要性及其统一性。我们可以这样回答："我认为这三者之间并不矛盾。作为一名受过高等教育的大学生，追求事业的成功当然是自己人生的主旋律。而社会对我们事业的肯定方式，有时表现为金钱，有时表现为名誉，有时两者均有。因此，我认为，我们应该在追求事业的过程中去获取金钱和名誉，三者对我们都很重要。"

三、面试礼仪

（一）了解面试着装礼仪

1. 协调规则

（1）着装要和肤色、形体相协调。不同的人，身材有高矮，体形有胖瘦，肤色有深浅，穿着理应因人而异，扬长避短。

（2）一般来说，人瘦不能穿深色衣服，人胖不能穿浅色衣服。

（3）肤色较深的人穿浅色服装会获得相对好的色彩效果，肤色较白的人穿深色服装，更能显出皮肤的细洁柔嫩。

（4）肩胛窄小的人，宜选有衬肩的衣服，以产生肩宽腰细的效果。

（5）腿较短的人，应选择上衣较短裤筒长的服装。

（6）腿较粗的人，宜穿上下同宽的深色直筒裤、过膝的直筒裙，不宜穿太紧的裤、太短的裙。

（7）颈长的人，适合穿高领的服装。

（8）颈短的人，可选择无领或低领的款式。

（9）胸部扁平者，宜穿水平条纹上衣，开细长缝的袖口，并在衣服门袖处点缀些波浪边或荷叶边，以掩盖胸部扁平的缺陷等。

总而言之，不能抽象地讨论服饰的美与丑，只有和本人的形体条件相协调，使之具有配色美、造型美和时代气息，才能分出美与丑。

2. 男士着装规则

男士在应聘时一般上身着西装、衬衣，下身穿长裤。其具体穿着规范为：

（1）西装的套件

西装有上装和套装之分。非正式场合，可以穿上装配以各种西裤或牛仔裤等；半正式场合，应着套装，可视场合和气氛在服装的色彩及图案上选择大胆些；正式场合，则必须穿颜色亲和的套装，以深色平色为宜。男士面试应当穿正式场合的套装西服。

（2）衬衫

与西装配套的衬衫须挺括、无皱折，尤其是领口、衬衣袖子应以抬手时比西装衣袖长出 2 厘米左右为宜，衬衣的领子略高于西服边，衬衫下摆应塞进西裤；如不系领带，可不扣领扣。衬衫以白色为主，不要选择带花纹或图案的。另外，最好在面试之前把你的衬衫送到干洗店熨烫一下。

（3）领带

领带必须打在硬领衬衫上，要与衬衫、西服和谐；其长度到皮带扣处为宜；若内穿毛衣或背心，领带必须置于毛衣或背心内，且衣服下端不能露出领带头。领带夹是用来固定领带的，其位置不能太往上，以从上往下数衬衫的第四粒纽扣处为宜，领带的选择应该与西装和衬衫相配。领带图案以单色和印花条纹、螺旋纹为主。

（4）西装的纽扣

西装有单排扣和双排扣之分，双排扣西装一般要求将扣全部扣好；单排扣西装，若是三粒扣子的只系中间一粒，两粒扣子的只系上面的一粒，或者全部不系。

（5）西装的胸饰

西装的胸饰又称手帕兜，用来插装饰性手帕，也可空着。手帕须根据不同的场合折叠成各种形状。

（6）西装要干净、平整，裤子要熨烫出裤线。

（7）穿西装一定要穿皮鞋且要上油擦亮，皮鞋的颜色要与西装相配套。穿皮鞋还要配上合适的袜子，使之在西装与皮鞋之间起到一种过渡作用。

（8）鞋子、腰带、公文包的颜色最好相同或相似。最理想的是三者均为黑色。它们是职业男士的整体着装中最引人注目之处，有助于提升自己的品位。

3. 女士着装规则

女士服饰选择的原则是"在流行中略带保守"，配合流行但不损其形象。凉鞋、项链、内衣外穿、透明衣服是女士面试着装中的大忌。

（1）套裙

女士面试着装套裙为首选。现在占主导地位的是两件套套裙。同一色彩、同一质地的素色面料，冷色调为主，体现典雅、端庄、稳重；可上浅下深——庄重而正统；也可上深下浅——富有活力与动感。套裙颜色不超过三种，否则会显得杂乱无章。正式场合套装不带任何图案，但也可以用格子、圆点面料制作，静中有动，有活力。不宜有其他点缀，如金线、亮片、彩条、绣花、扣链、皮革等。

对裙装一般的传统观点是：裙短则不雅，裙长则无神，裙下摆恰好抵达着装者小腿肚子上最为丰满处，乃是最为标准、最为理想的裙长。着套装应兼顾举止、动作、姿态，如站、坐、起等，否则无美感而言。

套裙的穿法如下：一是大小适度。上衣最短可以齐腰，袖子恰到腕处，裙子最长可达小腿中部；裙摆过长会显矮小，过短"捉襟见肘"，显得滑稽而随便，过于紧身则会"引火上身"。二是穿着到位。领子翻好，兜盖拉出，拉链拉好，扣好衣扣，上衣不披穿。

（2）衬衫

长袖衬衫是最好的选择，而且最好在外衣的袖口外露出一圈。这是比较典型的职业装束，不要穿短袖衬衫，更不能穿无袖衬衫。衬衫的颜色最好选择白色或蓝色，此外还可以选择浅灰色或深蓝色。

（3）鞋子

高跟鞋是女士面试的最佳选择，但要避免穿过高的高跟鞋，除非走起路来你能如履平地。鞋的颜色应该与套装相配，以黑色为正统，最好是牛皮鞋。

（4）袜子

袜子的颜色不应该太显眼，颜色宜为单色如肉色、浅棕、浅灰等几种常规颜色。

（二）了解面试礼仪

面试是比较正式的场合，求职者更应懂得讲究礼仪的重要性，其直接影响着面试人员对求职者印象的好坏，进而决定是否录用。一般说来，面试者应该从以下几方面注意礼仪礼貌问题。

1. 衣着整洁

（1）参加面试时，应提早计划选择适当的服饰以达到最好的视觉效果。如果能在一个月前就将要穿的服装准备好是比较理想的，这样可以避免求职的当天因穿新衣而感觉不适、举止呆板。女生尽量不要尝试穿没有穿过的高跟鞋去面试。

（2）女士不宜浓妆艳抹，若用香水则适宜用香味清淡的，体现对他人的尊重；头发应梳理整齐，发饰不宜过多；最好穿着正式的套装，不宜穿太短或低胸、紧身的服装。此外，女士一定要穿丝袜，并随时检查是否脱线、破损。

（3）面试的男士首先应注意脸部清洁，胡子一定要刮干净，不能留长发；领带要打端正，袜子与西装的颜色相配，不要穿白色休闲袜，鞋子要穿比较正式的并擦亮。

（4）求职者应该注意服饰整体的搭配以简单朴素为主，应试出门前应再检查一遍整体仪容是否整洁，扣子、拉链是否扣好、拉好，衣缝及袖口是否有破损或不应有的褶皱，鞋子是否干净光亮。

（5）面试当天除了脸部要洗干净外，还应注意耳朵和脖子上的清洁、指甲的修剪以及发型的适宜。

2. 遵守时间

参加面试应按约定的时间前往，最好提前 10 分钟抵达面试地点，以显示求职的诚意，使对方认为你是一个守时的人。面试时迟到或是匆匆忙忙赶到都是致命的，而提前半小时以上到达也会被视为没有时间观念，而迟到更会给招聘者留下不好的印象，甚至失去面试的机会。

3. 耐心等候

到达面试地点要在等候室等待或在办公室的门外等候，并保持安静及正确的坐姿。即使按顺序该你进去面试，当你走到门口，如果发现面试人员正与其他人交谈时，也应该在外面耐心地等候，即使等候的时间稍长一些，也不能贸然闯进去。

4. 敲门进入办公室

到达面试办公室门口时，首先整理一下自己的衣服、发型，并把鞋擦干净，然后按门铃或敲门求进，这表示对面试人员的尊重。按门铃或敲门时要注意力度和节奏，敲门较为标准的是不可用力太大，时间太长，更忌用力敲打或用脚踹门。

到达面试地点如门开着，也不可贸然进入，仍要按铃、敲门或问候一声，等面试人员发出"请进"的邀请之后方可进入。进门之后要轻轻把门带上，然后向室内面试人员讲明自己是来面试的。

5. 自我介绍

自我介绍是人们在社交活动中的重要环节，是人与人相识的最基本形式。在自我介绍时，要求介绍的语言既要简洁明了，又能使对方从你的介绍中找出面试下去的话题；既要使对方通过你的介绍对你有所了解，又不使对方觉得你在自吹自擂。

6. 面试中的称呼礼仪

称呼，是人与人交往中使用的称谓语，是表达不同思想感情的直接手段。面试中的称呼礼仪特别重要，应根据面试人员的年龄、职业、地位、身份选择适当的称呼，如老师、某总、某经理、某厂长、某院长等。

7. 面试中的致意礼仪

致意是一种常用的礼节，表示问候之意。进入面试人员的办公室，有礼貌地称呼面试人员之后，应该向面试人员致意，可以点头致意，朝向对方轻轻点头；也可以微笑致意；还可以鞠躬致意，即先立足站好，同时双手在前摆好，右手叠在左手上，面带微笑，然后弯身行礼，鞠躬时应同时问候"您好"、"打扰了"等。

8. 面试中正确的坐姿

（1）进入面试场，不能马上坐下，等面试人员说"请坐"时方可坐下。

（2）入座时，要轻要稳。

（3）从座位的左边入座，只坐椅子的 2/3，不要坐满或只坐一点儿边。

（4）女士入座时，若是裙装，应用手将裙子稍微拢一下，坐下来后，身子中心垂直向下，上身保持正直，两眼平视，目光柔和，可将右手搭在左手上，轻放于腿面，双膝自然并拢，双腿正放或侧放，双脚并拢或交叠。

（5）男士可双手掌心向下，自然地放在膝上，也可放在椅子或沙发扶手上，双脚可略为分开。

（6）就座时不要将双手夹在腿之间或放在臀下，不要将双臂端在胸前或抱在脑后，也不要将双腿分开过宽或将脚伸得过远，腿脚不要不停地抖动，也不可高跷二郎腿。

9. 面试中正确的站姿

进入面试如果没有马上坐下，要有正确的站立姿势。

标准站立要求是：上半身挺胸收腹，腰直，双肩平齐，舒展，精神饱满，双臂自然下垂，双眼平视，嘴微闭，面带笑容；下半身双腿直立，身体重心在两脚之间。女士的双膝和双腿要靠紧，双脚也可调成"V"字形或"T"字形；男士的双脚间可稍分开距离，但也不宜超过肩宽，双脚也可调成"V"字形。

10. 回答问题的礼仪

不要东张西望，心不在焉，眼睛要注视对方。如果主试者有两位以上，回答谁的问题，目光就移向谁；且口齿要清楚，声音要适中，答话要简练、完整，不用口头语，不用夸张的动作。

11. 谈话的礼仪

要注意聆听，不能随便打断面试人员说话，这样既礼貌，又能抓住问题的要点和实质。如果遇到不明确的问题，可说："对不起，某个问题我没听清楚。"面试人员通常会进一步稍加解释。这样既能搞清问题，又可以给对方留下虚心诚恳的好印象。

面试中，对方问你的问题要一一回答，对方向你作某些情况介绍时要认真听。为了吸引对方更热情地给你介绍情况，你可以在适当的时候点头或答话。

在面试中千万不要与面试人员发生争辩，不要抢话头，不要插话。争辩成功了会伤了他们的自尊心，可能会失去就业机会；而争辩失败了更不会录取你。

在整个面试过程中，要保持举止文雅，谈吐谦虚，态度和蔼。虽然这些都是细微的小事，但事实上这些礼仪对求职者能否被录用有很大关系。

面试结束，不管结果如何，都应该站起身向面试人员和工作人员说"谢谢"。在走出办公室时，先打开门，然后转过来向面试人员鞠躬并再次表示感谢，然后轻轻将门关上。

12. 面试的后续礼仪

面试结束一两天之内，最好给面试人员和其他人员写封感谢信，内容应该包括：简短重申你的优点和你对应聘职位仍十分感兴趣，你能为用人单位作出的具体贡献以及希望早日能听到用人单位的回音。感谢信最好在面试结束后 24 小时内发出。哪怕你预感可能落选了，寄一封短信说明你即使没有成功但也很高兴有面试机会。这样做不仅仅是出于礼貌，而且还能使接见者在其用人单位出现另一个职位空缺时想到你，为自己创造一个潜在的求职机会。

第三节 求职权益与维护

随着高校扩招以来，应届毕业生人数逐年增多，就业压力越来越大。在激烈的就业竞争下，毕业生的就业权益受到侵害的问题也渐渐暴露出来。尽管多年来我国各级政府及有关职能部门以及新闻媒体，从不同角度为应届毕业生就业权益做了大量工作，但毕业生的弱势地位使得其就业权益保护难以实现。

毕业生只有正确了解和运用就业维权知识，关注自己合法的就业权益，熟悉就业法规，树立科学的就业观，才能更好地保护自己的就业权益。

一、识别求职陷阱

刚刚走出校门、踏上社会的大学毕业生，在求职就业时面对招聘广告、签订劳动合同、洽谈就业岗位和工资福利待遇等事项，往往感到力不从心，而某些企业和单位正是利用大学毕业生没有社会经验，在这些环节设置陷阱，损害求职者的合法权益。

大学生求职陷阱是指招聘单位及其他机构或个人，利用大学生的弱势地位（如社会经验不足、自我保护意识差、就业竞争激烈等），以提供就业机会为诱饵，采用违法悖德等手段，与大学生达成权利与义务不对等的各类就业意向（协议），以侵害大学生合法权益的现象。常见的求职陷阱有以下几种类型。

（一）招聘陷阱

1. 变相收费

有些招聘单位不当场签约，要求通过网络或电话继续洽谈，而这些网络或电话都是收费的；有些招聘单位收取求职者报名费、资料费或培训费等。某大学毕业生小王，应聘到一家企业工作。这家企业规模虽不大，但看上去比较正规。小王的所有手续都办得很顺利，对自己的岗位也算满意。但是经理告诉她，因为她没有工作经验，上岗前要参加一个月培训，交 800 元培训费，培训结束考核合格将培训费再退还给她。小王看经理非常认真，心想这家企业用人还挺严格的，于是不假思索地交了钱。但是一个月培训结束后，公司人事部门却通知她，说她没有通过考核，就不录用她了。小王一听气坏了，找经理理论，经理避而不见，找业务主管，业务主管指着培训条款说："你看这里说得明明白白，考核合格才退费，你考核不合格，我们在你身上花了这么大的人力、物力，难道白费了不成？"小王毫不软弱，说："你不退费就是诈骗，我到市劳动局告你们。"那位经理怕事情闹大，才把钱退还给了她。

2. 用招聘掩盖违法行为

有些企业打着招聘的幌子，逼迫毕业生做传销、推销或其他违法的事情。某大学生小唐多次应聘却总是无果，有一次他在网站投简历寻求面试机会，在一个名不见经传的网页上看到一个公司招聘实习生，该公司管吃管住，每月给3000多元，该公司回复让小唐尽快报到，小唐办理实习手续后便从广州动身去徐州实习。他没想到自己却深陷传销组织，传销组织通过讲大道理、软禁等方式控制了他，辗转数日后学校辅导员老师和同学们报警后他才算脱险。

（二）协议陷阱

大学生找工作时，要与单位签订就业协议，就业协议是双方表示意愿的一种约定。毕业生在签订协议的过程中时常会出现以下三种问题。

1. 口头承诺

口头承诺如果没有在协议书中白纸黑字予以体现，就没有法律约束力。一旦协议主体间发生矛盾，吃亏的一般都是学生。因此毕业生一定要按照要求与用人单位签订就业协议，把双方口头商谈的内容全部写进协议，签约前还应反复检查，保证协议内容无歧义和遗漏。在签约之前多向学校老师或有经验的人取经，要敢于向企业提问，充分论证后再签约。

小陈是某大学计算机专业毕业生，在学习期间通过了微软的软件工程师认证，另外还通过了国家计算机软件考试。小陈的专业优势及手里的几张"王牌"证书使他在与一家外资公司洽谈时，很顺利地进行到签订合同的阶段。在签订合同前，小陈仔细阅读了合同文本，人事经理说文本是通用的，每个新来者都签这个文本。当小陈看完所有条款后，发现"三险一金"（养老险、失业险、医疗险和住房公积金）没有提及。人事经理解释，试用期间都是这样签订合同的，转正以后才能享受这些。论薪酬他们是同行业中最高的，至于医疗，到时到公司报销即可。小陈觉得公司待遇还不错就答应了，但是没想到有一天出了交通事故，看病就花了好几万元。由于公司没有给他上医疗险，他拿着医药费用单据去找公司经理，希望公司能报销。可是公司的答复是，公司没有这个先例，要正式录用以后才有，医疗费用不能在公司报销。

这时，小陈才想起当初签合同的情形，他十分后悔当时没有坚持自己的合法权益。

2. 不平等协议

由于大学生维权意识缺乏，在求职中处于弱势地位，对不平等条款要么不懂，要么不敢提出异议，使就业协议在某种程度上成为"霸王合同"。所以，大学生在签订就业协议时，一定要慎防无保障的不平等协议。某大学生小黄被某施工单位录取了，但在签订"毕业生就业协议书"的过程中，用人单位要求毕业生领取空白的协议书，填写个人信息并签名后，先到本系盖章，再到学校就业指导中心盖章，最后寄给用人单位。由于该单位往年均有到校进行招聘，为了加快签订协议的流程，小黄急忙按照单位要求办理手续后邮寄给单位。但是，临近毕业的时候，用人单位才把协议书寄回给小黄，这时同学们发现，单位在协议书中对小黄的服务年限和违约金等地方加了一些"额外"的要求，这使得同学们非常吃惊。

3. 就业协议代替了劳动合同

有些用人单位以就业协议替代劳动合同，究其原因是用人单位在就业协议中的许多约定不符合劳动法规定，如果签订劳动合同，许多不合法约定将不存在，难以实现对大学生的约束，不能达到其违法用工的目的。

2008年7月的一天，一群刚毕业参加工作的大学生来到法律援助中心寻求帮助。原来在5月初，他们与某商贸有限公司签订了工作意向。5月13日，他们到公司正式报到，并签订了"就业协议"，而不是正规的劳动就业合同。"就业协议"中约定他们在学习培训期间必须服从公司的工作安排（比如出差），公司保证在他们学习期满时发放学习期间的生活费1500元。协议中还特别约定学习、培训时间为一个月，学习期满公司发放学习生活费，学习、培训不满一个月就放弃的不发放此项生活费。但等到学习培训期满发放工资时，公司却以各种借口一再拖欠。

在多次讨要无果的情况下，大学生们找到法律援助中心寻求帮助。法律援助中心工作人员当场指派律师办理此案。律师分析后认为，某商贸有限公司与劳动者签订的是"就业协议"，但实际上双方是劳动关系，用人单位严重违反了《劳动合同法》的相关规定，且特别约定也是无效条款。为此，法律援助中心工作人员一方面主动上门向该公司宣传相关的劳动法律法规，要求公司与投诉员工进行协商调解，另一方面积极与区劳动监察大队沟通联系，反映该商贸公司劳动用工违法行为。最终，用人单位同意支付6275元的劳动报酬。

针对诸如此类的协议陷阱，大学生在与用人单位签订就业协议时，要特别仔细地辨识是否存在问题。一要看协议是否合法；二要看协议是否全面；三要对协议书仔细推敲；四要正式报到上班后，及时在协议书基础上与单位协商签订一份有效的劳动合同。

（三）试用期陷阱

试用期是用人单位对新录用的劳动者是否合格进行考核，劳动者对用人单位是否适合自己进行详细了解的期限。劳动合同试用期作为劳动合同中的一个特殊阶段，对于帮助用人单位以最低的成本风险争取优秀人才加入，促进劳动者的风险意识和竞争意识都有极其重要的意义。然而，鉴于大学毕业生在就业中的弱势地位，加之缺乏工作经验，试用期容易被用人单位滥用：一方面，试用期的长短及试用期内的报酬由用人单位单方决定；另一方面，用人单位以实习期、见习期为由规避试用期规定，或者利用试用期随意解除劳动合同，以逃避本应由单位承担的责任和义务。试用期陷阱主要有以下两种。

1. 不约定试用期，获取廉价劳动力

试用期是劳动合同的约定条款，对双方都有约束力，试用期长短或有无由双方依法在劳动合同中约定。大多数企业对新职工都要求有一段时间的试用期，这是正常的，也是劳动法律法规许可的。但有些公司却不签劳动合同，先试用，等到试用期满后，一句"不符合录用条件"，就将求职毕业生变成了他们的廉价劳动力。

某大学经贸专业毕业生小冯被北京的一家公司录用，和他一起进入试用期的还有另外 6 名新职工，他们被分到不同的部门实习。小冯到中关村大街一个大型电子商城内公司的摊位卖电子产品。经理告诉他，让他站柜台，一是让他熟悉公司的业务，为以后的工作打下基础；二是了解市场动态，听取顾客意见，以便改进产品。3 个月试用期过后，小冯的销售业绩相当不错，除了第一个月不太熟悉，销售额 5000 多元外，后两个月都超过了 20000 元。小冯想，这个业绩证明了自己的才能，公司没有不录用他的理由。可经理让他回家等消息后，快两个月了也没有消息，他给公司打电话，人事部门经理告诉他落选了，小冯怎么也不相信自己的耳朵。后来一打听，他们这批新来的 6个人，一个也没有被录用。半年后，小冯有一次到中关村那家电子城，无意中来到这家公司的摊位，发现又一批新来的大学生在那里站柜台。

2. 试用期或见习期过长

劳动部在 1996 年全面实行劳动合同制时规定，大中专、技校毕业生新分配到用人单位工作的，仍应按原规定执行一年的见习制度，见习期内可以约定不超过半年的试用期。由于法律法规对见习期内的权利义务没有具体规定，在大学生就业中，违规违法现象主要表现为见习期与试用期的总期限超过一年，有的甚至长达两年；有些单位以见习期的名义不签合同且借故延长见习期；有些单位签的是劳动合同，书写的却为见习期。诸如此类的现象屡见不鲜，应当引起大学生的高度重视。

《劳动法》第 21 条规定：劳动合同可以约定试用期。试用期最长不得超过 6 个月。《劳动合同法》第 19 条也规定：劳动合同期限 3 个月以上不满 1 年的，试用期不得超过 1 个月；劳动合同期限 1 年以上不满 3 年的，试用期不得超过 2 个月；3 年以上固定期限和无固定期限的劳动合同，试用期不得超过 6 个月。同一用人单位与同一劳动者只能约定一次试用期。也就是说，试用期不能"没完没了"。另外，《劳动合同法》第 39 条和第 40 条，规定了劳动者在试用期间被证明不符合录用条件等六种情形，以及劳动者患病或者非因工负伤，医疗期满后，不能从事原工作也不能从事由用人单位另行安排的工作等三种情况，符合上述情况的，用人单位可以解除劳动合同，但是应当提前 40 日以书面形式通知劳动者本人。

（四）虚假信息陷阱

一些公司为了吸引求职者，常常在介绍招聘岗位时对岗位信息进行编造和美化。这些公司经常以高薪为诱饵，迫使求职者立刻签订合同以及约定高额违约金的方式，千方百计套牢求职者。同时，虚设岗位也是求职者遭遇虚假招聘信息的一种，即用好听的新名词、新概念包装岗位，将其吹得天花乱坠。例如，招聘单位在招聘广告上把职位写成是"市场总监"或"保险事业部经理"，结果到了岗位，求职者却发现其实是去做"业务员"、"保险代理员"等。有的单位也会以"到基层先锻炼锻炼"为幌子欺骗求职者，使他们继续工作下去。

（五）培训陷阱

以录用作为诱饵骗取培训费已屡见不鲜，但仍有不少求职心切的毕业生因而掉入此类陷阱。应届毕业生小刘，接到某公司的面试通知十分高兴。一番面试后，该公司当时并没有向他收取培训费，只是说让他先试用一段时间，然后再考虑是否录用他。小刘十分高兴，想好好表现一下，争取能留在该公司工作。于是，他起早贪黑地干了近一个月，结果却被告知："试用期表现得不错，但专业知识不足，公司需要对你进行专业培训，请先交 300 元培训费。"当小刘对此进行质疑时，该公司却说，不交培训费可以走人，但此前工作一个月的薪水免谈，这令小刘气愤不已。

国家劳动和人事等有关部门早就明文规定，用人单位不得以任何名义向求职者收取报名费、抵押金、保证金等费用，对于员工的培训费用，应当从企业成本中支出。有些企业和公司置国家规定于不顾，巧立名目，向求职者收取费用，就是因为许多毕业生不了解国家这些规定。求职者糊里糊涂交了钱，当发觉是骗局时，好多人又不敢抗争，只能自认倒霉。

有些公司在招聘时常常不查看任何学历证明，甚至不安排任何面试，只是要求求职者支付诸如信息费、报名费、登记费、资料费、推荐费、注册费等名目繁多的费用，而当用人单位和中介公司填满了自己的"钱袋"之后，就会找出各种理由将求职者"辞掉"。其实，这正是黑心单位最常用的欺骗手法。

毕业生求职前，要了解国家的有关法律、法规如《劳动法》、《合同法》，以及劳动部、人事部关于劳动招聘、人才市场及劳动争议等条例规定以及地方政府相关的规章制度，明白供职单位哪些做法合法合理，哪些做法不合法不合理。当遇到各种名目的收费时，要坚决抵制，不要受其职位、薪金的诱惑，不管这个企业的许诺多么诱人，这样的企业是靠不住的。

二、掌握就业维权方法

构建有效的毕业生就业权益保护体系，切实维护多方主体利益，关系到和谐就业关系的建立，关系到学校和社会的稳定，是当前毕业生就业市场有序建设的当务之急。毕业生就业权益的保护是一个系统工程，我们在强调从法律和制度层面营造一个良好的背景和氛围的同时，也必须加强对于毕业生就业权益自我保护的指导和教育。

（一）求职过程的自我保护

毕业生在就业过程中，如发生个人权益受到侵害的行为，可通过以下途径对自身权益实施保护。

1.通过毕业生就业主管部门保护

毕业生就业主管部门可通过所制订的规范性文件，对侵犯毕业生权益的行为进行抵制或处理。例如在《高校毕业生就业信息登记制度具体实施办法》中规定：对不履行就业信息公开登记手续，侵犯毕业生获取信息权的，给予通报批评，严重者将取消其录用毕业生的资格。

2.通过高校毕业生就业部门保护

高校毕业生就业部门的重要职责之一，就是维护毕业生的合法权益，保证就业工作的顺利进行。对于用人单位在录用毕业生过程中的不公平、不公正行为，学校有权予以抵制，以维护毕业生的公平受录用权。对于用人单位与毕业生签订的不符合规定的就业协议，学校有权不予以同意。

3.依据有关政策法规进行自我保护

随着毕业生就业工作逐步走向规范化、法制化，毕业生的自我保护意识显得越来越重要。要增强自我保护意识：首先，必须认真学习、深刻领会有关的政策、法律、法规，只有掌握其精神实质，把握其要领，才能运用好自己的权利。其次，要自觉遵守有关就业的政策、法律、法规，履行义务，以免使自己处于被动。在就业过程中，如发生协议争执、合同纠纷或用人单位以种种借口无理拒绝接收等自身权益受到侵犯的行为，毕业生可依据有关政策规定或法律条款向学校就业部门或用人单位的上级主管部门进行申诉，求得他们的协调；调解失败，可提交当地的劳动、人事部门的仲裁机构进行调解和仲裁，必要时可向人民法院提起诉讼。

（二）签约后权益的维护

用人单位发布虚假信息等违规违约事件时有发生，一旦用人单位发生侵权行为，毕业生首先要冷静分析原因，评估个人权益受损程度，确认自己是否愿意继续履行就业协议。对无法履行的就业协议，毕业生在维权时，首先要搜集相关证据，确认用人单位不再履约，并征求学校负责老师、家人意见，然后向用人单位提出合理维权要求，与用人单位协商未果的，可以向其上级主管部门申诉，同时向学校讲明情况，取得学校的支持。通过交涉不能解决问题的，可通过法律途径解决。毕业生在维权时，仍要以继续择业为主，切莫顾此失彼，因小失大。

（三）自我保护意识的养成

1.法律意识

市场化的就业体制，要求毕业生就业依靠市场这个无形的手，来实现人才资源的合理配置。市场经济是法制经济，毕业生就业也必须走法制化之路。因此，毕业生必须了解与就业相关的法律法规、政策制度，了解劳动用工的相关规定，并且在学习这些法律、政策、规定的过程中，逐步培养用法律进行思维的意识，即法律意识，进而能在这种意识的指导下，真正做到懂得法律、遵守法律、使用法律。法律意识要求毕业生在求职过程中运用法律的思维来思考碰到的一些问题，大体知道法律的规定是怎样的，了解哪些情况是违法的，哪些情况又是政策允许的。只有有了这种意识，才能认识到行为的性质以及法律后果，才有了进行自我保护的前提。

2.契约意识

从某种意义上说，市场经济就是契约经济，契约意识要求当事人尊重平等、信守契约。由于我国就业体制的特殊性，就业协议在明确单位和毕业生权利义务等方面扮演着重要角色，因此契约意识的作用在毕业生就业过程中显得更加突出。契约意识在就业过程中主要体现在两个方面：一是要求毕业生充分重视和深刻理解就业协议的重要性，要有通过就业协议来保护自己合法权益的意识。二是就业协议一旦签订即具有法律效力，必须具有严格遵守、履行就业协议内容的意识。因此，谨慎签约、积极履约有利于毕业生通过协议书内容的约定保护自己的合法权益。协议一旦订立，双方都必须遵守，任何一方不得无故毁约、违约等，否则将受到经济和法律的制裁。

3. 维权意识

毕业生在法律意识和契约意识的指引下，认识到自己的合法就业权益受到了侵害，是积极运用法律手段或者其他方法来进行救济以维护自己的合法权益呢，还是息事宁人、当作什么事都没发生过？不同的处理方法就体现了维权意识的不同。在碰到问题时能够拿起法律武器积极主张权利，是毕业生走出权益自我保护的实质性的一步。毕业生只有养成了维权意识，才能够平等地与用人单位对话，据理力争，切实保障自己的合法权益。当然维权意识要求毕业生应当知道可以采用下列途径维护自己的就业权利：学校出面调解；向劳动监察部门申诉、举报；向劳动仲裁机构申请仲裁；向人民法院提起诉讼等。

4. 证据意识

法律是用证据说话的，毕业生在就业过程中应"多留一个心眼"，牢固树立证据意识。证据意识的培养主要体现在三个方面。

（1）搜集证据的意识

要求毕业生在就业时要有意识地让对方出示或者提供相关资料，如要求公司出示营业执照、要对方出示表明身份的证件等。

（2）保存证据的意识

要求毕业生注意保存现有的证据，以便将来在仲裁或诉讼时支持自己的观点，如要注意保存单位在招聘时的海报，与单位往来的传真、邮件等。

（3）运用证据的意识

毕业生要有用证据证明案件事实的意识，知道什么样的事实需要什么样的证据证明，知道一定事实的举证责任是在对方还是己方。

5. 诚信意识

毕业生诚信意识的培养主要包括两个方面。

（1）毕业生自己在求职过程中必须如实向用人单位介绍自己的情况

如果毕业生故意隐瞒自身情况、欺骗单位，可能导致就业协议无效，并要承担缔约过失的责任。

（2）要能够辨别用人单位是否诚信，是否存在欺骗行为

第二点对毕业生要求得更高，因为要判断用人单位是否诚信，必然要求毕业生有比较丰富的阅历，通过不同的方法和途径全面了解用人单位的情况。然而，一些毕业生在这方面做得还不够，不敢向用人单位问太多的问题、提更多的要求，认为单位要求的就应该去做，不知不觉中自己的权益已经遭受侵犯。

第七章 创业指导

第一节 创新训练

创新（innovation）是指主体（人）为了一定的目的，遵循事物发展的规律，对事物的整体或其中的某些部分进行变革，从而使其得以更新与发展的活动，它包含目的性、规律性、变革性、新颖性和发展性等因素。

创新能力是指在前人发现或发明的基础上，通过自身努力，创造性地提出新的发现、发明或改进革新方案的能力。创新能力在创新过程、创新活动中主要由提出问题、解决问题这两种能力构成。提出问题又叫形成问题，它是创新者在已有的知识、信息、经验的基础上，对问题情境、状态、性质的新的确认。它的过程包括发现问题、寻找资料、弄清问题。解决问题是面对问题尚无现成的方法可用时，把问题的初始状态向目标状态转化直至达成目标的全过程。将从六个方面开展创新训练。

一、发散思维训练

在训练时，要求对所遇到的问题，通过发散性的想象活动，将脑内已有的表象和概念进行反复的重组、改造而产生大量设想。对这些设想可以不去选择（选择是逻辑思维或收敛思维的方式），只要全力以赴地发散想象就行。

1. 关于材料性能选择的发散思维训练

（1）除了棉、毛、麻和人造纤维以外，还可以用什么材料做衣服，请尽量多列举。

（2）如果不计成本，还可以用哪些材料做镜子？

（3）要研制新的香皂，你可以设计出哪些香型？

2. 关于形态位置选择的发散思维

（1）如果你是服装设计师，你将设计出哪些新颖的裤腿形状？

（2）不考虑安装是否方便，画出你认为美观新奇的窗口形状。

（3）你能设计出更漂亮新颖的伞的形状吗？

3. 关于数量选择的发散思维

（1）请你设计出一些形状、大小不同的手表。

（2）你认为小轿车、面包车可以分别设计成哪些不同尺寸的车型？

（3）两室一厅的房子（一厨一卫），你可以设计出哪些户型？

4. 关于方式方法选择的发散思维

（1）要调动学生学习的积极性，有哪些方式可以运用？

（2）你如果设计一种新型的冰箱，在结构方式上可做哪些改变？

（3）对一门课程来说，你认为可以有哪些考试方法？

二、收敛思维训练

1. 一位学生家庭经济困难，每年的学费、生活费都无法提供，请你设计一个使他坚持完成学业的好方案。

2. 你想经常练计算机，钱又不多，有什么比较经济实惠的办法？

3. 假如你家在深圳，寒假回家往返路途很远，你能选择一种省钱省时又不太劳累的交通方式吗？

4. 你得到一份奖金 500 元，你认为怎样使用最合理？

一般来说，发散思维与收敛思维不应单独使用，应在发散思维的基础上运用收敛思维，进行发散思维的时候，不追求产生最优的结果，但应尽可能多地写出可能的方案，收敛思维则须考虑到各个方案的经济性、可行性，确定最佳方案，并作出说明。

三、想象思维训练

想象思维的训练包括一般训练和强化训练。一般训练是指个人随时随地都可以进行的自我训练，这种训练与实际工作、学习、生活相结合，比如，在工作中，你可以想象，如果换一种工作方式将会怎样？在学习中，你可以用质疑的眼光去看待书本上写的或老师讲的观点、方法，想象用另一种观点、另一种方法，甚至相反的观点、方法会出现什么样的结果？在生活中，这种训练更是随处可以进行。强化训练是指在较短时间内，完成大量的有关想象力的训练科目的训练方式。一般要由教师指导，但也可以几个人互相训练，在掌握了训练要求后，个人自己也能进行。具体如下。

1. 无意想象思维训练

无意想象思维的训练主要采取冥想式思维法，是一种使受训者在清醒状态下达到近似梦境的催眠状态的训练方法，具体步骤如下。

（1）精神放松

端坐在椅子上，手掌放在腿上，眼微闭，全身放松。接着，再一次全身放松。全身放松的具体方法：先把精神集中于脚趾，想象"脚趾不用力踩，完全放松了"，接着，把精神集中于脚腕，想象"脚腕也不用力气，完全放松了"。就这样，再由腿到腰、到胸、到肩、到颈、到头，逐次放松。

（2）注意力集中

彻底放松之后，将精神集中到"丹田"附近，缓慢地进行腹式呼吸，大约 10 次以后，把注意力集中到下腹，同时连续想象"全身放松了，舒服极了"，这样过一会就会有飘然的感觉，此时即已进入无意想象状态。

（3）记下结果

进入无意想象几分钟后停止下来，恢复正常状态，立即用笔把头脑中闪过的形象、事物等记录下来。

进入无意想象状态后，把要解决的问题联系起来，就是所谓"冥想创新思维法"。即使没有实际解决什么问题，无意想象的训练也可以锻炼我们的想象力，把想象的结果记下来，也可能成为创新的参考。

2. 再造性想象训练

再造性想象是根据外部信息的启发，对自己脑内已存人的记忆表象进行检索的思维活动。在平时的工作中经常用到，不难操作。这方面的训练，可以限制时间，以达到迅速、熟练的效果。以下面练习题为例，每题 2-3 分钟，阅读后，立即把自己头脑里想象的东西记录下来。

（1）由于大气污染，南极上空的臭氧层已形成空洞，并逐渐增大，将使地球上的生命受到紫外线的伤害，对此你能想象出什么情景？

（2）如果我国西北地区的沙漠和黄土高原全部被森林覆盖，你能描绘出我国北方的生态环境的变化吗？

（3）有报道说，近年来我国不少建设工程发包和承包中有"暗箱操作"，你能想象出这里有哪些名堂吗？

3. 创造性想象训练

创造性想象是在已有记忆表象的基础上展开的，但并不限于已有记忆表象的水平，而是通过对已有记忆表象的加工、改造、重组的思维操作活动，产生出新的形象。几乎所有的创新活动都离不开创造性想象。以下练习题，要在给出信息的基础上，大胆想象，形成新的形象，并提出解决问题的方法，将想象的结果记录下来。

（1）想象一下可能存在的"外星人"的外表和动作特征。

（2）常用的洗衣机中，衣物和水同时转动，所以洗涤效果不理想，你能想象出改变这种情况的新的洗涤方式吗？

（3）开发大西部需要改造沙漠，为了使沙漠绿化，你有什么新设想？

（4）塑料制品废弃后，造成了"白色污染"，你设想一下，有哪些好的解决办法？

（5）广州等城市汽车的数量增长迅速，交通拥挤的现象越来越严重，除了现有的办法外，你有什么新的办法能较好地解决这一问题？

4.幻想性想象训练

幻想性想象的结果远远超出了现实的可能性，甚至是很荒谬的，但其中就包含了创造的成分，或者是创造的先导。在进行幻想性训练时，应当大胆地任意想象，而不必考虑能否实现。以下练习题，要在明确问题之后，大胆进行想象，不要顾及能不能实现，也不要管你的答案是否完整，只要想到就用简单的文字记录下来。

（1）由于雨量不均匀，世界上有的地方发生旱灾，同时有的地方却发生洪涝灾害，你有什么办法解决这个问题？

（2）你可否想象自己用少得多的时间就读完从小学到大学的课程，或者用相同的时间就达到博士水平，有没有更好的教育和学习方法呢？

（3）海洋占了地球面积的70%以上，在人类居住越来越拥挤的情况下，你对开发海洋有何新想法？

（4）治安问题中的警力不足问题，严重影响了人民生活的安全，你有什么新的想法来解决这个问题？

四、联想思维训练

联想思维可以在日常生活中培养和自我训练，也可以在教师的指导下进行强化训练。主要以回答问题的方式进行，须注意的是，在读完题目后，要立即进入题目的情境，设身处地地进行联想，虚拟的情境越逼真效果就越好；开始联想后，每联想到一件事物，就填写在题目后的表中，直到不能再想为止，但不要急于求成；一般可用2-3分钟完成一道题目，时间一到，马上转入下个题目。

1.空间接近联想

（1）走到卖电脑的商店大厅里，你会联想到哪些情景？

（2）遥望星空，你将产生怎样的联想？

2.时间接近联想

（1）深秋，看到满地的落叶，会引起你什么联想？

（2）看到老同学的照片，你会想起哪些往事？

3. 外形相似联想

（1）一张纸片在空中飞舞，你能作出哪些联想？

（2）老师在黑板上画了一个圆圈，中间点了一个点，你能联想到哪些东西？

4. 意义相似联想

（1）看到一把钥匙，你会联想到什么？

（2）脸盆破了并漏水，你有什么联想？

5. 对比联想

（1）用灌输的方法讲课效果不佳，你会想到什么好的教学方法吗？

（2）看到被污染的河流，你会从治理污染的角度产生什么联想？

（3）坐公共汽车上班太挤，你会想到怎样上班才好？

6. 因果联想

（1）听说某航班发生了空难事故，你会产生哪些因果联想？

（2）你的一位朋友忽然显得特别高兴，你会联想到什么？

（3）你去一个单位应聘，人家让你一个星期后等通知，但一个星期后并没有收到通知，你会产生哪些联想？

五、逻辑思维训练

尽管逻辑思维在许多情况下不能直接产生创新性的思维结果，但是离开逻辑思维，创新思维不能顺利进行，创新活动也就不能达到最终的目的。逻辑思维解决的是准确性问题，创新思维解决的是新颖性问题，只有把这两者结合起来，才能使思维结果既新颖又准确。因此在重视创新思维的同时，也不可忽视逻辑思维。具体训练的方法如下。

1. 严格遵循逻辑法则

逻辑思维的方法和特点就是严密和严格，这要求我们进行必要的训练。在训练中，一定要严格按照逻辑法则去思考，不能发生逻辑混乱。对于每一句话，每一个字，都要仔细琢磨；对于每句话之间的关系更要认真研究。特别是基本的思路一定要严格依照"三段论"的路线，一步一步，层层递进。

2. 结合案例，深思熟虑

训练主要采用案例分析法，案例由浅到深，从易到难。在研究案例的时候，一定要深思熟虑，仔细推敲，不可想当然，也不可轻易下结论。

3. 熟能生巧，举一反三

逻辑思维训练，与数学训练一样（数学就是一种严格的逻辑方法），要在大量做题的基础上达到熟练，在熟练的基础上做到巧妙。通过训练，要善于总结经验，掌握逻辑思维的规律。在此基础上，才能发现逻辑思维对创新的积极作用和它的局限性，并充分发挥其积极作用，克服其局限性。逻辑训练题举例：日本某公司寄给我国某钢铁公司一箱技术材料，清单上写的是 6 份，可是开箱清点只有 5 份。日方说，我们不会漏装。我方说，我们开箱时有许多人在场，反复清点后发现确实少了一份。双方都说自己有理，责任在对方。后来，我方用严格推理的方法，推断出肯定是对方漏装的。日方只好发电报查问，果然是漏装了。请问，我方是怎样使用逻辑推理的方法说服对方的？

六、辩证思维训练

我们根据国外学者的实验研究方法，从 14 个方面进行训练，这 14 个方面基本反映了辩证思维方法的全部特点。据国外实验的结果，12 岁以上的人在教师的帮助下，都能够顺利地进行这些思维活动，并显著地提高了思维水平。

1. 根据事物普遍联系的观点，从各个不同的方面去思考，迅速把思考结果记录下来。

（1）为什么伪劣商品屡禁不止？

（2）为什么肥胖超重者越来越多？

（3）期末考试成绩不理想，原因在哪里？

2. 对下列问题，要从正反两方面去思考，给出比较全面的答案。

（1）一名考生认为信息时代计算机专业最有发展前途，高考时准备全部报考与计算机有关的专业，你认为合适吗？

（2）求职的同学说，招聘单位对学历要求越来越高，大专毕业生真的"没戏"了，你同意他的说法吗？

（3）某同学特别爱吃肉，但并没有发胖；另一女生吃肉不多，却有些胖。前者于是照旧猛吃肉，后者一点肉也不敢吃了，他们的做法对吗？

3. 请从兼顾长远和当前的观点，思考下列问题。

（1）假期回家，遇到未考上大学的同学做生意发了财，并有炫耀之意，你是否羡慕他？

（2）家乡建了一个化工厂，你家也有好几个亲属在那里上班，收入颇丰，但该厂污染严重，政府令其关闭，亲属们想不通，你怎样劝说他们？

4. 从行动的目的性应当明确，具体矛盾具体分析的观点，解释下列问题。

（1）某同学上街，看到商店在打折，一下子买了好几件衣服，你认为是否合算？

（2）有的学生听说网络时代到来了，沉迷于"上网"，功课也不愿意学了，你认为这样做对吗？

5. 根据要抓主要矛盾的观点，思考下列问题。

（1）有个贫困的山村，打算集资修路，村民们有一半人不同意，说是"劳民伤财"，他们说得对吗？

（2）某毕业生是学财会专业的，一家企业录用他当会计，月薪1000元，另一家企业录用他搞推销，月薪2000元，他应当选择哪家企业？

6. 用发展的眼光看问题，敢于打破旧观念，才会有创新，这是辩证思维的重要特点。请按照这一特点，思考下列问题。

（1）你认为图书馆的借还书办法可以做哪些改进？

（2）传统教学方式是老师讲学生听，还要记笔记，你认为可以做哪些改变？

7. 不固执己见，头脑不僵化，吸取他人的长处和善于集思广益，也是辩证思维的必然要求。请从这个要求出发，思考和回答下列问题。

（1）如果你在课堂上回答问题出了错，引起哄堂大笑，你该怎么办？

（2）某老工程师设计的产品相当畅销，有位新来的大学生提出进一步改进的意见，这位老工程师应当怎样对待？

（3）你是怎样看待贷款上学，贷款买房的？

8. 分析和综合的统一是辩证思维的重要准则。分析的方法，就是找主要矛盾，找矛盾的双方并明确各自的地位，或者把整体分解成局部，将诸多矛盾各个击破。因此，对具体事物进行具体分析，就是既承认矛盾的普遍性，又承认矛盾的特殊性，这是辩证思维的重要组成部分。分析的基本操作就是把整体分解出部分、方面、层次或因素，逐个研究认识。其基本特点就是从整体走向局部，从复杂走向简单，从现象走向本质。以下，请就给出的问题按分析方法的要求进行分析，可以写出重要的分析步骤，不必过细。

（1）假如你的学习成绩近期有些下降，请分析主要原因。

（2）如果有三个同学在食堂吃了饭后上吐下泻，应当怎样分析原因？

9. 比较是认识思维对象之间的差异性和共同点的方法。可以是不同事物之间的比较，也可以是同一事物在不同空间、时间的比较。这反映了辩证思维注重对立统一和承认发展变化的特点。请运用比较方法，思考下列问题。

（1）塑料管和钢管作为水管各有什么优点和缺点？

（2）从北京到广州，乘火车和乘飞机哪个更合算？

10. 辩证思维的方法要求我们抓事物发展的关键点，注意从量变到质变的规律，所以我们在思考问题时，为了创造性地解决问题，要抓住事物发展变化的关键点，集中注意力，加以突破。请按照这样的思路，思考和回答下列问题。

（1）假如你去一家公司应聘，你自己感觉面试的情况还不错，但没有被录用，你应当怎样总结教训？

（2）你开了一家保健内衣服装店，生意红火了几个月，这时，有人告诉你，别太高兴了，得考虑下一步了。你首先会考虑什么？

11. 当遇到比较复杂或紧迫的情况时，人们往往感到千头万绪，无从下手。怎样理清思路，选准主攻方向，是一个很重要的问题。善于区别现象和本质，排除虚假的信号，舍弃次要因素，从而全力以赴地迅速切入，这也是辩证思维的要求。请根据这一要求，思考和回答下列问题。

（1）某毕业生学习成绩不错，他感到机会很多，又想考研，又想出国，又想考政府公务员，还想去外企，各方面的准备工作都做了。他这种做法对吗？

（2）学校开设了许多选修课，有的同学看哪门都不错，拿不定主意选哪几门，你能帮他拿定主意吗？

12. 善于找到主要矛盾和矛盾的主要方面非常重要，在军事上常常有"集中兵力打歼灭战""伤其十指不如断其一指"等说法。请根据抓主要矛盾和矛盾的主要方面的要求，思考和回答下列问题。

（1）许多同学在英语学习上下了很大工夫，效果还不显著，要改进英语学习方法，关键是什么？

（2）大城市的空气质量越来越差，要综合治理，重点抓什么？

13. 有时我们会发现，越是困难的时候，坚持下去，离成功也就不远了。思考问题时也是这样，越是遇到难度大的部分，恰恰就是快要解决的时候。这说明创新思维要解决的问题快要出现或已经出现了，这正是接近了事物的本质，也正是临近了从量变到质变的转折点。所以，在进行创新思维时，锲而不舍坚持到底非常重要。请从这一点出发，思考并回答下列问题。

（1）有位毕业生一连去了八家单位求职，都被拒之门外，他灰心丧气地说"再也不去要饭了"，他这种说法对吗？

（2）数学、物理考试时，有的考生常常是每道题做了一半甚至一多半就做不下去了，成绩很不理想，你帮他分析一下原因。

14. 对于已经取得的成果或结论，要用清晰的语言（包括数学语言）表达，这是辩证思维的要求。作出明确的而不是含糊的结论，不仅可以完善已有的成果，对于指导今后的行动也是非常必要的。请根据这一要求，思考和回答下列问题。

（1）为什么有经验的人买家用电器时，不光看广告，还要仔细看说明书？如果说明书过于简略，你是否买得放心？

（2）在经济合同中，如果违约责任不清，你是否同意签约？为什么？

第二节 大学生创业

大学生创业群体主要由在校大学生和毕业生组成，大学生创业具有丰富知识高学历的优势，但是由于大学生缺乏相对应的社会经验，所以需要全社会的关注和帮助。大学生创业逐渐被社会所承认和接受，同时也肩负着社会的种种期望和提高社会稳定等历史使命。

一、了解大学生创业需要具备的基本能力

1. 具有规划人生，确定目标能力

这一点对年轻人来说，是不容易实现的。尤其是大学生刚出校门，对社会和自己的认识还非常有限。要想清楚地知道自己以后发展方向在哪里，仅靠自身的苦思冥想是找不到答案的。最好的办法就是通过自己去观察别人，征求"过来人"的意见，再结合自己的实际情况制定一些小的目标，通过确定和实现这些小目标，再慢慢地开始规划自己的人生。

2. 具有决策时的胆识和魄力

作为创业者，你就是团队的灵魂。团队运营后，甚至在筹备之初就会面临各种各样的决策，你的一举一动都左右着创业的发展走向和兴衰。前期创业者可能会广泛地征求亲朋好友的建议，一旦自己能够独立自主后，就必须要通过自己的智慧和胆识去决定各种大小事务。当在自主地做出决策时，谨慎是必不可少的，一旦优柔寡断可能就会失去一个绝佳的商业的机会。同时，决策的胆识和魄力一定是要建立在深思熟虑的基础之上，既要选择风险小又要兼顾利益最大化。

3. 具有计划管理的能力

在创业过程当中，要经常性地提前计划或规划一些事情。在制订计划的时候一定要综合各种因素，形成切实可行的动作分解，要将任何可能的细节都考虑在内。而在实施的过程当中要针对当下的具体情况进行，适时做调整。运营需要强有力的计划管理能力，只有具备这一能力才能让自己更靠近成功创业之门。

4. 具有建立和改进店铺的管理制度能力

任何创业如同经营一家企业一样，需要制定各种制度。制度不在于多，

而在于是否让所有相关人都能够明白其道理，并且严格执行。创业者需要针对自己团队实际情况建立各种有效的管理制度，包括：店员管理、培训，绩效考核等。同时，针对市场的不断发展变化而改进相应制度，只有这样才能够让创业者及其团队立于不败之地，拥有发展的主动权。在此想提醒大学生创业者，在制定和改进管理制度的时候，一定要基于客观事实出发，而不要想当然，要极力保证制度的可实施性。

5. 具有管理信息的能力

创业者每天都会通过不同渠道接触各种信息，如：竞争对手又开始降价了；明天要下雨；厂家又有新政策，等等。如何从大量的信息里筛选出与自己相关的，再从与自己相关的信息里找到有效的，这需要长时间的锻炼。只有正确有效的信息才能指导自己店铺各项工作有序开展。对于大学生创业者而言，由于缺乏大量的社会实践经验，所以在接触各种信息的时候，难免会有失偏颇地做一些决定。当大家对信息无所适从的情况下，可以向过来人进行请教，加以甄别。要在观察和请教别人的过程中，不断提高自身管理信息的能力。

6. 具有目标管理的能力

开店创业必须要有明确的目的性。在不同创业阶段需制定明确的目标，把目标进行细致化的分解。一个团队要想得到长远发展，必须得有长远的发展目标，长远的发展目标又可以按阶段分解成不同的小目标，而这些小目标又可以分解到每个相关人。在这个过程当中，作为创业者主导者，就需要对不同的目标进行统筹和管理。

7. 具有授权能力

一个创业团队的发展无法单靠某一人完成，只有充分调动团队每个成员的主动性才能让团队的发展更加迅速。让团队每个成员主动工作必须得让他们认识到，他们对于团队的重要性，而授权给店员无疑是最有效的管理方法。授权是建立在对店员的信任基础之上的，一旦店员得到创始人的充分信任，队员则会更加主动地为创始人分担一部分工作，从而使创始人将精力投入到更加重要的事务当中去。

8. 具备谈判的能力

在创业者人际交往过程当中，与人谈判的情况必不可少。谈判对创业者的要求是综合多面的，如有一定的语言能力、心理分析能力、人文素养等。要想在谈判当中占得主动地位，必须要有很强的谈判能力。杰出的谈判能力能够让创业者在谈判过程当中直接获得更多的利益。

9. 具有处理突发事件的能力

创业过程当中，会不可避免地发生一些突发事件，而其中很大部分都是我们想避免的。然而当事情发生的时候，需要我们更为积极地应对。如果这些事情发生在顾客身上，处理得当的话，还能起到广告效果。通过用心的服务会给顾客留下负责任的印象。"好事不出门，坏事传千里"，任何一件突发事件，稍不注意，也会使自己的形象一落千丈，甚至砸掉招牌。如何处理好每次的突发事件，化险为夷，甚至通过这些事件的妥善解决，让顾客更加认同你或者你的团队，再借由消费者之口，为你不断传播好口碑。

10. 具有坚守职业操守的能力

"君子爱财，取之有道"这句话已经流传了几千年了，可见其真理性。几千年来大凡被人记住或称道的都是有一定道德操守的人，通过正当的途径实现发家致富的，范蠡、乔致庸、胡雪岩，不胜枚举。作为商人，要尤为珍视自己的操守。我们经常看到一些人，倒卖消费者信息，出卖商业机密，短期内他们有可能获利巨大，但最后都不得善终。透支自己的道德最终将会被唾弃。

11. 具有学习能力

现代社会要想取得不断的成功，必须具备持续的学习能力。市场和行业的竞争日益激烈，大至一个企业，小至个人要想力争上游，那就必须比竞争对手更快地掌握更多的知识，通过不断地学习使自己处于不败之地。对于大学生创业者而言，除了掌握书本的理论知识外，更要重视学习其他方面的综合能力。

12. 具有社会交往能力

良好的人际关系，不仅能给人生带来快乐，而且还能助人走向成功。大学生创业者在开始创业时必将会接触到各种不同类型、身份的人，而接触的人大多都是跟自己的利益相关的。所以从创业最开始就要学会跟各种人打交道。要尽可能地去积累人脉，舍得给自己投资。在与前辈们的交流和学习当中不断认识到自己的不足，有针对性地加以完善。

13. 心态调节能力

创业者经常要与孤独和挫折为伴，绝大多数的创业过程不是一帆风顺的。时下流行一个词"逆商"，也就是说人适应逆境的能力。创业者如何保持乐观而稳定的心态，需要在长时间的历练当中找到方法。而大学生创业者一般都比较心高气傲，有着强烈的自尊。建议刚毕业的大学生要放低姿态，以平和的心态去接受一切可能的打击。同样，在得意时，也要克服骄傲的情绪，切不可沾沾自喜，妄自称大。

14. 保持身体健康

身体是革命的本钱，创业者只有身体健康才能够支撑一切的打拼和奋斗。为事业拼搏而废寝忘食的精神非常值得肯定，但是终究不能视之为常态。大多数年青创业者都会精力旺盛，一旦投入工作中都很难自拔。在创业的过程当中一定要注意劳逸结合，切莫因为过于拼搏而让自己的健康状况下滑。

二、了解大学生创业的主要途径

途径一：学习途径

创业者通过课堂学习能拥有过硬的专业知识，在创业过程中将受益无穷；大学图书馆通常能找到创业指导方面的报刊和图书，广泛阅读能增加对创业市场的认识，大学社团活动能锻炼各种综合能力，这是创业者积累经验必不可少的实践过程。

途径二：媒体资讯

一是纸质媒体，人才类、经济类媒体是首要选择。例如比较专业的《21世纪人才报》《21世纪经济报道》《IT经理人世界》等；二是网络媒体，管理类、人才类、专业创业类网站是必要选择。例如《中国营销传播网》《中华英才网》《中华创业网》《人才中国网》《校导网》等。此外，从各地创业中心、创新服务中心、大学生科技园、留学生创业园、科技信息中心、知名的民营企业的网站等都可以学到创业知识。

途径三：与人交流

商业活动无处不在。你可以在你生活的周围，与有创业经验的亲朋好友交流。在他们那里，你将得到最直接的创业技巧与经验，更多的时候这比看书本的收获更多。你甚至还可以通过电子邮件和电话拜访你崇拜的商界人士，或咨询与你的创业项目有密切联系的商业团体，你的谦逊总能得到他们的支持。

途径四：曲线创业

先就业、再创业是时下很多学生的选择。毕业后，由于自己各方面阅历和经验都不够，能够到实体单位锻炼几年，积累了一定的知识和经验再创业也不迟。先就业再创业的学生跳槽后，所从事的创业项目通常也是在过去的工作中密切接触的。而在准备创业的过程中，你可以利用与专业人士交流的机会获得更多的来自市场的创业知识。

途径五：创业实践

真正的创业实践开始于创业意识萌发之时。大学生的创业实践是学习创业知识的最好途径。

间接的创业实践学习主要可借助学校举办的某些课程的角色性、情景性模拟参与来完成。例如积极参加校内外举办的各类大学生创业大赛、工业设计大赛等，对知名企业家成长经历、知名企业经营案例开展系统研究等也属间接学习范畴。

直接的创业实践学习主要可通过课余，例如大学校园各楼宇做饮水机清洗消毒有偿服务等，假期在外的兼职打工、试办公司、试申请专利、试办著作权登记、试办商标申请等事项来完成；也可通过举办创意项目活动、创建电子商务网站、谋划书刊出版事宜等多种方式来完成。

途径六：校园代理

大学生由于经验、能力、资本等方面都存在不足，直接创业存在很大困难，既不现实成功率也很低，而校园代理对经验、资金等方面一般没有太高要求，可以利用课余时间代理校园畅销产品，积累市场经验、锻炼创业能力，做校园代理没有成败之分，对于大学生来说多多益善，如果做得较好，还可以积累一定的资金，总之，通过校园代理可以为毕业后的创业之路准备必要的物质和精神条件。

途径七：个人网店

大学生是最具活力的群体，也是新技术和新潮流的引导者和受益方。随着网络购物的方便性、直观性，使越来越多的人在网络上购物。一些人即使不买，也会去网上了解一下自己将要买的商品的市场价。此时，一种点对点、消费者对消费者之间的网络购物模式开始兴起，以国外的 ebay 为开始，国内的淘宝为象征，吸引了越来越多的个人在网上开店，在线销售商品，引发了一股个人开网店的风潮。而大学生正是这一群里的主要力量，不少大学生看到这一潮流纷纷投身个人网店，成功者比比皆是。

三、了解大学生创业的相关风险

大学生创业者要认真分析自己创业过程中可能会遇到哪些风险，这些风险中哪些是可以控制的，哪些是不可控制的，哪些是需要极力避免的，哪些是致命的或不可管理的。一旦这些风险出现，你应该如何应对和化解。特别需要注意的是，一定要明白最大的风险是什么，最大的损失可能有多少，自己是否有能力承担并渡过难关。大学生创业的风险主要有以下几个方面。

风险一：项目选择风险

大学生创业时如果缺乏前期市场调研和论证，只是凭自己的兴趣和想象来决定投资方向，甚至仅凭一时心血来潮做决定，一定会碰得头破血流。大学生创业者在创业初期一定要做好市场调研，在了解市场的基础上创业。一般来说，大学生创业者资金实力较弱，选择启动资金不多、人手配备要求不高的项目，从小本经营做起比较适宜。

风险二：缺乏创业技能

很多大学生创业者眼高手低，当创业计划转变为实际操作时，才发现自己根本不具备解决问题的能力，这样的创业无异于纸上谈兵。一方面，大学生应去企业打工或实习，积累相关的管理和营销经验；另一方面，积极参加创业培训，积累创业知识，接受专业指导，提高创业成功率。

风险三：资金风险

资金风险在创业初期会一直伴随在创业者的左右，是否有足够的资金创办企业是创业者遇到的第一个问题。企业创办起来后，就必须考虑是否有足够的资金支持企业的日常运作。对于初创企业来说，如果连续几个月入不敷出或者因为其他原因导致企业的现金流中断，都会给企业带来极大的威胁。相当多的企业会在创办初期因资金紧缺而严重影响业务的拓展，甚至错失商机而不得不关门大吉。另外如果没有广阔的融资渠道，创业计划只能是一纸空谈。除了银行贷款、自筹资金、民间借贷等传统方式外，还可以充分利用风险投资、创业基金等融资渠道。

风险四：社会资源贫乏

企业创建、市场开拓、产品推介等工作都需要调动社会资源，大学生在这方面会感到非常吃力。平时应多参加各种社会实践活动，扩大自己人际交往的范围。创业前，可以先到相关行业领域工作一段时间，通过这个平台，为自己日后的创业积累人脉。

风险五：管理风险

一些大学生创业者虽然技术出类拔萃，但理财、营销、沟通、管理方面的能力普遍不足。要想创业成功，大学生创业者必须技术、经营两手抓，可从合伙创业、家庭创业或从虚拟店铺开始，锻炼创业能力，也可以聘用职业经理人负责企业的日常运作。

创业失败者，基本上都是管理方面出了问题，其中包括：决策随意、信息不通、理念不清、患得患失、用人不当、忽视创新、急功近利、盲目跟风、意志薄弱，等等。特别是大学生知识单一、经验不足、资金实力和心理素质明显不足，更会增加在管理上的风险。

风险六：竞争风险

寻找"蓝海"是创业的良好开端，但并非所有的新创企业都能找到"蓝海"。更何况，"蓝海"也只是暂时的，所以，竞争是必然的。如何面对竞争是每个企业都要随时考虑的事，而对新创企业更是如此。如果创业者选择的行业是一个竞争非常激烈的领域，那么在创业之初极有可能受到同行的强烈排挤。一些大企业为了把小企业吞并或挤垮，常会采用低价销售的手段。对于大企业来说，由于规模效益或实力雄厚，短时间的降价并不会对它造成致命的伤害，而对初创企业则可能意味着彻底毁灭的危险。因此，考虑好如何应对来自同行的残酷竞争是创业企业生存的必要准备。

风险七：团队分歧风险

现代企业越来越重视团队的力量。创业企业在诞生或成长过程中最主要的力量来源一般都是创业团队，一个优秀的创业团队能使创业企业迅速地发展起来。但与此同时，风险也就蕴含在其中，团队的力量越大，产生的风险也就越大。一旦创业团队的核心成员在某些问题上产生分歧不能达到统一时，极有可能会对企业造成强烈的冲击。事实上，做好团队的协作并非易事。特别是与股权、利益相关联时，很多初创时很好的伙伴都会闹得不欢而散。

风险八：核心竞争力缺乏的风险

对于具有长远发展目标的创业者来说，他们的目标是不断地发展壮大企业，因此，企业是否具有自己的核心竞争力就是最主要的风险。一个依赖别人的产品或市场来打天下的企业是永远不会成长为优秀企业的。核心竞争力在创业之初可能不是最重要的问题，但要谋求长远的发展，就是最不可忽视的问题。没有核心竞争力的企业终究会被淘汰出局。

风险九：人力资源流失风险

一些研发、生产或经营性企业需要面向市场，大量的高素质专业人才或业务队伍是这类企业成长的重要基础。防止专业人才及业务骨干流失应当是创业者时刻注意的问题，在那些依靠某种技术或专利创业的企业中，拥有或掌握这一关键技术的业务骨干的流失是创业失败的最主要风险源。

风险十：意识上的风险

意识上的风险是创业团队最内在的风险。这种风险来自于无形，却有强大的毁灭力。风险性较大的意识有：投机的心态、侥幸心理、试试看的心态、过分依赖他人、回本的心理等。

提醒：大学生创业过程中所遇到的阻碍并不仅此十点，在企业发展过程中，随时都将可能有灭顶之灾的风险。保持积极的心态，多学习，多汲取优秀经验，结合大学生既有的特长优势，我们相信，大学生创业的步伐，会越走越远，越走越稳。

第三节 商业计划书

对于正在寻求资金的企业来说，商业计划书就是企业的电话通话卡片。商业计划书的好坏，往往决定了投资交易的成败。

对初创的企业来说，商业计划书的作用尤为重要，一个酝酿中的项目，往往很模糊，通过制订商业计划书，把正反理由都书写下来。之后再逐条推敲。创业者这样就能对这一项目有更清晰的认识。可以这样说，商业计划书首先是把计划中要创立的企业推销给了创业者自己。

其次，商业计划书还能帮助把计划中的企业推销给投资者，公司商业计划书的主要目的之一就是为了筹集资金。因此，商业计划书必须要说明：

1. 创办企业的目的。为什么要冒风险，花精力、时间、资源、资金去创办企业？

2. 创办企业所需的资金。为什么要这么多的钱？为什么投资者值得为此注入资金？

对已成立的企业来说，商业计划书可以为企业的发展定下比较具体的方向和重点，从而使员工了解企业的经营目标，并激励他们为共同的目标而努力。更重要的是，它可以使企业的投资者以及供应商、销售商等了解企业的经营状况和经营目标，说服投资者（原有的或新来的）为企业的进一步发展提供资金。

正是基于上述理由，商业计划书将是创业者所写的商业文件中最主要的一个。那么，如何制订商业计划书呢？

一、了解商业计划书的核心

那些既不能给投资者以充分的信息也不能使投资者激动起来的商业计划书，其最终结果只能是被扔进垃圾箱里。为了确保商业计划书能"击中目标"，创业者应做到以下几点：

1. 关注产品

在商业计划书中，应提供所有与企业的产品或服务有关的细节，包括企业所实施的所有调查。这些问题包括：

①产品正处于什么样的发展阶段？

②它的独特性怎样？

③企业分销产品的方法是什么？

④谁会使用企业的产品，为什么？

⑤产品的生产成本是多少，售价是多少？

⑥企业发展新的现代化产品的计划是什么？

把投资者拉到企业的产品或服务中来，这样投资者就会和创业者一样对产品有兴趣。在商业计划书中，创业者应尽量用简单的词语来描述每件事。商品及其属性的定义对创业者来说是非常明确的，但投资者却不一定清楚它们的含义。制订商业计划书的目的不仅要投资者相信企业的产品会在世界上产生革命性的影响，同时也要使他们相信企业有证明它的论据。商业计划书对产品的阐述，要让投资者感到："噢，这种产品是多么美妙、多么令人鼓舞啊！"

2. 敢于竞争

在商业计划书中，创业者应细致分析竞争对手的情况。

①竞争对手都是谁？

②他们的产品是如何工作的？

③竞争对手的产品与本企业的产品相比，有哪些相同点和不同点？

④竞争对手所采用的营销策略是什么？

⑤每个竞争者的销售额，毛利润、收入以及市场份额多少？

⑥本企业相对于每个竞争者所具有的竞争优势有哪些？

⑦顾客偏爱本企业的原因是：本企业的产品质量好，送货迅速，定位适中，价格合适，等等。

商业计划书要使投资者相信，本企业不仅是行业中的有力竞争者，而且将来还会是确定行业标准的领先者。在商业计划书中，创业者还应阐明竞争者给本企业带来的风险以及本企业所采取的对策。

3. 了解市场

商业计划书要给投资者提供企业对目标市场的深入分析和理解。要细致分析经济、地理、职业以及心理等因素对消费者选择购买本企业产品这一行为的影响，以及各个因素所起的作用。商业计划书中还应包括一个主要的营销计划，计划中应列出本企业打算开展广告、促销以及公共关系活动的地区，明确每一项活动的预算和收益。商业计划书中还应简述一下企业的销售战略：

①企业是使用外面的销售代表还是使用内部职员？

②企业是使用转卖商、分销商还是特许商？

③企业将提供何种类型的销售培训？

此外，商业计划书还应特别关注一下销售中的细节问题。

4. 表明行动的方针

企业的行动计划应该是无懈可击的。商业计划书中应该明确下列问题：

①企业如何把产品推向市场？

②如何设计生产线，如何组装产品？

③企业生产需要哪些原料？

④企业拥有哪些生产资源，还需要什么生产资源？

⑤生产和设备的成本是多少？

⑥企业是买设备还是租设备？

⑦解释与产品组装、储存以及发送有关的固定成本和变动成本的情况。

5. 展示管理队伍

把一个思想转化为一个成功的企业，其关键的因素就是要有一支强有力的管理队伍。这支队伍的成员必须有较高的专业技术知识、管理才能和多年工作经验，要给投资者这样一种感觉："看，这支队伍里都有谁！如果这个公司是一支足球队的话，他们就会一直杀入世界杯决赛！"管理者的职能就是计划、组织、控制和指导公司实现目标。在商业计划书中，应首先描述一下：

①整个管理队伍及其职责；

②分别介绍每位管理人员的特殊才能、特点和造诣；

③细致描述每个管理者将对公司所做的贡献；

④明确管理目标以及组织机构图。

6. 出色的计划摘要

商业计划书中的计划摘要也十分重要。它必须能让投资者有兴趣并渴望得到更多的信息，它将给投资者留下长久的印象。计划摘要将是创业者所写的最后一部分内容，但却是投资者首先要看的内容，它将从计划中摘录出与筹集资金最相干的细节：包括对公司内部的基本情况，公司的能力以及局限性，公司的竞争对手，营销和财务战略，公司的管理队伍等情况的简明而生动的概括。如果公司是一本书，它就像是这本书的封面，做得好就可以立即把投资者吸引住。它必须给投资者这样的印象："这个公司将会成为行业中的巨人，我已等不及要去读计划的其余部分了。"

二、了解商业计划书的内容

1. 计划摘要

计划摘要列在商业计划书的最前面，它是浓缩了的商业计划书的精华。计划摘要涵盖计划的要点，应一目了然，以使投资者能在最短的时间内评审计划并做出判断。

计划摘要一般要包括以下内容：公司介绍、主要产品和业务范围、市场概貌、营销策略、销售计划、生产管理计划、管理者及其组织、财务计划、资金需求状况等。

在介绍企业时，首先要说明创办新企业的思路、新思路的形成过程以及企业的目标和发展战略。其次，要交待企业现状、过去的背景和企业的经营范围。在这一部分中，要对企业以往的情况做客观的评述，不回避失误。中肯的分析往往更能赢得信任，从而使投资者认同企业的商业计划书。最后，还要介绍一下创业者自己的背景、经历、经验和特长等。创业者的素质对企业的成绩往往起关键性的作用。在这里，创业者应尽量突出自己的优点并表示自己强烈的进取精神，以给投资者留下一个好印象。

在计划摘要中，企业还必须要回答下列问题：

①企业所处的行业，企业经营的性质和范围；

②企业主要产品的内容；

③企业的市场在哪里，谁是企业的顾客，他们有哪些需求；

④企业的合伙人、投资人是谁；

⑤企业的竞争对手是谁，竞争对手对企业的发展有何影响。

摘要尽量简明、生动。特别要详细说明企业自身的不同之处以及企业获取成功的市场因素。如果创业者了解自己所做的事情，摘要仅需 2 页纸就足够了。如果创业者不了解自己正在做什么，摘要就可能要写 20 页纸以上。因此，有些投资者就依照摘要的长短来"把麦粒从谷壳中挑出来"。

2. 产品（服务）介绍

在进行投资项目评估时，投资者最关心的问题之一就是，企业的产品、技术或服务能否以及在多大程度上解决现实生活中的问题，或者说，企业的产品（服务）能否帮助顾客节约开支，增加收入。因此，产品介绍是商业计划书中必不可少的一项内容。产品介绍通常应包括以下内容：

①产品的概念、性能及特性；

②主要产品介绍；

③产品的市场竞争力；

④产品的研究和开发过程；

⑤发展新产品的计划和成本分析；

⑥产品的市场前景预测；

⑦产品的品牌和专利。

在产品（服务）介绍部分，创业者要对产品（服务）作出详细的说明，说明要准确、通俗易懂，要使非专业人员的投资者也能明白。一般地，产品介绍都要附上产品原型、照片或其他介绍。产品介绍必须要回答以下问题：

①顾客希望企业的产品能解决什么问题，顾客能从企业的产品中获得什么好处？

②企业的产品与竞争对手的产品相比有哪些优缺点，顾客为什么会选择本企业的产品？

③企业为自己的产品采取了何种保护措施，企业拥有哪些专利、许可证，或与已申请专利的厂家达成了哪些协议？

④为什么企业的产品定价可以使企业产生足够的利润，为什么用户会大批量地购买企业的产品？

⑤企业采用何种方式去改进产品的质量、性能，企业对发展新产品有哪些计划等等。

产品（服务）介绍的内容比较具体，因而写起来相对容易。虽然夸赞自己的产品是推销所必需的，但应该注意，企业所做的每一项承诺都是"一笔债"，都要努力去兑现。要牢记，创业者和投资者所建立的是一种长期合作的伙伴关系。空口许诺，只能得意于一时。如果企业不能兑现承诺，不能偿还债务，企业的信誉必然要受到极大的损害，因而是真正的创业者所不屑为之的。

3. 人员及组织结构

有了产品之后，创业者第二步要做的就是结成一支有战斗力的管理队伍。企业管理的好坏，直接决定了企业经营风险的大小。而高素质的管理人员和良好的组织结构则是管理好企业的重要保证。因此，投资者会特别注重对管理队伍的评估。

企业的管理人员应该是互补型的，而且要有团队精神。一个企业必须要具备负责产品设计与开发、市场营销、生产作业管理、企业理财等方面的专门人才。在商业计划书中，必须要对主要管理人员加以阐明，介绍他们所具有的能力，他们在本企业中的职务和责任，他们过去的详细经历及背景。此外，在这部分商业计划书中，还应对公司结构做简要介绍，包括：

①公司的组织机构图；

②各部门的功能与责任；

③各部门的负责人及主要成员；

④公司的报酬体系；

⑤公司的股东名单，包括认股权、比例和特权；

⑥公司的董事会成员；

⑦各位董事的背景资料。

4.市场预测

当企业要开发一种新产品或向新的市场扩展时，首先就要进行市场预测。如果预测的结果并不乐观，或者预测的可信度让人怀疑，那么投资者就要承担更大的风险，这对多数投资者来说都是不可接受的。

市场预测首先要对需求进行预测：

①市场是否存在对这种产品的需求？

②需求程度是否可以给企业带来所期望的利益？

③市场规模有多大？

④需求发展的未来趋向及其状态如何？

⑤影响需求的因素都有哪些？

其次，市场预测还要包括：对市场竞争的情况、企业所面对的竞争格局进行分析：

①市场中主要的竞争者有哪些？

②是否存在有利于本企业产品的市场空档？

③本企业预计的市场占有率是多少？

④本企业进入市场会引起竞争者怎样的反应，这些反应对企业会有什么影响？

在商业计划书中，市场预测应包括以下内容：市场现状综述、竞争厂商概览、目标顾客和目标市场、本企业产品的市场地位、市场区格和特征等。

企业对市场的预测应建立在严密、科学的市场调查基础上。企业所面对的市场，本来就有更加变幻不定的、难以捉摸的特点。因此，企业应尽量扩大收集信息的范围，重视对环境的预测和采用科学的预测手段和方法。创业者应牢记的是，市场预测不是凭空想象出来，对市场错误的认识是企业经营失败的主要原因之一。

5.营销策略

营销是企业经营中最富挑战性的环节，影响营销策略的主要因素有：

①消费者的特点；

②产品的特性；

③企业自身的状况；

④市场环境方面的因素。

最终影响营销策略的则是营销成本和营销效益因素。

在商业计划书中，营销策略应包括以下内容：

①市场机构和营销渠道的选择；

②营销队伍和管理；

③促销计划和广告策略；

④价格决策。

对创业企业来说，由于产品和企业的知名度低，很难进入其他企业已经稳定的销售渠道中去。因此，企业不得不暂时采取高成本低效益的营销战略，如上门推销，大打商品广告，向批发商和零售商让利，或交给任何愿意经销的企业销售。对发展企业来说，它一方面可以利用原来的销售渠道，另一方面也可以开发新的销售渠道以适应企业的发展。

6. 制造计划

商业计划书中的生产制造计划应包括以下内容：产品制造和技术设备现状；新产品投产计划；技术提升和设备更新的要求；质量控制和质量改进计划。

在寻求资金的过程中，为了增大企业在投资前的评估价值，创业者应尽量使生产制造计划更加详细、可靠。一般地，生产制造计划应回答以下问题：

①企业生产制造所需的厂房、设备情况如何；

②怎样保证新产品在进入规模生产时的稳定性和可靠性；

③设备的引进和安装情况，供应商是谁；

④生产线的设计与产品组装是怎样的；

⑤供货者的前置期和资源的需求量；

⑥生产周期标准的制订以及生产作业计划的编制；

⑦物料需求计划及其保证措施；

⑧质量控制的方法是怎样的；

⑨其他相关的问题。

7. 财务规划

财务规划需要花费较多的精力来做具体分析，其中包括现金流量表，资产负债表以及损益表的制备。流动资金是企业的生命线，因此企业在初创或扩张时，对流动资金需要有预先周详的计划和进行过程中的严格控制；损益表反映的是企业的盈利状况，它是企业在一段时间运作后的经营结果；资产负债表则反映在某一时刻的企业状况，投资者可以用资产负债表中的数据得到的比率指标来衡量企业的经营状况以及可能的投资回报率。财务规划一般要包括以下内容：

①商业计划书的条件假设；

②预计的资产负债表；

③预计的损益表；

④现金收支分析；

⑤资金的来源和使用。

可以这样说，一份商业计划书概括地提出了在筹资过程中创业者需做的事情，而财务规划则是对商业计划书的支持和说明。因此，一份好的财务规划对评估企业所需的资金数量，提高企业取得资金的可能性是十分关键的。如果财务规划准备得不好，会给投资者以企业管理人员缺乏经验的印象，降低企业的评估价值，同时也会增加企业的经营风险，那么如何制订好财务规划呢？这首先要取决于企业的远景规划，是为一个新市场创造一个新产品，还是进入一个财务信息较多的已有市场。

着眼于一项新技术或创新产品的创业企业不可能参考现有市场的数据、价格和营销方式。因此，它要自己预测所进入市场的成长速度和可能获得的纯利，并把它的设想、管理队伍和财务模型推销给投资者。而准备进入一个已有市场的企业则可以很容易地说明整个市场的规模和改进方式。企业可以在获得目标市场的信息的基础上，对企业第一年的销售规模进行规划。

企业的财务规划应保证和商业计划书的假设相一致。事实上，财务规划和企业的生产计划、人力资源计划、营销计划等都是密不可分的。

要完成财务规划，必须要明确下列问题：

（1）产品在每一个期间的发出量有多大？

（2）什么时候开始产品线扩张？

（3）每件产品的生产费用是多少？

（4）每件产品的定价是多少？

（5）使用什么分销渠道，所预期的成本和利润是多少？

（6）需要雇佣哪几种类型的人？

（7）雇佣何时开始，工资预算是多少？等等。

三、了解商业计划书的检查步骤

在商业计划书写完之后，创业者必须对商业计划书检查一遍，检查该计划书是否能准确回答投资者的疑问，争取投资者对本企业的信心。通常，可以从以下几个方面对计划书进行检查：

1. 你的商业计划书是否显示出你具有管理公司的经验。如果你自己缺乏能力去管理公司，那么一定要明确地说明，你已经雇了一位经营大师来管理你的公司。

2. 你的商业计划书是否显示了你有能力偿还借款。要保证给预期的投资者提供一份完整的比率分析。

3. 你的商业计划书是否显示出你已进行过完整的市场分析。要让投资者坚信你在计划书中阐明的产品需求量是确实的。

4. 你的商业计划书是否容易被投资者所领会。商业计划书应该备有索引和目录,以便投资者可以较容易地查阅各个章节。此外,还应保证目录中的信息流是有逻辑的和现实的。

5. 你的商业计划书中是否有计划摘要并放在了最前面,计划摘要相当于公司商业计划书的封面,投资者首先会看它。为了保持投资者的兴趣,计划摘要应写得引人入胜。

6. 你的商业计划书是否在文法上全部正确。计划书的拼写错误和排印错误往往使创业者的机会丧失。

7. 你的商业计划书能否打消投资者对产品(服务)的疑虑。如果需要,你可以准备一件产品模型。

商业计划书中的各个方面都会对筹资的成功与否有影响。因此,如果你都对你的商业计划书缺乏成功的信心,那么最好去查阅一下计划书编写指南或向专门的顾问请教。

四、商业计划路演

很多时候我们只有 10 分钟或者更少的时间去表达项目,这就需要一个充满热情和吸引力的演讲,把你的商业计划书传达给投资者。10 分钟的时间尚无法让路演者完全把项目阐述清楚,所以,取胜之道不仅在内容和 BP 上,更要在演讲的技巧上胜人一筹。

演讲人如何通过短短的 BP 演讲打动投资者,技巧方法如下:

(1)良好的精气神,展示你的热情。路演前保证充足的休息,才能呈现饱满的精神状态,另外重要路演场合,适当的化妆也可以提升镜头前的精神状态。

(2)充满自信心。如果演讲人自己都不够自信,那凭什么要求投资者投资呢?投资者往往不了解技术,也不太了解你的产品,他们下结论很大一方面要看你是否对自己的产品有自信,要不断催眠自己一定能成功,并将信心传递给投资者。

(3)与听众有"情感链接"。可以是场景描述,可以是互动,最重要的是要投入其中,将听众带入你营造的情境里,如果怕冷场或技术故障,可预想几个可能尴尬的场景,抛出你的段子,化解尴尬、缓和气氛。

(4)演说,要面对投资者说,而不是念。永远不要盯着屏幕,屏幕应该只是演讲人身后的提纲。演讲时语言要有起伏,有情感、有停顿,如果担心"背不出",可以准备一些小的笔记在手上。

（5）注意语速。大部分人都不是天生的演讲家，但是控制语速能让你讲解得更清晰。讲慢一些不容易犯错，如果你感觉自己的语速很慢，通常对听众来说是语速恰到好处。

（6）少用形容词，多用故事叙述。把复杂的问题简单化，不要把问题说得太抽象，用详实的数据、具体的事例和故事进行讲述，展示清晰的故事叙述能力。

（7）清晰的演讲逻辑。项目演示的逻辑、结构不清晰、重点不突出，都难以打动投资者。你可以在脑海中规划自己的演讲地图，找到关键点，把演讲的结构弄清楚弄明白，思路和脉络自然就清晰了，这样既可以克服忘词的恐惧，也让听众一目了然。

（8）反复演练你的演讲稿，并控制好时间。激情、气场、语速、语调、手势动作等演讲基础技巧要勤练习，把演讲内容烂熟于心。在你的团队面前进行试讲，让他们帮你计时，反馈演讲效果并及时改进。

（9）想办法让投资者记住你。投资者听了太多的展示演讲，无法一一记住。可以用一句足够吸引人的口号、句子或观点，并在展示过程中多次提及，让投资者牢记，给他们留下印象你就成功了一半。

（10）以提问的方式结束，并重视最后的提问环节。路演结束时，如果有点评环节，演讲人要认真倾听投资者提出的项目改进意见（要避免与投资者抗辩），尽量给对方留下一些良好的印象。演讲人在回答投资者问题时，应避免犹豫、迟疑等现象发生。预留几个投资者会提问的解答问题，通常会问这几点：如何打开产品市场、市场定位如何、与其他竞争者之间的区别、公司的估价怎么算出来、融资的目的、产品的缺陷和短处、团队过往的历史和成功案例、企业的上下游关系如何、企业债务情况如何、回报率等问题。

第八章 校园文化在促进大学生就业创业方面的导向性作用

第一节 高校校园文化与大学生就业创业

一、高校校园文化的功能及对大学生就业创业的影响

高校校园文化包括物质文化、制度文化、精神文化三个层面，这里着重探讨的是精神文化层面的活动文化的功能及对大学生就业创业的影响。

校园活动文化主要是指大学生自主参加的学生社团活动、文化娱乐活动、科技学术活动、社会实践活动、志愿服务活动、体育锻炼活动等。健康向上的校园文化活动，在提高大学生知识内涵、完善大学生人格修养、拓展大学生综合素质等方面起着孵化器的作用，又在提高大学生就业能力，促进大学生就业创业方面发挥重要的作用。

（一）有利于学生探索职业生涯，初步形成职业生涯规划

大学教育的重要任务之一是为大学生学业发展和求职择业创造条件，使他们有机会探索自我、规划自我、发展自我、成就自我，度过四年丰富而充实的大学生活。毕业后走上社会获得一个有成就感和自我实现感的职业，并且能在职业生涯中适应发展、施展才华，实现自我价值、服务社会，拥有美好的人生。

1.引导学生认识自我

认识自我包括职业兴趣探索、职业能力探索、性格与职业匹配探索、职业价值观探索四个方面。大学生通过参加校园文化活动，一是能够发现自己的兴趣爱好，通过不断地拓宽、探究、整合调节，经过循环往复最终使自己的职业兴趣趋于稳定；二是除了学习知识外，还能加强能力的学习，包括人际交往能力、创新思维能力、掌握信息能力、学习能力、沟通交流能力、自

立能力等；三是通过与他人交往充分了解自己的性格，根据性格选择职业，使自己与职业工作相吻合；四是通过参加各种校园文化活动，认清自己在工作中到底看重的是什么，积极探索自己的职业价值观，为将来步入职场奠定价值观基础。

2. 引导学生接触工作世界

大学生在参加校园文化活动的过程中，每个人都担任着不同的角色，这些角色是步入社会大环境前的演习。通过参加校园文化活动，一是充分了解什么样的大学生会受到用人单位青睐，如忠诚，有团队归属感、综合素质高、敬业精神和职业素质、专业技术能力、沟通能力强、有亲和力、有团队精神和协作能力、带着激情去工作等等；二是教会学生获得工作信息的途径，如报刊、宣传栏、网络等媒体、人脉关系网络、毛遂自荐等等。

（二）有利于培养学生的就业能力，增强学生的创业能力

1. 培养学生的就业能力

就业能力是一种与职业相关的综合能力。大学生的就业能力是指在校期间通过学习或者实践而获得工作的能力，它包括保持工作以及晋升的能力。大学生自主参加学生社团活动、文化娱乐活动、科技学术活动、社会实践活动、志愿服务活动等，有助于培养学生的就业能力。一是有助于使自己的所学知识和特长得以应用和展现，将专业特长转化为就业竞争力；二是提高学生的身心素质、承受挫折的能力、团结协作的能力，增强学生处理人际关系的技能；三是增强学生对群体组织的责任心和爱岗敬业的精神，有助于学生形成良好的职业道德观念。

2. 增强学生的创业能力

大学生创业除了要突破资金不足、经验缺乏的瓶颈外，更重要的是取决于自身的素质和能力。

大学生自主参加学生社团活动、文化娱乐活动、科技学术活动、社会实践活动、志愿服务活动等，有助于增强学生的创业能力。一是促进大学生早日形成创业意识。通过在校园中倡导自主创业，使学生认同创业，尽快形成明确的创业意识；二是促使学生形成优良的创业品质。通过提倡建立多元、自由、共享的校园文化，进一步培养和挖掘学生的潜力，敢于展示创新与个性的一面，使学生形成优良的创业品质；三是增强学生的创业能力。学校倡导理论联系实际的校园文化氛围，直接影响大学生创业能力的形成；四是鼓励学生的创业行为。校园文化具有目标导向功能，通过对学生的创业行为进行宣传和支持，易于使学生感受创业光荣，认识到创业的可行性，从而做出

创业的选择。

（三）有利于学生的人格教育，增强学生的综合素质

校园文化具有重要的育人功能，在大学生人格教育中高校校园文化发挥着不可替代的作用。

大学生通过参加校园文化活动，不仅具有启迪、感染学生的作用，而且满足了大学生人格发展的多元化要求。以爱国主义、集体主义、社会主义为主的思想教育活动，有助于大学生形成正确的世界观、人生观、价值观；科技创新活动有助于提高大学生的创新能力，培养学生的动手操作能力；学术交流活动有助于增加大学生的知识素养、开拓视野、活跃思维、培养他们求真务实的学术态度；文艺体育活动有助于为大学生提供展现自我的舞台，增强学生的自信心、自我表现力；创业教育和实践活动有助于促进创新、创业意识在学生中的传播，进一步增强学生的就业能力和创业能力，还有助于增强学生爱岗敬业、乐于奉献的职业道德感。

总之，高校的校园文化不仅在提高大学生知识内涵、完善大学生人格修养、拓展大学生综合素质等方面起着孵化器的作用，又在提高大学生就业能力，促进大学生就业创业方面发挥重要的作用。我们应该充分重视校园文化建设，不断开拓校园文化建设的新局面。

二、校园文化在促进大学生就业创业方面的导向性作用

（一）大力推动校园文化的影响力，引导大学生树立正确的就业观和创业观

随着我国经济发展蒸蒸日上，大学生传统就业创业观念，特别是对未来工作在地域、待遇、环境等方面的过高预期，与现实的就业创业形势之间存在较大的心理落差。消除这个心理落差，主要是靠市场机制来调节，但是，不能忽视校园文化对大学生思想观念潜移默化、润物无声的引导作用。基于此，我们要坚持校园文化的导向性，营造氛围，帮助大学生树立正确的就业观和创业观。一方面，要在校园文化中唱响"奉献社会，完善自身"的主旋律，要用事实说话，用理念引导，把这个问题讲透。另一方面，要注意引导大学生树立正确的创业观。创业不仅仅是指办公司，从广义上来讲，创业就是开创一个新的事业。从个人发展来看，无论在什么单位，从事什么岗位，只要用创新的精神、创业的态度对待工作，踏踏实实干出成绩，这也是创业。

（二）以学生社团为载体，创建专业协会品牌活动，积极提高学生专业实操能力

学生社团是学生增长知识，锻炼能力，丰富和活跃课余文化生活，自愿组织起来的群众性团体。一般情况下，专业性社团是以深化专业学习、研究和交流为目的，与归口指导管理单位所辖专业的学术研究紧密结合，旨在通过开展社团形式的活动，起到传播专业知识信息、扩宽课堂教学、提高实践能力，培养学生研究和创新能力，通过团委审批并注册备案的学生社团。在此我们可以看出专业性社团作为学生专业学习、研究的第二课堂，为学生提高实操能力提供舞台，学生在参加专业性社团活动的过程中，经专业老师的指导，把课堂上理论知识转化成实际操作，从中发现问题、解决问题。

通过专业性社团的活动的合作化与多元化，各专业性社团活动精彩纷呈，品牌化塑造更能够让学生运用自己在课堂上学习到的理论知识运用到实际中去，锻炼学生的动手能力，加强学生对理论知识的深层理解，使学生成为应用型的综合人才，让学生在将来的实习、就业、创业中能够得心应手，学以致用。同时，通过马列主义研究协会、心理协会和大学生职业发展协会举办的主题系列活动，使学生从政治思想、心理素质和职业规划方面有所提升，有助于大学生在今后的实习、就业、创业过程的健康发展。

（三）积极指导学生参加各类竞技大赛，提供实现自我价值的舞台。

高校共青团应该认真指导学生参加"挑战杯"系列竞赛，注重培养大学生创新能力和实践能力。"挑战杯"系列竞赛是共青团组织推进素质教育的重要举措，着眼于培养当代大学生的创新能力和实践能力，在促进青年创新创业人才成长方面发挥了积极作用。指导学生参加"挑战杯"系列竞赛，就是从更高层次提升大学生的创新能力和实践能力，提高就业创业竞争力，更好地实现就业创业。鼓励参赛学生将纸质的创业计划书付诸实践，使竞赛过程真正成为创业实践过程的全真模拟，增加学生的实践经验，帮助学生更好创业。

第二节 高校就业与创业主题校园文化建设现状及对策研究

当前高校毕业生就业形势异常复杂严峻，为了解决大学生就业问题，国家制定了一系列鼓励大学生就业及创业的方针政策。为了积极响应这一方针政策，加大高校就业创业教育力度，培养大学生的就业创业意识，树立大学生创业精神，丰富大学生的创业就业知识，鼓励大学生自主创业，就高校就

业与创业主题校园文化建设情况进行了广泛的调查研究，通过数据收集、整理及分析，梳理现状，查找问题，探析原因，从而提出加强高校就业与创业主题校园文化建设的具体措施，来帮助大学生更好地就业与创业。

一、高校就业与创业主题校园文化建设

面对日益严峻的大学生就业形势，为了提升本校学生的就业竞争力，各高校越来越重视就业与创业主题校园文化建设，从物质和文化双方面加大投入，目前就业与创业主题校园文化载体多元，包括纳入教学体系的就业指导课程、各类就业与创业类竞赛、就业与创业项目申报、专家学者传经授业的就业与创业讲座论坛、设立就业与创业类基金、创建就业与创业类社团、开办就业与创业类实训班、开通就业与创业类新媒体互动平台、校园招聘会等，这些活动内容丰富、针对性强，涵盖学术、科研、竞赛、实训、舆论宣传、资金资助等诸多方面，使得很多学校的就业与创业教育呈现出创业实践常规化、知识结构多元化、效果反馈制度化的"三化"趋势，有效促进了大学生就业与创业。

二、高校就业与创业主题校园文化建设存在的问题及产生原因

（一）突出存在的问题

1.关注度高，参与度低

通过走访和问卷调研发现，虽然大部分学生都对高校就业与创业教育及服务非常关注，但是亲身参与校园就业与创业主题文化活动的热情并不高，除了常规的就业指导课和就业创业讲座之外，愿意积极主动参与就业创业类项目申报、创业竞赛、就业技能比赛的学生并不多，有些学生表示之所以没有参加这些活动是觉得难度大、要求高、专业不对口等等。还有些热衷参加就业与创业校园文化活动的学生表示，学校对此类活动的宣传及推广力度有待进一步增强，从接到活动通知到活动开展之间的准备时间仓促，严重影响到参与质量，有时甚至导致他们错失参与活动的机会。

2.重形式，轻内涵

关于就业与创业校园文化建设满意度调查，虽然大部分学生都持肯定态度，但在具体哪些方面对他们就业与创业有帮助的成效评估指标中，帮助度从高到低依次为资金资助、舆论宣传、实训、学术、竞赛、科研，学生的这种重物质而轻精神的倾向，也暴露出高校在就业与创业校园文化建设方面重形式而轻内涵的弊端。有些高校没有考虑到本校实际，照搬照抄其他学校的

成功经验，导致"水土不服"；有些高校一味追求活动的数量，开展了很多就业与创业类校园文化活动，活动不断但质量较差，反而引起了学生的抵触情绪；有些高校只注重就业与创业校园物质文化建设，兴办实训基地，创建大学生创业街等，盲目鼓励学生创业，导致有些学生本末倒置荒废学业而当起了"小老板"，导致学生"低质量"创业；有些高校片面地关注就业与创业校园文化精神建设，空喊口号，注重课堂理论教学和学术理论研究而忽视了学生的就业与创业实践技能培养，这些现象都不利于高校良好就业与创业校园文化氛围的营造。

3. 政策时效性强，机制保障性弱

随着大学生就业压力的进一步增大，国家为了解决大学生就业难的问题，不断调整大学生就业与创业政策，政策的多变性也给高校大学生就业与创业教育带来了机遇与挑战。面对国家在大学生就业与创业方面日益加大的人力和财力投入，根据所处的地域环境特点，不同高校在就业与创业校园文化建设方面有不同的做法，高校管理者对大学生就业与创业的重视程度也决定着就业与创业校园文化建设的成效。目前，在高校就业与创业主题校园文化建设方面，各高校还处在各自为政的状态，重视程度差异性较大，很多高校就业与创业校园文化建设仅仅停留在物质层面，精神层面的导向和激励功能还没有得到发挥，保障机制也不健全。

（二）问题成因探析

1. 主导力量薄弱

从主导力量来看，高校就业与创业主题校园文化建设主要是由团学组织和学校就业职能部门负责完成的。高校团学组织工作职责较多，就业与创业主题校园文化建设只是其工作的一方面，高校团学组织的主体是学生，学生自我教育和管理的能力有限，如果单纯依靠团学组织来营造就业与创业的校园文化氛围，其精力和能力都会存在一定程度的欠缺。在学校就业职能部门的众多工作职责中，开展就业与创业校园文化活动也只是其中之一，很多高校的就业职能部门将工作重点都放在了信息服务上，而不是校园文化氛围营造上，再加上就业职能部门的人手有限，没有过多的时间和精力监管就业与创业主题校园文化建设的实效。如果缺少了高校教学、科研等其他职能部门的参与，如果无法形成全校性的校园文化创建氛围，就业与创业主题校园文化建设将很难摆脱孤军奋战的弱势，也很难真正取得成效。

2. 教育氛围不强

从教育氛围来看，高校就业与创业主题校园文化建设受到教育的学生规模与教育预期目标存在明显差异，教育成效不显著。很多高校积极倡导就业与创业主题校园文化建设，是想立足人才培养目标，通过就业与创业主题校园文化活动，来培养学生的就业创业意识，培育他们的择业观念，从而提升学生的就业力，解决大学生就业难的实际问题。但由于硬件设施、经费、活动影响力、学生兴趣度等主客观因素的限制和制约，有些高校的创业实训基地变成了没有实质内容的"空壳子"，有些高校的就业与创业竞赛成了师生都排斥的"重担子"，有些高校的就业与创业校园典型人物成了"花瓶子"，非但没有起到正面积极的校园文化导向作用，反而不利于本校学生树立正确的就业与创业观。

3. 重视程度不高

从重视程度来看，师生对就业与创业主题校园文化建设往往存在不同程度的轻视，在认识上存在一定的误区。在调研和访谈中发现，对高校而言，没有一所高校认为学生就业问题不重要，但在教学、科研、学生就业、日常管理等工作项目的重视度排序中，学生就业的排位并不高；对学生而言，没有学生认为就业竞争力的培养不重要，但在文体活动、科研活动、学科竞赛、职业技能竞赛、素质拓展活动等多项校园文化活动的参与度排序中，就业与创业主题校园文化活动排位较低。由此可见，意识形态里的重视并不等同于实际行动中的重视，观念上的重视如果不转化为实际的行动支持，将无法深入推进就业与创业主题校园文化建设的开展。

4. 投入保障不力

从投入保障来看，高校就业与创业主题校园文化建设不仅需要物质投入，更需要精神支持，还需要制度保障。通过调研发现，部分高校在就业与创业主题校园文化建设中注重物力扶持，如给学生资金和场地援助帮助他们起步创业，却忽视了对他们创业后的持续性教育和监督，也没有继续帮助他们解决在创业过程中遇到的各种实际困难，使得一些创业学生"初期热情高涨、中期灰心丧气、后期失败收场"。很多高校的就业与创业教育还处在起步和探索阶段，对国家和地方的关于大学生就业与创业优惠政策及举措，还需要一段时间进行内化吸收，这就使得学校对大学生就业与创业方面的投入可能会滞后于最新的政策和学生需求。再加上地区、学校和专业差异，对高校就业与创业校园文化建设的成效也很难进行量化评估，各高校都重视"就业率"这些硬指标，而忽视"就业意识、就业观念"这些软指标，从而也在一定程度上使得就业与创业主题校园文化建设处于尴尬境地。

三、加强高校就业与创业主题校园文化建设的措施

高校就业与创业主题校园文化建设的现状整体来说呈现良好的上升发展态势，但也存在着预期与实效自相矛盾的诸多问题，要想推进就业与创业主题校园文化建设深化发展，需要从影响力、感召力、执行力三个方面着手，采取有效措施，将就业与创业纳入学风、教风和校风的营造，形成特色鲜明、成效显著的高校就业与创业主题校园文化。

（一）创建就业与创业主题校园文化活动品牌

1. 以"挑战杯"全国大学生系列科技学术竞赛为龙头，开展各类就业创业竞赛

各高校要高度重视"挑战杯"竞赛，不仅要积极动员组织学生报名参赛，还要组织校内外专家和老师对学生进行指导，提升参赛作品的质量，通过比赛锻炼和提升学生的科研、创新和就业能力。除了"挑战杯"竞赛之外，各高校还可以根据学校实际组织各类就业、创业类竞赛，比赛内容可以结合专业特色和学生能力培养目标来设定，如针对市场营销专业的学生开展校园营销大赛，针对毕业生开展求职简历制作比赛，针对师范生开展教师技能比赛，针对大一新生开展职业生涯规划大赛等等，通过比赛锻炼和提升学生的专业素养和实践能力。

2. 以国家级大学生创新创业训练计划为蓝本，鼓励学生申报就业创业项目

国家级大学生创新创业训练计划内容包括创新训练项目、创业训练项目和创业实践项目三个类别。各高校可以此为蓝本，鼓励学生根据他们的专业特长和兴趣爱好参与申报创新训练、创业训练、创业实践等项目，有条件的高校还可以成立创业孵化园，加大人力和物力投入，做好学生就业与创业项目的管理和监督，通过参与项目来营造良好的校园就业和创业氛围。

3. 以大学生就业创业基金为平台，引导学生参与就业创业实训

大学生就业创业基金，是由中华人民共和国民政部主管的国家 3A 级公募基金——中国社会福利基金会发起设立的一个全新的资助＋运作型公益基金。通过从社会募集资金，对大学生进行就业、创业培训，实施就业、创业扶持工程，广泛传播创业文化，打造大学生就业、创业支撑平台。各高校可以结合实际，开展创业模拟实训，举办"创办你的企业"（SYB）和"产生你的企业想法"（GYB）培训班，组织对创业感兴趣的学生参与培训，训练他们的创业能力、培养他们的创业意识。

（二）整合就业与创业主题校园文化建设资源

1. 校内各职能部门形成合力

高校就业与创业主题校园文化建设，需要校领导的高度重视，由教务、科研、设备、财务、产业、学工、团委等职能部门共同参与，制定切实可行的管理办法和配套政策，将其纳入教学管理体系。高校还需要加强就业与创业教育导师队伍建设，鼓励校内教师担任大学生创新创业项目的导师和就业指导导师。高校对学生的创新创业训练，要提供技术、场地、政策、管理等支持和创业孵化等服务。搭建学生交流平台，定期开展交流活动，鼓励在就业与创业方面表现优秀的学生，支持学生参加校内外学术会议，为学生创新创业提供交流经验、展示成果、共享资源的机会。

2. 校内外资源共享

高校就业与创业主题校园文化建设，需要加强高校与地方、企业、其他高校的合作，实现优势互补，促进教育资源的优化流通。高校可以与地方政府及部门合作，在学生就业与创业方面取得他们的政策和资金扶持。高校可以与企业合作，让用人单位进入校园，根据他们对人才的需求标准和招聘条件，给学生传经送宝，聘请企业管理专家做学生的就业与创业导师。高校之间可以进行合作交流，举办就业创业论坛，邀请外校专家学者来校内作报告、开讲座，学生也可以进行跨校交流和跨校组队参加就业创业类竞赛，实现互惠共赢。高校还可以发挥新媒体平台的优势，充分利用微博、微信、网站论坛、QQ群、微信群等与学生进行就业与创业方面的互动交流，潜移默化地对学生进行就业与创业教育。

（三）规范就业与创业主题校园文化评估机制

1. 团队评估

高校要将就业与创业主题校园文化建设实施情况纳入部门工作考核体系，建立激励和奖惩机制，加大监督力度，制定适合本校实际的专项考核方案，以确保就业与创业主题校园文化的良性健康发展。

2. 个人评估

高校要将学生参与校园就业与创业文化活动的情况纳入实践学分范畴，可以创建学生就业与创业能力测试系统，通过测试学生的就业与创业能力来评估校园文化建设的实效。

随着大学生就业形势的发展，面对不断调整的大学生就业与创业政策，关于高校就业与创业主题文化建设之路任重道远，但只要把握教育规律，秉承文化育人的宗旨，就能找到营造良好就业与创业校园文化的有效途径，帮助学生顺利就业和创业，成为对国家和社会有用的合格人才。

第三节 高校特色的创业教育生态涵育创业文化

一、政校企一体化创业教育促进创业文化培育

政校企深度融合是高校教育改革和发展的重要途径。尽管目前高校都在不同程度地开展校企合作，甚至一些高校取得了一定的成效，但是校企合作的深度不够，构建稳定、长效的政校企深度融合保障机制成为目前高校重要的任务。

（一）政校企合作提升育人质量，促进创业教育协同发展

教育部在 2010 年提出，职业教育要以提高质量为核心，以合作办学、合作育人、合作就业、合作发展为主线，不断深化职业教育教学改革，进一步推进体制创新。根据职业教育发展趋势，针对以服务为宗旨，以就业为导向的办学方针，高校应积极推进职业教育从计划培养向市场驱动转变，调整课程设置，推行工学结合、订单培养的校企合作的人才培养模式。通过深化校企合作，建立系统培训机制，校企能实现共同培养符合社会、企业需求的高度适应型、复合型人才，努力建设中国特色现代高校教育。

1.深化校企合作，构建校企合作教育新模式

（1）校企合作，推进专业建设

学校成立专业建设指导委员会，通过校企合作，企业参与学校专业建设，在专业设置、培养目标和规格、培养计划的制订上进行有效合作。指导委员会对专业人才培养目标定位、人才需求及人才培养计划进行认真研究，制订教学计划，研究职业素养培养方案，加强实践性教学，实施双证书制度，调整课程设置，整合课程内容，全面进行教育教学的改革与发展。通过校企合作，建立适合学校教育，符合企业生产要求的实训基地。学校设备与企业生产设备对接，有利于学生快速熟练掌握企业要求的技能，学以致用，成为有一技之长的专业人才。在校企合作过程中，学校要选择设备工艺先进、管理水平高、适合学生动手操作、有利于发挥学生创造力的优秀企业作为校外实训基地，同时在校学习和对口专业进行顶岗实习交错进行，实现高校教育"做中学、学中做"，达到校企合作共同育人的目的。

（2）校企合作，加强"双师型"教师队伍建设

学校与企业合作，建立校企合作"双师型"教师培训体系。校企紧密合

作，切实加强对教师实践技能的培养。首先是学校有计划地派遣骨干教师到对口企业实践锻炼，由企业按照自身相关培训要求进行培训，培养符合企业培训师素质的"双师型"教师。学校依托企业培训教师，参加企业生产实践，深化教学改革，提高教学质量。同时，通过"双师型"教师企业学习，能及时吸收新技术、新工艺、新科技和现代化管理知识等方面的内容，使教学内容和手段与产业、科技的发展密切结合。

（3）深化校企合作，校企联合教学

校企合作，建立校企一体的培训体系。企业的管理人员或工程技术人员定期到学校进行一定时间的教学工作，与学校一起进行职业素养和职业技能的教学，同时企业为学生提供部分工作岗位，使学生在校期间有机会进入生产实际领域，获得真正的职业训练和工作体验。实行教学过程与企业生产过程对接，采取"走出去、请进来"的办法，"走出去"就是让学生到生产现场实际操作，"请进来"就是校企合作的企业派遣一些经验丰富的技术员和企业培训讲师到学校来指导学生实训，使学生更加容易适应企业的工作环境。

2. 深化校企合作，创新工学结合人才培养模式

（1）实施"零距离"上岗人才培养模式

高校教育要实现"零距离"上岗人才培养，包括专业技能培养和职业素养培养。具体措施是从高校教育特点出发，进行人才培养模式的学制改革创新，构建和实施"1.5（校）+0.5（企）+0.5（校）+0.5（企）"或"2（校）+0.5（企）+0.5（企）"模式。这种人才培养模式，是指在三年制高校教育中，用2学年进行专业基础理论和基本技能教学，0.5学年集中顶岗实训，0.5学年自主顶岗实习。这种灵活的学制改革，符合高校教育特点和人才培养规律，实现了理论教学与实践教学资源的优化配置，重构了课程体系，加强了实践教学环节，密切了校企合作，促进了"双师素质"教师队伍建设，提高了学生的学习积极性和"顶岗"能力，实现了"零距离"上岗。

（2）深化校企合作，订单式人才培养

深化校企合作，建立校企合作专班订单式人才培养模式。随着我国制造业的快速发展，企业对高技能人才的需求缺口越来越大，高技能人才单单靠企业的培养很难满足企业的需求。可建立深度的校企合作的高技能人才培养专班，根据企业的要求，订单式培养，校企双方共同参与课程体系的构建，共同参与到教学过程中来，充分发挥学校和企业的长处，培养出符合企业要求的高技能人才。专班的管理制度模仿企业管理制度，通过企业、行业规章制度来进行管理。校企合作专班实行专班着装管理，实训室实行与企业一致的管理制度。通过全方位地与企业管理制度管理对接，专班学员在校学习及

顶岗实习期间，提高自我管理能力，就可以成长为准企业人。

（3）深化校企合作推行"双证书"制，使教学内容与职业资格、企业行业技术标准接轨

在高校教育中，一般的高校实行的是毕业证书、职业资格证书"双证书"，职业资格证书是学生获得职业能力的标志，也是学生顺利就业的通行证。通过深化校企合作，引入企业行业标准和规范的技能证书的考核，学生在校期间就可以通过相关的企业培训，考取相关的行业证书。当学生结束学校的学习，进入相关企业工作的时候就已经是一个技术岗位的专职人才，可以领取相关证书级别的岗位津贴，而不再是普通工人，缩短了职业成长的时间。通过这种校企合作模式，企业获得了紧缺的人才，学校学生的就业也有了质的改变，促进高校教育的发展，做到了真正的产学结合，也提高了校企合作的深度。

3. 深化校企合作，建立人才培养的保障机制

（1）校企合作的顺利和深入发展，离不开完善的机制予以保障

构筑长效的利益驱动机制，获得利益是校企合作的根本目的，利益是校企合作的最佳推动力。高校学校参与校企合作是为了培养更加适合社会发展所需要的技能型人才，而企业参与校企合作则是为了获得更多有助于企业发展的人才。近年来，随着我国社会老龄化进程的加快，普通劳动力人才开始出现紧缺，变得更加匮乏，推进校企合作，可以提高企业人才储备的深度，同时在一定的程度上减缓企业在人才市场上的用工需求。

（2）统一思想，深化校企合作

校企合作需要学校、企业统一思想，加强沟通交流，才能不断深入发展，做强做大。有的校企合作仅仅限于冠名校企合作班，流于一种名誉上合作的形式，学校与企业没有深入交流，虽然也有部分企业的投入，但没有建立一个完整的合作体系，这样的校企合作很难给高校教育带来长久发展。教育是一种事业，很多时候需要很多无私奉献，才能把教育做强和做大。企业在平时生产的过程中追求的是经济效率最大化，校企合作的初期投入和付出比较多，收获来得比较慢。因此，校企合作的深入发展需要企业和学校一样，统一思想，把其作为一种事业来做，而不仅仅是为了通过校企合作的方式，从学校招募一批普通员工。深化校企合作可以提升高校教育的人才培养质量，同时也可以为企业长远发展提供充足的高技能人才储备队伍，是互惠互利的双赢合作。

结合国情和行业特点，抓住企业需求点，深化校企合作的层次，寻求学校、合作企业各自利益驱动点，建立互惠互利、共同发展的动力机制，在学

校教育体系中引入企业的精华，使企业向学校输出先进行业技术，唯有如此，校企合作教育才能真正成为高校教育人才培养的有效途径。

（二）校企一体办学模式创新创业教育模式，激发创业活力

1. 进一步完善校企合作的契约

学校与企业作为两个独立的部门，在合作中主要依赖契约进行合作，明确而完善的契约是校企合作的基础。在当前校企合作中，尽管已经有所实践，并且制订了相应的契约，但在目前情况下，校企合作本身就存在不足之处，并且在逐渐完善中，与之相应地，维系两者关系的契约也要发生改变。加之当前时代与政策的变化，人们对校企合作也不断产生新的要求，这就要求契约不断修改与完善，推动教学目标的发展。当前校企合作模式主要有三种类型，包括学校主导型、企业主导型及校企共同主导型。在这个过程中，无论是学校主导还是企业主导，都会有所偏差，但校企的合作，本身就是在这种偏差中寻找平衡，实现学生的创新创业教育。在这个过程中，唯有不断调整与尝试，才能达到最终的平衡。

2. 实现校、企、政府三者间的互动

校企合作不仅关系到学校与企业，更与政府有着紧密联系。原本高校建设就受到政府的管理，即使创新创业教育，也是根据政府的政策指导逐渐开展起来的。尽管随着教学改革，高校扩张，高校已经逐渐摆脱政府的财政支援，走上自主发展的道路，但在政策导向、发展指导等方面仍会受到政府的影响。传统高校教育存在着院校与企业分离、教学与实践分离等问题，校企合作需要教师进行指导，校企合作需要政府的指导与联系，在校企合作中，学校与企业的关系是利益相关体的关系，涉及利益权衡，但作为学校，教学的过程又不能单纯利益化，这就导致矛盾的产生，需要政府加以指导；传统高校缺少与企业合作的基础，与企业合作的过程需要政府从中帮助联系与协调。政府、企业与高校三者之间实现良性互动，能够对创新创业体系的建设起到促进与维护的作用。

3. 应用校企双师制

在校企合作与发展的过程中，校企双师制将是发展的必然，但在建设中，不仅学生需要一个适应的过程，教学整体也都需要进行调整。在高校实现校企合作的过程中，校企双师制成为一种发展的必然，但这对高校教学与企业都是一个挑战。例如，在高校教学中，要打破传统上以学术研究为重点的教学模式，以培养学生创新性思维为目标，以促进学生的创新创业发展为方向，转变教学思路。这首先要求高校对教学体系进行重新规划，对教学目标进行

重新调整。对于企业而言，企业要派员工到高校进行教学，这本身也是对企业员工素质的挑战。企业员工要将企业文化、一些课程的集体操作，尤其是理论与实践如何统一的知识传递给学生，完成教学目标。以往企业员工并未经历过站在讲台上教学，并且是面对知识文化水平相对较高的高校学生，这就给企业员工的心理带来压力。这一系列问题都是高校在教学中需要注意到的。学校与企业之间的磨合尚需一定阶段。

校企合作是当前优化高校学生创新创业体系的必经之路，也是人才与社会发展紧密结合的重要步骤，高校改革必然会迈出更为坚实的实践之路，需要做好准备。高校学生群体的创新创业发展，不仅需要依赖于高校与企业的发展，也需要依赖于学生的自主探究。

（三）将企业文化融入创业教育，培养学生职业素养

高校教育主要培养生产、管理、服务一线的技能型人才，强调毕业生对岗位的适应能力是高校办学的重要特色。但很多学生在就业或实习期间，角色不能很快转变为企业员工，面对与校园氛围差异很大的全新的企业氛围，心理准备明显不足，显得无所适从，不能适应一线工作岗位，感觉所学知识与工作实践相脱节，不习惯企业的管理方式，而企业也普遍对学生缺乏职业素养和职业精神而感到失望。究其原因，很大程度上是学校在教育教学过程中没有或者没能很好地引入企业文化理念造成的。因此，对于为社会培养实用型、技能型人才的高校而言，如何提升学生职业素养，缩短毕业生适应岗位的时间，是需要重视的问题。而加强企业文化的渗透是解决这一问题的重要途径。

二、"互联网+"背景下创业教育与创业文化培育

众所周知，互联网的发展极大地改变了人们的生活。随着互联网技术的飞速发展，"互联网+"开始进入人们的视野。"互联网+"的概念在十二届全国人大三次会议政府工作报告中首次提出："要制定'互联网+'行动计划，推动移动互联网、云计算、大数据、物联网等与现代制造业结合，促进电子商务、工业互联网金融健康发展"。此后，"互联网+"成为全民热议和关注的重点，各行业都在考虑怎样借助"互联网"推动自身的发展。对于高校来讲，怎样借力互联网推进高校学生就业、创业工作也迫在眉睫。

（一）"互联网+"背景下的创业文化教育的特点和优势

1. "互联网+"时代背景综述

所谓"互联网+"，通俗来讲就是利用互联网的创新理念和技术，与传统行业有效地结合起来，从而创造出新的经济形态。"互联网+传统行业"并不

是简单的二者相加，而是将二者进行深度的整合，开展跨界融合，利用互联网信息革命的创新理念和手段，重塑商业模式，创造出新的创新驱动和发展生态。现如今"互联网+"已经逐渐上升为国家战略，在社会经济各个方面进行着相关的探索，各种"互联网+"的项目和企业也不断涌现，因此，社会对"互联网+"相关人才的需求也是日渐旺盛。面对高校学生就业压力巨大的不利形势，国家层面也在出台各种政策鼓励高校学生进行创新创业，从而出现了很多高校学生利用"互联网+"进行创新创业的事例，有的甚至取得了不小的成功。国务院也在2015年5月下发了《关于深化高等学校创新创业教育改革的实施意见》，意在建立健全我国高校创新创业的教育体系，增强高校学生创新创业的精神和能力，促进高校学生创新创业走向成功。

2. 网上创业的特点和优势

"创新人才是指具有创新精神、创新意识、创新思维、创新能力，并且能够取得创新成果的人才；而创业人才则是懂得一定的专业技术，具备开拓创新、组织沟通、企业家的素质，善于发现商业机会并通过创造性的生产或经营活动进行商业行为并获取效益的人员。"在"互联网+"背景下，创新创业教育可以使高校学生具备"创新精神、创新意识、创新思维、创新能力"，甚至成为"创业人才"，对帮助其顺利走出象牙塔并融入社会，维护社会稳定乃至中国特色社会主义事业的发展具有重要意义。高校应当积极实践，在已有的经验基础上努力探索适应新形势的思路、方法和举措。

（1）依托高校学生就业和创业指导课，结合实际开展创新创业网络教育。

随着网络的普及，人类认知不断向纵深拓展，观念创新层层推进，落后的模式不断被淘汰和摒弃。2007年，萨尔曼·可汗（Salman Khan）通过网络平台成立非营利性的"可汗学院（Khan Academy）"，实现教育模式的创新，"被认为正打开'未来教育'的曙光"，并让受教育者"真正实现了'按自己的步骤学习'"。传统经典理论和模式不断被人们重新解读和认识，并通过网络快速获得认同。创新创业教育面向的是学习自主性较高的青年群体，更应该积极提升这一群体的创新能力，帮助其树立创新合作的意识。在网络成为教育重要舞台和载体的大背景下，高校应当依托已有的校园网络平台，结合变化及时充实、更新内容和素材，建立对应的教育网络系统，推动载体创新。可以利用新媒体技术，把传统教育方式、方法和MOOC等现代教学手段结合起来，搭建与现实对接更紧密的课程体系。这过程中，应当积极关注业态发展，让最新的创新创业案例成为学习素材；应当把学生关注的社会热点转化成其可接触的教育资源；还可邀请业界精英、行业专家参与网络教学，拓展学生学习的时间和空间，并通过面对面交流、网络微专栏等互动形式，切人学生关心的就业创业等现实问题。

（2）利用网络平台，通过持续性创新，让高校创新创业教育跟上社会变革的步伐

从博客、微博，到 App 应用平台和微信，可依托的网络平台越来越多，使用越来越便捷。创业创新教育只有适应互联网时代的快节奏，持续创新并创造性地利用好网络平台，才能充分发挥其引导作用。应当注重利用互联网参与的广泛性和渗透性，通过碎片化、互动化、交互性等手段让创新创业教育深入学生日常生活并与之融合，调动学生的积极性和主动性，提升参与性。现代企业拓展市场时，往往依托网络，通过场景应用和故事情节吸引客户。高校可以借鉴并恰当运用"场景 + 故事"的表述方式对传统教学模式予以改造，以世界日新月异的变化为场景，以各行各业的风云变幻为故事，与学生开展深层次交流，帮助其树立创新创业的意识。

（3）建立高校学生创业网络基地，重视创新创业教育工作效率的提升

网络的方便性、直观性越来越为社会认同，该平台受众面广、影响力大，可以最大限度地发挥优质教育资源的作用。在实施创新创业教育与网络平台对接过程中要注意资源的有效共享和充分利用，有效提升创新创业教育在学生中的影响力。

（4）利用网络时代的特点，探索创建更多的实践平台和实施的可能性

当代青年追求自我价值的展现，网络的高度开放性和广泛参与性为其提供了展示自我的平台。以博客、播客、闪客、维客、创客等为代表的"客"文化进一步深化了网络文化，其个性化、多元化、多样化更加明显。而我国当前的创新创业教育实践依旧借助"挑战杯"及创业设计类竞赛，学生的参与度不高。一些高校已经针对这种情况陆续推出了与"互联网 +"相关的创新创业教育训练和实践计划，为拓展创新创业教育提供了良好的基础。创新创业实践应当结合网络创新不断被开发出来的各种需求，结合学生自我价值实现的要求，积极诱导学生发挥其创新、创意能力，充分引导、鼓励其参与创新创业实践。

（二）加强"互联网 +"背景下创业教育，激活学生创业基因

随着近两年互联网在中国的迅猛发展，各种网站如雨后春笋般涌现，电子商务以极快的速度贴近我国的社会经济生活。当下，高校学生在互联网上自主创业的例子屡见不鲜，那么高校在面对高校学生运用互联网自主创业的问题时应该做出怎样的反应呢？从 20 世纪 90 年代到 21 世纪初，在全球范围内，基于互联网络的电子商务正以前所未有的速度迅猛发展，不仅改变着传

统的社会生产方式，而且对经济结构的调整产生了极为深刻的影响，成为世界经济新的增长点。当前，基于互联网平台的低门槛、小成本、收益快的特点，越来越多的人加入互联网创业，可是在这风光一片的背后我们也应看到潜在的危险。如何指导高校学生在校创业时规避潜在风险，成功创造一个又一个的奇迹是当前高校创业教育的首要任务。创业者在开始创业之前要面对三个问题：你是谁？你在干什么？你应该干什么？清晰的自我认识、客观的自我评价是成功的一半，而这些来源于自身的软实力。很多学生在创业前期没有把这些问题想清楚，过早地投身于创业中，结果惨败而归。所以，高校创业教育可以从这一块入手。深入高校学生就业指导课程，在理论层次对学生的自身创业素质方面给予指导，提供更多的前沿信息使学生更好地发掘自身潜力，培养学生在创业道路上向多元化多层次方向发展。

有的学生虽熬过了艰难的创业初期，可没有坚实的互联网运营技术，最终也铩羽而归。在这里，技术显然是当前互联网创业的关键。高校学生通常以较低的门槛进了创业的门，但因为没有专业的互联网运营技术的指导，很快所有的努力就付之东流。究其原因，其一，高校目前开设的计算机课程只有简单的计算机操作，不能满足学生对互联网其他技术的需求；其二，除了商学院的学生以外，其余各个院系的学生对专业的商业投资规划、实施运行知之甚少。鉴于此，高校在充分利用现有教学资源的同时，可以拓展更多的教育资源，分门别类，使学生各取所需，既满足了术业有专攻，又为触类旁通、兼容并包提供了一条路。

创业不是一件简单的事情，创业者首先要面对的问题就是资金的投入。高校学生普遍没有经济基础，通常在创业前期有人刚考虑到这个问题就决定放弃了，就算有好想法也不能实现。这是一个现实的问题，高校鼓励高校学生在校创业就必须为他们解决这个难题，降低创业成本。方法如下：其一，专门开辟创业场所，提供场地方面的支持；其二，与银行进行商谈，建立合作关系，为学生搭建一个申请自主创业贷款平台；其三，配备专业的老师随从指导，减少商业操作失误。

（三）"互联网+"背景下高校创业文化培育策略

"大众创业、万众创新"的提出为高校学生的创业提供了新的指导思路，在大数据和互联网不断发展的背景下，高校学生创业迎来了新的契机，互联网的发展对学生创业提出了更为严格的要求，使其难度不断增加。在互联网背景下高校学生创业还存在诸多问题，比如对互联网的利用程度较低，缺乏必要的实践能力，缺乏高校系统性的指导，等等，都在很大程度上限制了高校学生创业成功率的提升。因此，必须要对这些问题进行系统性的分析，并提出相应的对策建议，以全面提升互联网背景下高校学生创业的能力，进一步缓解其就业的压力。

1. 加强对互联网的应用程度。

在互联网背景下，要想提升高校学生创业的成功率必须要首先加强其对互联网的应用程度。一方面，学校要帮助学生在现有的基础上学习互联网的相关知识和技能，对互联网在创业过程中的应用进行分析，借助互联网的优势创业。另一方面，要充分吸收和借鉴现阶段一些创业的成功经验，对其应用互联网的模式和技能进行分析，并根据高校学生自身的特征和创业情况，对其进行分析，使其成为指导高校学生创业的重要基础。

2. 提升学生的社会实践能力。

在高校学生的创业过程中，最关键的就是要提升其社会实践能力，尤其在互联网背景下，创业的竞争力不断加大，实践能力就显得尤为重要。一方面，高校要在现有的教学基础上，提升理论教学的深度，为学生提供完备的理论教学指导，同时要对学生进行必要的社会实践教学，使得学生能够实现理论与实践的完美结合，提升其创业的整体素质。另一方面，要充分支持学生积极进行有效的社会实践，使其利用假期和课余时间深入企业内部进行系统化的实践，提升其社会实践能力。同时，高校要积极加强自身与企业的合作，为学生创造更多的实践机会，提升学生的实践能力。

3. 全面强化高校的指导。

互联网背景下，学生的创业将面临更大的压力和困难，因此要想提升其创业的成功率必须要有高校的支持和引导。一方面，要在高校中成立专门的创业指导部门，通过对互联网与创业之间的联系的分析，为学生的创业提供完善的指导，为其创业进行有效的规划，并及时对其进行答疑解难，为其提供新的思路和方法，使得学生能够在创业的过程中少走弯路，提升创业成功率。另一方面，要促使高校积极加强与政府和企业的合作，为广大高校学生在互联网背景下的创业提供强大的资金支持和完善的政策支持，以此提升学生的创业积极性，为其创业开拓更广阔的空间。

高校学生目前已经逐步成为创业的主力军，对缓解社会的就业压力具有重要的作用。互联网背景下高校学生创业在面临巨大机遇的同时也将迎来很多挑战，如何有效提升学生的创业成功率成为目前高校及其学生考虑的重点问题。从文本的研究来看，必须要从加强对互联网的应用程度、提升学生的社会实践能力、全面强化高校的指导等方面出发，提升学生在互联网背景下的创业成功率和创业质量。

第四节 创业教育与创业文化的共生融合与创新发展

一、创业教育与创业文化的共生融合

创业教育的知识体系和教育"范式"可以在短时间内实现，而创业的价值观念、思维方式等的改变所需时间则要长得多，必须要有一定的文化机制给予保障。文化自觉理论中的反思、适应、整合、创造的时序观和共时、叠面、耗散的复合发展观，不仅为分析和把握我国创业教育的文化困境提供了一个科学视角，也为实现高校学生创业教育的文化超越提供了一种路径对策。

（一）创业教育与创业文化共生融合的意义和现实基础

近几年，随着高校毕业生的就业形势日益严峻，更多的高校毕业生都开始尝试自己创业。某一高校学生创业网站的一项调查数据显示：我国96.4%的高校学生有创业的意愿，但只有7%的学生有创业的行为。而在发达的国家中有创业行为的学生一般占20%至30%。这些数据说明，在我国，有自主创业意愿的高校学生很多，但真正选择创业的学生却很少，创业成功率较低。在创业认同方面，根据教育部直属高校毕业生就业工作协作组在上海的调研，在被调查的501名已经创业的高校学生中，只有23%的学生对"社会文化支持、鼓励创业情况"选项选择"满意""非常满意"，可见缺乏校园创业文化严重影响了高校学生创业意识的激发。在18477名被调查的高校学生中，有86%的高校学生认为"全社会关注创业、鼓励创业的氛围尚未形成"，有61%的高校学生认为"高校针对高校学生进行的创业教育和创业实践活动还不够"，这两项均说明高校创业理念尚未形成，创业文化体系尚未建构。

1.创业文化的内涵

创业文化是关于创业意识形态、知识体系，以及与之相适应的精神风貌、文化氛围和制度体系。创业文化也包含人们在追求财富、创造自身的价值、促进经济的发展过程中所形成的思想观念、价值取向、心理意识和行为方式。它是一种与创业相关的特定的群体心理素质、社会意识形态和文化氛围。高校的创业文化体系，从总体上看，主要从以下三个方面来看。

（1）创业文化从宏观上讲是一种社会文化。

创业文化是指人们在创业活动中表现出来的思想意识、价值标准、道德规范、精神风貌等文化规范的总和，是一种和创业相关的特定群体的心理素质、社会意识形态以及文化氛围。当前，国家鼓励特色创业，建设创新创业型的社会，这对学生未来的创业意愿起到一定的激励、引导的作用。对高校学生进行创业文化的熏陶，能激发学生的创新创业的意愿，主动开展创业活动，提升学生整体的创业技能，从而培养出创新型的创业人才。同时也颠覆中国几千年来的小农意识、官本位等传统思想，引领积极向上的社会创业文化，这对全体师生树立敢于自主创业的思想意识以及相应的价值观念有着重要的指导意义。

（2）创业文化从中观上讲是一种校园文化。

校园文化是影响高校学生成长成才的重要因素，是高等教育机制中的重要组成部分。它影响着高校学生创业意识的树立、创业行为的产生、创业心理品质的培养以及创业能力的提高。在国家大力提倡创业教育的背景下，在校园文化的建设中，要特别注重创业观、创业精神、创业能力的培养。完善创业教育的制度文化，开展创业文化活动，渗透创业教育的内容，组织一系列的特色创业文化活动，让学生在活动中检验、实践。在浓郁的融合创业教育的校园文化的熏陶下，高校学生的创业意识、创业心理、创业能力会有所提升。

（3）创业文化从微观上讲是一种专业文化。

社会需要的创业型人才是人文知识和专业知识并行，人格魅力和学问修养并举，集知识、技能、综合素养于一身的综合型人才。创业的过程中，学生不仅要具备扎实的专业文化素养，更要具备不怕挫折的勇气和毅力、敢于开拓事业的愿望。在专业的课程教学中要融入高校学生创业成功的案例，增强高校学生对创业的感性认识，举办形式多样的模拟创业活动，采用丰富多彩的课程教学手段，在课程的教学中注重学生创业倾向、创业意识的培养，将创业所需的知识技能融入课程的教学，激发学生的学习热情，培养学生的创业愿望。

"全球创业管理大师"拉里·法雷尔指出："培育充满活力的创新型经济，最重要的是在全社会范围内营造出良好的创业文化，同时引导创业资金有序流动并培育越来越多的知识型人才。"在这种背景下，构建以特色创业为主题，具有浓郁高校特色，凸显校企合作、工学结合特征的，集社会文化、校园文化、专业文化"三位一体"的复合型创业文化体系，提升学生的创造意识、创新精神和创业技能，培养出新型的创新创业人才，显得尤为重要。

2. 高校创业文化体系建设的必要性

（1）推动社会主义文化发展的需要。

十七届六中全会指出：当代中国进入了全面建设小康社会的关键时期和

深化改革开放，加快转变经济发展方式的攻坚时期，文化越来越成为人们的创造力及民族凝聚力的重要源泉，越来越成为综合国力竞争的重要因素，越来越成为经济社会发展的重要支撑。创业文化是在社会的发展中不断激发人们投身创业实践的文化，随着我国的改革开放和社会主义现代化建设的不断深入，创业文化对我国社会发展的影响也越来越大，同时成为我国社会主义先进文化的重要组成部分。高校作为我国先进文化传承与发展的主阵地，在创新创业背景下，建设创业文化体系就显得尤为重要。

（2）弥补传统教育缺陷的现实需要。

高校培养传统技能型人才往往只局限在狭隘的"技术教育"上，只注重工具却往往忽视了目的。"技术教育"仅仅是传授知识、培养技能，只是提供给学生一种工具，或是将学生培养成一种"工具"，忽视了教育为促进人的自身全面发展与进步的最终目的。毋庸置疑，科学技术和人文素养的教育对培养高端技能型人才是必不可少的，只有把两者结合起来，才能使培养的人才具有丰富的理论知识、较强的实践能力及深厚的人文情怀，进而使高校教育既适应社会的需要又符合育人的目的。

（3）高校学生自身发展的迫切需要。

目前高校学生个性特征普遍较强，表现在其自主意识、独立意识和批判精神上。他们渴望摆脱对他人的依附，追求在最大程度上发展个性，实现自身价值。面对当前激烈的就业竞争，许多学生选择自主创业。他们为拓展自己将来职业发展的空间，在夯实理论知识、掌握技能技巧的同时，迫切希望能掌握一定的创业知识，了解创业相关的制度，提高自己的创业能力。因此，对他们进行创业文化的教育，让他们正确认识当前的社会形势，鼓励他们参加各种创业实践活动，增强他们的能力，培养他们的意志品质。只有这样，才能使毕业生具备就业竞争能力和自主创业能力，他们既可以去找合适的岗位就业，又能够走自主创业的道路，寻求更好的自我发展机会，实现自身的人生价值。

（二）创业教育与创业文化共生融合的实践模式

1.创业教育与创业文化嵌入式融合的基本原则

（1）以创业文化特点为基础

良好的创业文化是创业的基础。创业需要有具体的方向，而方向的选择正是源自对相关专业领域的认知和了解。因此，创业教育不能脱离创业文化，更不能是简单的通识教育。创业教育要以创业文化为基础，以市场为导向，适应社会经济发展的变化，对学生的知识、能力、素养进行解构，搭建起社会与学校、专业与经济的联动关系。

（2）以创新意识与创业文化并举为导向

创业教育的根本在于培养学生的创新意识，提高学生的创造力、洞察力和解决实际问题的能力，从而在学习和工作中能够创造机会，识别机会，抓住机会。把创业意识教育和创业文化教育结合起来，齐抓并举，可以帮助学生更深入地了解专业知识的用途，提高学生专业学习的积极性，使学生能够运用动态、发展的眼光理解其所学的专业，促进学生专业创新思维的发展，培养学生创新创业的意识和心理品质。

（3）以培养学生的终身发展能力为目标

创业教育的目的在于培养适应社会发展的人才，其核心价值在于引领学生利用专业技术创造社会价值，将知识转化为生产力。创业文化知识要随着科技的进步而不断地更新，创新创业也要受到社会、经济、政治环境等多种因素的影响，只有不断地适应社会发展，才能更好地实现个体的目标。

2. 创业教育与创业文化的嵌入式融合模式

（1）具体内容

①创业意识的嵌入。创业意识是指在创业过程中起内驱动力作用的意识倾向，它包括创业的需要、创业的动机、创业的兴趣、创业的理想、创业的信念等要素，是创业素质的重要组成部分。把创业教育中的商机意识、转化意识、战略意识、风险意识等内容进行分解，嵌入课程教学的全过程，可以实现创业教育与专业课程教育的意识性融合。

②创业知识的嵌入。创业教育的精髓是创新与创造。以专业课程内容为基础，引导学生从本专业开始培养创新精神，将创业教育的内容与专业教学的内容有机地结合起来，将 SMART 原则、SWOT 分析方法、迪蒙斯创业三要素等基本的创业知识嵌入专业课程体系，重新设计全方位的课程体系，为学生提供与专业学习紧密联系的创业理论、创业知识、创业技能和创业方法，可以实现专业教育与创业教育的知识性融合。

③创业技能的嵌入。创业技能是学生的专业知识、创业意识、职业素养、实践能力、身心素质等多个方面的综合能力的体现，是提升学生的生存能力、就业能力、创业能力，实现人生价值的核心能力。通过首创精神、冒险精神、创业能力、独立工作以及社交、管理等相关创业技能的嵌入，可以实现创业文化与创业教育的有效融合。

（2）嵌入路径

①知识的模块化衔接。结合创业文化的特点来设置专业知识模块，并依托专业背景将专业知识及成果的产业化动态及与该专业密切相关的创业知识模块进行有机结合。

②教学方式的融合化衔接。采用"互动+体验"的教学方式，即通过教师与学生互动、学生与学生互动、课内教学与课外自学互动、教学与考试互动等方式，将创业体验融入日常教学过程，在案例分析、小组协作、项目博弈、经营竞赛等体验式教学下强化学生创业能力和实战能力的训练，激发学生创业欲望，全面提高学生的创业素质和能力。

③实训的仿真化衔接。设立"模拟创业公司"，由学生自主选择组建创业团队，自己创办模拟公司，自己寻找创业项目，自己设定"模拟公司"的运营项目和岗位职责，自己进行公司经营管理，提升学生的创业实践能力。

④实践能力的社会化衔接。

一是建设校外学生创业实践基地，拓展学生创业实习活动的空间。二是鼓励学生利用假期等课余时间，积极参与和创业有关的岗位学习。三是定期进行前沿科技成果展示，吸纳有浓厚创业兴趣的学生。四是通过举办各类的创业竞赛、创业报告会等形式多样的课外创业文化活动，培养学生创新创业必备的核心素质。

⑤考核体系的多维度衔接。除了现行的一些奖励内容，如给予学生适当学分奖励，对获奖项目的指导教师给予适当奖励，对参与指导创新创业教育的教师折算一定的工作量，等等，还应根据不同专业自身的特点，结合人才培养目标、人才培养过程和人才培养结果设立多维度考核系统。

（三）创业教育与创业文化共生融合的实践路径

每一种文化都有其独特的结构，有内在的，有外显的，有物质上的，也有精神上的。高校特色创业文化体系的构建是复杂的，它是金字塔形的，可以从宏观、中观、微观三个方面去研究，从宏观上构建崇尚创业的社会文化，从中观上构建特色创业的校园文化，从微观上构建融合创业理念的专业文化。

1. 构建崇尚创业的社会文化，引导高校生自主创业

人们在从事创业活动的背后，有一种鼓励创业、支持创业的社会文化作为支撑，它直接影响着高校的学生及其师生群体的创业意识和创业行为的形成。创业文化是指一种能够激发学生及特定群体的创业理想及创业热情，提升创业能力和创业动力，鼓励并支持创业行为，为创业提供保障的价值观念、行为制度和环境氛围的统一体。它是一种不可超脱的社会力量，以其特定的方式使社会创业文化意识转化为高校生的创业意识，产生创业行为。因此，构建崇尚创业的社会"强势文化"，是当代高校学生创业观形成的基础。

发挥地方文化，弘扬特色创业精神。在温州的区域文化中有着深厚的创业文化积淀。北宋以来，温州就形成了经世致用的价值取向，以叶适为代表

的永嘉学派的理性提炼，促进了区域商业文化的形成，也成为温州人身上的文化基因。温州的区域文化中有提倡功利、重商、富民的传统，在市场经济的激发下，形成了人人讲创业、人人想做老板的创业精神。地处温州的高校，学生身上大多"先天"具有创业的意识和梦想、地方文化的传承和弘扬，形成学生的创业意识，引导学生追求以创业为自我价值取向和行为方式的目标，有利于实现学生的创业梦想；教师将创业理念植根于学生的头脑，有利于学生在实践中升华成创业精神。

2. 构建特色创业的校园文化，增强高校生的创业意识

构建具有创业文化特色的校园环境，可以从硬环境支撑与软环境建设两方面着手。首先营造以创业为导向的校园文化氛围，宣传创业理念，促进学生树立正确的创业观。宣传创业典型案例，特别是选取身边的师生校友创业成功的案例，激起学生的创业意识和创业欲望，开展以创新创业为主题的校园文化活动。其次是提供支持创业、促进创业的物质条件。如加强创业教育的师资队伍建设，完善创业课程体系，丰富创业的实践环节。设立创业基金会，支持并鼓励师生的创新研究、技术开发和自主创业，设立创业园及校企合作基地的建设，实现研究成果快速转化，为区域经济发展服务。

营造以创业为导向的校园文化氛围。在校园文化建设中，创建创业的标志性的人文景观，如设置校内外创业成功人士的宣传栏，在教学楼、实验楼悬挂创业教育标语条幅，宣传毕业生创业的成功案例，等等，营造校园创业文化氛围，使创业文化在校园内达到"宣传媒体中有，人文景观中有，师生意识中有，实际行动中有"的效果，使创业文化充满校园。

3. 构建融合创业理念的专业文化，启发高校生的创业思路

改革传统的高校课堂教学，融合创业文化与专业文化结合的教学模式，提高高校课堂的教学实效，提高高校生的学习兴趣，启发高校生的创业思路。课程教学中体现专业的教学理念，运用课程教学、实践活动、校企合作等形式，积极扶持有创业倾向的学生，从培养学生的创业意识，提升学生的创业素质，培育学生的创业技能，实现学生创业，经营企业的最终目标。

优化专业课程设置。课程教学中融合创业理念、创业内容，把创业教育直接纳入专业知识的领域，将专业文化扩展为创业文化，形成融合创业文化的培养目标、课程设置、教学计划、实践性教学活动，形成完整的创业文化课程体系，让学生在创业活动中受到启发，从而培养学生的创业意识。采用创新的教学形式，构建创业文化课程结构，课程教学中广泛采用案例教学、互动教学、合作学习、模拟实习、举办技能大赛、规划职业生涯等丰富多彩的教学形式，积极创建校内外创业实习基地、提供创业基金、创业贷款等，

让学生在获得知识、能力的同时，提高学生的创业能力。

二、借力创业文化，促进创业教育创新发展

（一）丰富文化育人内涵，全面提升创业教育质量

文化育人载体是指承载文化知识和信息，并成为育人要素的物质构建或理念展示。高等职业教育具有校企合作、工学结合育人的特殊性，因而，高校普遍建立了立足校内、延伸企业、辐射社会的文化育人载体架构。充分发挥校内外各种文化育人载体的作用，对于提高学生思想政治教育的针对性和实效性具有事半功倍的效果。

发挥学校文化育人载体的作用，塑造学生良好的思想品质。学校文化育人载体大体可分为两大类，一类是传统的物质形态，包括体现办学特色的校园主体建筑，展示校园文化的园林景观，反映办学理念的箴言警句及校训、校旗、校徽、校歌等；另一类是现代的媒介形态，主要是以互联网为传播媒介的相关理念展示，集中反映为网络收视终端的数字化声光电图像和语言文字信息。学校文化育人载体是教育价值取向的集中体现，是凝练学校办学理念、办学目标、办学特色、办学风貌的独特育人载体，其功能在于营造独具特色的文化氛围，发挥环境育人的独特作用，其核心是通过文化渗透塑造学生的良好思想品质。学校文化育人载体的作用，主要体现在以下几个方面：一是校史文化传递。学校的发展史，往往是一部生动的艰苦创业史、改革创新史和文化发展史。例如，一组新旧校门的对比照片，能够反映学校变迁的历史，记录学校变化的痕迹，可以使学生感受到学校厚重的文化底蕴和自己应该承担的责任；一个展示教师风采的专栏，可以让学生领略教师教书育人的风姿，引发学生对教师的尊敬和爱戴，有利于其在教师的教育引导下成长成才。利用校史展览室、荣誉陈列室等阵地和声光电等现代教育手段，向学生介绍学校的创业史和发展史，能够激励学生刻苦学习、立志成才。二是校情文化感知。让学生有目的地参观校园风貌、文化景观和先进的教学设施，可以使他们感受校园文化的新鲜与厚重，激发勤奋向上、锐意创新、逆境之中不畏艰难的壮志和热情；通过碑牌石刻、簇锦花坛、光电屏幕等手段综合展示学校文化，形成浓郁的文化景观，使之成为学生汲取精神营养的"氧吧"。三是校园活动体验。校园文化活动是陶冶学生情操的重要载体。举办文化艺术节、体育节、德育节等系列主题活动，能在学生中形成良好的人际关系和成长氛围，增强学生的凝聚力，使广大高校学生实现自我教育、自我管理、自我约束。

发挥校企融合文化育人载体的作用，提高学生的综合职业素养。高校教育既依托学校，也离不开企业。"订单共育""厂校互渗""基地互认""工学交替"等都是校企融合的有效途径。在与企业合作办学、合作育人、合作就业的过程中，可以形成依托行业、校企融合的文化育人载体。发挥校企融合文化育人载体的作用，一应注重企业文化导入。如在校内专业实训室模仿企业车间进行布局，张贴安全标语、生产操作流程、安全操作规程，使学生走进实训室就像进入企业生产车间。可以邀请企业管理者、技术人员入校介绍企业文化、行为规范等，或者聘请企业管理和技术人员到校任兼职教师，优化学校的师资配置，使学生更多地感受和了解企业文化。二应注重企业师傅帮教。利用学生到企业实习实训的机会，使师傅与学生建立师徒关系。师傅在教技能、传技艺的同时，可以将职业心理、职业习惯等传授给学生，使学生形成良好的职业德能素养。三是注重企业精神传承。企业精神是企业文化的核心要素，是企业员工的共同价值理念、思想境界与理想追求。传承企业精神需要通过条例、标语、歌曲、座右铭等方式，以各种物化的和精神的形式影响学生；需要通过严格的职业技能训练环节，持续不断地熏陶学生感悟和体验优秀的企业文化，感受和实践企业精神。

（二）发挥创业文化的育人功能，促进创业教育的根本转变

1. 从碎片化、松散性到机制化、组织性的转变

在商业模式不断裂变、细分、革新的年代，大学创业者的形成往往是零星的、松散的和自发的。因此，大学的创业教育在某些情况下被碎片化处理、松散化管理。碎片化、松散性的创业教育在一定程度上容易造成对创业教育知识体系的疏离，不利于创业型人才的培养。造成这种现状的原因主要有三个方面。

（1）对创业教育的认识有误，组织化程度不高。

"部分领导、教师和学生对创业教育的认识存在一定误区，片面地认为创业教育就是让学生创办企业、提高就业率，创业教育是精英化、功利性或实务性教育。"这是对创业教育的狭义理解，不利于创业教育的发展，在一定程度上给创业者和创业教育的组织者带来诸多不便，致使创业教育呈现出一种松散化的状态。

（2）规范化培训不够。

尽管创业教育在高校有着蓬勃的发展，但创业学尚未完全纳入国家学科建设体系，大部分高校的创业教育仍被划入第二课堂范畴，由负责学生工作的部门开设培训并开展相关工作，没有形成独立的创业课程，师资力量匮乏，

创业教育模式缺乏独立性、针对性和系统性。目前，创业教育的模式比较单一：一种模式是在工商类课程教育的基础上加上创业学课程；另一种模式是面向全校选课学生开设创业学课程。这种课程设置模式距离中国创业学"课程体系"仍然很远。

（3）创业氛围营造不够。

受传统社会文化观念的影响，高校学生对创业的认知程度不高，缺乏主动学习创业知识的意愿；高校教育者和管理者也没有营造创业教育的氛围，很多高校只是将创业教育作为一项事务性工作，这直接阻碍了创业氛围的形成和创业文化的发展。

2. 从学科技术单一化到多学科集成融合的转变

"单一化"是众多创业者身上表现出来的主要特征之一，主要包括创业者的学科背景单一化、专业技术单一化以及投资项目单一化。单一化的创业模式带来了诸多问题：创业团队组成同质化；创业项目创新度不够，技术含量不高，可替代性强；管理水平不高，互补性差；等等。同时，单一化的创业模式在一定程度上使得创业教育呈现出单一化的局面，主要包括以下几个方面。

（1）教育目标单一化。

部分高校开展创业教育的目标不明确或者创业教育的目标过于单一，仅仅将创业教育作为解决高校学生就业问题的途径，而没有将其上升到人才培养和创新型国家建设的高度，在一定程度上限制了创业教育的发展。

（2）教育内容单一化。

虽然教育部要求各高校开院校展创业教育课程，但由于师资力量缺乏，"从事创业教育的教师一般由从事企业管理学教学和从事高校学生就业工作的指导教师担任，由于自身缺乏创业经历，在教学中更多倾向于理论教学，简单地照本宣科，对学生缺乏吸引力"。这在很大程度上造成了创业教育内容的单一化，不利于学生创业素养和创业意识的培养。

（3）教育模式单一化。

大部分高校的创业教育只是停留在事务性工作层面，多由就业指导中心牵头，主要通过学校以及省级层面的创业竞赛的形式开展，学校的创业教育形式多停留在讲座和分享层面，缺乏实践的内容。单一化的教育模式不利于创业项目的培育和创业人才的培养。

（4）教育成效单一化。

教育成效的单一化主要表现在有的高校为了追求创业教育的效果，过于追求一些表面上的荣誉，而对学生的参与面和实际教育效果关注不够。"有的高校在组织学生参加具有标志性意义的全国高校学生挑战杯创业计划大赛中，为了追求获奖而安排高水平教师直接参与作品设计，一定程度上使学生比赛变成了教师比赛。"过于功利地追求创业教育效果的做法明显违背了教育规律和人才成长规律，不利于创业型人才的培养。

三、以创业文化为动力构建创业教育生态发展体系

（一）构建以创业文化为驱动力的创业教育理念转换

创业是一种高风险的活动，涉及创新、变革、新产品与服务开发、新企业经营管理以及促使企业可持续成长等。一国或地区的创业活跃程度取决于个体的创业意愿的高低，识别与开发机会能力和企业经营管理能力取决于创业者对创业管理知识素养的掌握情况。培育高校学生创新精神，提升高校学生创业意愿与创业能力，需要高校、政府、高校学生个体、社会及家庭多方努力，而高校是主体。高校要深入贯彻党的十八大和党的十八届三中、五中全会精神，明晰创业教育目标，完善高校学生创业教育课程体系建设，创新教学方法，加强师资队伍建设，加快推进产学研一体化步伐。

（二）优化创业教育文化环境促进创业教育生态发展体系重构

自 2010 年以来，我国教育部门为了提高高校学生的创新创业能力，提出了"卓越计划"，2011 年教育部门为了使高等教育的水平得到进一步的提升，将创新能力作为高校教育的重点内容，特别提出了《高等学校创新能力提升计划》，即"2011 计划"。据悉，这一系列计划的提出与现如今高校毕业生的就业形势密切相关，我国人口众多，自高等教育门槛放低以来，高校学生的数量更是居高不下，并且，由于学校的教育偏重于理论的学习，而缺乏一定的实践经验，再加上学生自身的素质问题，每年我国高校学生就业的问题都是一大难题。近年来，我国面临着企业的转型升级，高校学生群体是高新技术的掌握者，鼓励高校学生创业，既能带动就业，又能帮助我国创建更多的高新技术产业。但是不得不说，目前我国的高校学生创业的成功概率偏低，因此更要注重构建高校创新创业教育生态培育体系，以此来达到教育生态的平衡，促进我国高等教育质量的提升。

1. 我国高校创新创业教育生态培育体系的失衡现状

目前，我国的高校对创新创业教育的重视程度还不够高，没有将其融入高等主流教育，创新创业教育发展的趋势呈现出边缘化，教育形式流于表面，与专业教育存在较大的差距。毕竟创新创业教育生态体系的建立也不是学校能够独立完成的，一个良性的循环系统的建立更需要来自社会各界的支持与

配合，一个完整的生态体系毕竟是牵涉到生态链的各个角色，需要由政府、社会、家庭与学校共同协作。在很多高校，创新创业教育生态培育体系难以构建的一大原因就是学生工作部门与学校的教学部门没有进行共同的努力，从而致使学生创业的层次较低，创业教育与专业教育的分离，更加大了学生创业成功的难度。除此之外，也有部分高校只是被动地接受学生创业创新工作，而没有真正主动地投入到其中，参与体系的构建。

2. 高校创新创业教育生态培育体系的构建措施

（1）学校措施

①开办创新创业教育相关课程。在我国的高校教育体系中，对于创新创业教育课程的设置仍属于起步阶段，而没有真正落到实处，大多创新创业课程只是作为选修课而存在，再辅之以学校举办的各类创新创业活动，而不具备专业性，层次较低。而高校创新创业课程的设置则是要根据高校学生的实际情况，形式要新颖，内容要专业，选修必修相结合，这就需要各教学管理部门工作的改进，将资源进行优化整合，着力培养高校学生的创新创业能力。

②进行精准的教育目标定位。学校首先要明白，进行创新创业教育并不是为了让每个学生都去创业，而是要培养学生关于创新创业的能力，提升学生综合素质。既要培养学生的专业技能，更要培养其洞察力、实践能力、创新思维等等，从而将学生培养成具有创新能力与专业技能的新时代人才，以适应社会的需求，也有利于学生实现其人生价值。

③营造良好的校园氛围。创新创业是一门文化，而不能速成，唯有营造良好的创新创业氛围，方能在潜移默化中激发学生创新意识。创新创业文化的构建有以下几点要求：一是要培养学生的协作精神，具有团队合作意识；二是要有意志力，创业需要不断地坚持和努力，学生要学会吃苦耐劳；三是要具备创业能力，即基础知识的储备；四是要敢于创新，即树立创新思维。

（2）家庭教育措施

由于传统家庭观念的影响，学生的思想和行为与家庭的影响息息相关，家庭更要给予孩子鼓励，而不是将父母的想法灌输给孩子。孩子有自己的思想，有创业想法，同时也需要家庭的支持。对于一个完善的创新创业教育体系来说，家庭因素是其中重要的一环，切不可忽视其作用。

（3）政府措施

政府能够为高校学生创新创业起到保驾护航的作用，制订相关文件鼓励创新创业，为学生开辟道路，给予学生优惠政策帮助学生创业，提供多种渠道为学生创业寻找出路，协调好各部门的关系，在社会上营造良好的创新创业氛围，发挥自身的优势，为高校学生的创新创业提供服务与帮助，在高校鼓励实施创新创业，积极为高校与企业搭建桥梁，致力于共建一个和谐的高校创新创业教育生态培育体系。高校学生树立创新创业意识，是中华民族崛起的关键，少年强则国强，我国全民族创造力的提升与构建一个良性的创新创业教育生态培育体系密不可分。

参考文献

[1] 贾霄燕 . 高校校园文化建设探索 [M]. 石家庄 : 河北人民出版社，2015.

[2] 才忠喜，张东亮 . 校园文化理论与实践研究 [M]. 西安 : 西安交通大学出版社，2015.

[3] 王丹平 . 文化·力量大学校园文化建设 [M]. 广州 : 华南理工大学出版社，2016.

[4] 朱选朝 . 大学生就业创业 [M]. 上海 : 上海交通大学出版社，2018.

[5] 曾杰豪 . 大学生就业创业指南 [M]. 广州 : 华南理工大学出版社，2017.

[6] 陈民 . 高职特色的创业教育和创业文化研究 [M]. 杭州 : 浙江工商大学出版社，2018.

[7] 马瑗，庄朋远，张雅婷，余欢欢 . 校园文化氛围对女大学生创业的价值研究 [J]. 价值工程，2019(33):210-212.

[8] 徐松，李勇 . 校园文化建设与大学生就业创新能力的培养策略探微 [J]. 中国农村教育，2019(32):47.

[9] 徐静 . 内涵发展背景下高职院校校企文化融合研究 [J]. 无锡商业职业技术学院学报，2019(03):78-80.

[10] 刘阳，崔忱 . 浅析高等职业院校学生就业与创业能力教育的对策 [J]. 天津职业院校联合学报，2019(06):124-128.

[11] 张哂，赵明锴，崔金奇 . "互联网＋"视域下高校双创教育和思政教育融合的探析 [J]. 湖北开放职业学院学报，2019(11):10-11.

[12] 孔养涛 . 校园文化建设对大学生创新创业影响机制研究 [J]. 科技创业月刊，2019(05):15-18.

[13] 邢晓阳 . 应用型本科就业创业教育生态体系创新研究 [J]. 河南牧业经济学院学报，2019(02):75-77.

[14] 聂丽君 . 大学生创新创业能力培养的探索 [J]. 创新创业理论研究与实践，2019(05):91-93.

[15] 张振伟 . 建构以"创业学院"为平台的大学生创业就业指导服务工作"三

方联动"服务机制 [J]. 计算机产品与流通，2019(01):275.

[16] 李天华 . 民族高校共青团组织实施就业创业教育的路径探析 [J]. 现代经济信息，2018(24):397.

[17] 刘佳佳，殷婧瑶 .90 后大学生就业创业价值取向现状及引导研究 [J]. 才智，2018(36):157-158.

[18] 王曼曼 . 创业教育视角下应用型高校校园文化建设新路径探究 [J]. 江西电力职业技术学院学报，2018(11):80-81.

[19] 王琴 . 双创背景下高职学生就业管理新思路 [J]. 西部素质教育，2018(21):227.

[20] 陈兴 . 论校园文化建设与大学生就业创新能力的培养 [J]. 学周刊，2018(34):178-179.

[21] 刘万裕 ."一带一路"背景下的高职院校学生创新创业能力提升研究与实践 [J]. 科教导刊 (下旬)，2018(10):183-184.

[22] 刘莎 . 校园文化视角下大学生创新创业教育策略研究 [J]. 教育教学论坛，2018(43):30-31.

[23] 张荣娟 . 基于创新创业视角下高职院校学生就业能力培养模式研究 [J]. 南京广播电视大学学报，2018(03):45-48.

[24] 孙婷婷 . 高职院校创业教育存在的问题及改进策略 [J]. 贵州广播电视大学学报，2018(03):19-22.

[25] 杨伟华 . 应用型本科独立院校大学生就业创业指导实践主流模式及革新路径 [J]. 当代教育实践与教学研究，2018(09):166-167.

[26] 葛萌萌 . 应用型本科大学生创新创业教育研究 [D]. 西安理工大学，2018.

[27] 罗璐 . 大学生创业面临的问题及应对策略 [J]. 西部素质教育，2018(11):180.

[28] 高熙贺，吴薇 . 高职院校校园文化与企业文化融合的实践探索 [J]. 经济研究导刊，2018(14):177-178.

[29] 李玲 . 高校学生创新创业档案建设与管理研究 [J]. 档案管理，2018(03):94-95.

[30] 李杨 . 理工科高校创新创业教育现状、影响因素及对策研究 [D]. 合肥工业大学，2018.

[31] 王艳超，侯召龙，刘芳芳，陈明月，杨龙，吴迪，蒋天宇 ."融合式"创新实践培养模式的构建 [J]. 黑龙江畜牧兽医，2018(06):231-234.

[32] 杜刚 . 高职院校创新创业文化建设现状分析 [J]. 科技经济导刊，2018(08):126-127.

[33] 曾淋.高校校园文化与大学生就业创业探述[J].科学咨询(科技·管理),2018(03):10-11.

[34] 杨川.少数民族地区高校大学生创新创业文化如何在校园文化建设中发挥作用[J].文化创新比较研究,2018(05):142.

[35] 许磊.市场经济背景下学生就业与创业研究[J].经济研究导刊,2018(04):115-116.

[36] 李浪光.大学生创新创业教育实施途径的体系研究[J].中国大学生就业,2017(23):55-59.

[37] 朱春楠.大学生创业价值观教育研究[D].东北师范大学,2017.

[38] 潘丽娜.民办应用科技大学创业就业教育研究[J].现代商贸工业,2017(30):73-74.

[39] 黎斌.基于高校就业信息管理平台建设的学生就业创业工作研究[J].教育现代化,2017(39):26-28.

[40] 潘俊宇,田建湘,阳番.校园文化建设对自考学生素质提升研究[J].继续教育,2017(07):39-40.

[41] 康铭.校友文化内涵对高校就业工作的积极作用[J].边疆经济与文化,2017(07):69-70.

[42] 于兆国.高职学生创新创业能力融合培养模式探析[J].黄河水利职业技术学院学报,2017(03):65-68.

[43] 程玮.大学生就业能力及其提升实证研究——基于全国64所高校的有效样本分析[J].高教探索,2017(07):98-105.

[44] 张丽媛.校园文化对提升独立学院学生就业能力的对策研究[J].河北企业,2017(06):169-170.

[45] 周静,刘振忠.依托校园文化活动培养体育大学生创新创业能力研究[J].河北体育学院学报,2017(03):58-62.

[46] 沈雯.新形势下大学生创新创业能力培养的途径[J].中外企业家,2017(08):164.

[47] 吴超.大学生创新创业教育策略探讨[J].福建师大福清分校学报,2017(01):94-98.

[48] 董金宝.大学生就业创业工作宝典[M].北京:中国农业大学出版社,2016.

[49] 周蓉,凌云.大学生就业与创业指导[M].南昌:江西高校出版社,2017.

[50] 贾强.大学生就业创业指导[M].北京:中国医药科技出版社,2017.